陪你读书

父母成熟了，孩子就成才

[美] 李玲瑶

孙　爽

著

清华大学出版社
北京

版权所有，侵权必究。举报：010-62782989，beiqinquan@tup.tsinghua.edu.cn。

图书在版编目（CIP）数据

父母成熟了，孩子就成才 /（美）李玲瑶，孙爽著 . —北京：清华大学出版社，2019
（2021.4 重印）
（陪你读书）
ISBN 978-7-302-48726-5

Ⅰ.①父… Ⅱ.①李…②孙… Ⅲ.①家庭教育 Ⅳ.① G78

中国版本图书馆 CIP 数据核字（2017）第 272644 号

责任编辑：王如月
封面设计：漠里芽　霍方方
责任校对：王凤芝
责任印制：丛怀宇

出版发行：清华大学出版社
　　　　　网　　址：http://www.tup.com.cn，http://www.wpbook.com
　　　　　地　　址：北京清华大学学研大厦A座　　邮　　编：100084
　　　　　社 总 机：010-62770175　　　　　　　　邮　　购：010-62786544
　　　　　投稿与读者服务：010-62776969，c-service@tup.tsinghua.edu.cn
　　　　　质量反馈：010-62772015，zhiliang@tup.tsinghua.edu.cn
印 装 者：三河市龙大印装有限公司
经　　销：全国新华书店
开　　本：165mm×235mm　　　　印　张：19　　　字　数：301 千字
版　　次：2019 年 7 月第 1 版　　　　　　　　　　印　次：2021 年 4 月第 3 次印刷
定　　价：49.80 元

产品编号：076909-01

其实教育孩子并不难

自从我的女性修养书《女人的成熟比成功更重要》荣获大学出版社优秀畅销书一等奖后，我经常受邀给高校企业家班、EMBA班、机关团体和妇联等机构讲授女性修养的课程，自然就牵涉到家庭教育方面的内容，于是我开始更多地关注这个领域并有了更深的思考。

我在美国生活多年，发现美国教育体制下培养出的孩子活泼主动，懂得展示自己，富有冒险精神和创造力。许多美国学生即使学习成绩一般，也不影响他们深信有朝一日，以一己之长能改变世界。我自己在美国也生养了三个小孩，他们和我周边绝大多数同学好友的孩子一样，对自己有责任心，对别人有爱心，乐观自信、积极进取、热心公益，是被大众认可的优秀公民。这与美国父母给孩子留下自我教育的空间不无关系。

中国国内教育的现状是：城市里的家庭对孩子教育过度，农村的家庭则存在一定的教育缺失。对这些现象的不解和疑惑，加速了我对中国家庭教育问题的探索。我注意到，由于社会竞争压力大，中国父母对孩子成功成才的要求太急切了。父母担心孩子"输在起跑线上"，从胎教、学前教育就开始对孩子大力培养。正是这种揠苗助长、急功近利的教育方式，歪曲了教育的本意。

父母催逼孩子永无止境地学习，在不得喘息的竞争当中，过度重视考分和成绩，导致孩子在患得患失中出现许多心理问题，如不自信、挫败感、忌妒心强、厌学等，也造成很多孩子高分低能、缺乏竞争力、道德缺失等。一元化的成功标准使得一些中国父母变得焦虑、短视、狭隘，甚至残忍，这种爱的凌迟正应验了一位教育专家的话，当前中国教育"不是要为你提供一块敲门砖，而是要将你本人烧成一块敲门砖"。出现这样的结果，与中国父母的心态不成熟有关。什么时候父母成熟了，孩子就能成才。

那么，父母的成熟体现在哪些方面呢？成熟的父母首先应懂得尊重孩子的个性、意见、心灵、隐私和选择权；成熟的父母与孩子平等地相处，不用强权打击孩子的自尊来树立自己的权威；成熟的父母不仅能够处理好自己与孩子的关系，还能妥善处理好夫妻之间的关系以及和家庭其他成员之间的关系，为孩子营造一个和谐温馨的家庭氛围。

学校教育为孩子提供的是一般的关注，无法像父母那样一对一地与孩子有密切的接触和观察，加之父母具有权威性和引导性，因此孩子的个性发展与人格教育的雏形、正确的人生观和价值观均直接来自父母的言传身教、家庭氛围和家庭文化的传承。在社会上，我们常见到一些有成就的人，他们不一定有很高的学历，也不一定是一群人中最聪明的，但肯定是意志力最强、最努力、最勤奋、对自己不断提出新要求的人；他们不仅知识面广，情商也高，热爱生活，还懂得关爱、尊重和帮助他人，这样的人就是我们常说的有人格魅力和综合素质高的人。塑造孩子拥有人格魅力和优良品格，应视为家庭教育的核心。

父母希望孩子将来有出息，人格教育是基石。道德能够填补智力的缺陷，而智力永远填补不了道德的缺陷。父母不能陪伴孩子一辈子，品格却能指引他们一生。我经常在互联网和电视新闻中看到那些落马的达官显贵，他们之所以沦为阶下囚，都是在道德、人格上出现了巨大瑕疵。成熟的父母是同时懂得宽容和惩罚艺术的优秀父母，父母的高度决定孩子未来人生的宽度。

我们每个人都是在错误中学习成长的，犯错是每个孩子天生的权利。我认为父母与其让孩子犯大错，不如允许孩子犯小错；与其让孩子成人之后再犯错，不如从小就让他试错，成长就是试错的过程。惧怕犯错的孩子，将来注定平庸。孩子如果在生活中犯了错误，只要不是品德上的错误，父母就不该给予太严厉的惩罚。父母要有宽容的态度，相信孩子有纠错的能力，并鼓励孩子主动承担责任。

宽容是震撼人心的积极教育，让孩子拥有更广阔的心灵来对待自己和别人的犯错。宽容是指对人的宽容，不是对错误行为的宽容。孩子犯错后，父母运用智慧和恰如其分的惩罚，是另一种爱的艺术。成熟的父母还要懂得如何去纠正自己所犯的错误，并与孩子一同成长，完善自己。此外，父母与老师对孩子一定不能采用语言暴力。语言暴力是杀人不见血的利器，它对孩子的伤害有时比棍棒还可怕。

爱孩子被高尔基称为"连母鸡都会做的事"，但一旦赋予教育的因素就不那么简单了。教育是在当下和我们所期待的未来之间架起的一座桥梁，这座桥梁的桥基最早的筑建者就是父母。父母希望孩子将来成功、成才，光有爱是不够的，还要懂得如何释放这种爱。最重要的是在幼年、少年时期帮助孩子构建自我，找出他个性中最突出的特点。打个比方就是发现孩子的天性是什么种子，如是草、是花、是树，具体是苹果树还是橘子树，然后因材施教，因势利导，修枝剪叶。即在父母的协助、鼓舞和唤醒下，点燃孩子的生命之火，使孩子感觉到自己的存在价值，长大后他就会全力以赴地去追求属于自己的人生。

21世纪的竞争是人才的竞争，人才竞争是创造力之争和优势竞争，每个人都是与众不同的，父母要做孩子生命中的啦啦队长和精神供养者。成熟的父母善于帮助孩子发现自己的优势，使他们成为掌握自己未来命运的舵手。考上名校并不能保证孩子未来就一定成功、成才，还要看他的学习动机是否纯正，对学习的兴趣是否能够持续，是否有很强的自我学习和探索的能力。孩子不是一个要被填满的容器，而是一支能够点燃的火把。所谓"人中龙凤"，都是发现了自我，通过自我奋斗获得成功的人。每个人与生俱来最大的权利就是探索属于自己的人生。人生就是一场自我发现之旅，越早找到自我价值的人离成功越近。

父母对待孩子的态度通常会呈现两个极端：一个是过度溺爱，对孩子的事总包办、总满足，全家都以孩子为中心，为他服务、张罗和忙碌到毫无原则的地步；另一个则是过于专制，将自己人生没有实现的目标强加于孩子身上，不把孩子当成一个独立个体，对孩子百般干预，高要求、高期待。这两种情况，前者导致许多孩子凡事以自我为中心、缺乏爱心和恻隐之心、没有远大理想和人生追求，长大后成为没有一技之长的社会寄生虫。后者导致很多孩子受不了家庭高压，人格被严重扭曲。因为感受不到父母的爱和自我价值，厌学甚至厌世，结果孩子不是"输"在起跑线上，而是"累死"或"被逼死"在起跑线上。

有些孩子成长到一定阶段后，由于达不到父母的要求，与之反目，家庭关系恶劣，在极端情况下还可能成为反社会型人物，甚至丧失了生活的希望和活下去的勇气。这些均是让我们痛心和不愿意看到的，但类似事件却总出现在社会新闻和我们身边的朋友中间。

再有，父母教育孩子不能本末倒置，例如：重"物质"的满足，轻"精神"的供给；重视"智"，忽略"德"和"体"；重视"赢"，忽略"输"；重视"学习成绩"，忽略"生活能力"；只满足孩子的"需求及情绪反应"，忽略孩子的"行为差错"；重视"硬成绩"，忽略"软实力"；采用错误"手段"，忽略人生"目的"……孩子该享有的生活情趣和快乐心态全部抛在视线之外。其实人生不只看起点，还看过程和结果。中国有些老话，比如"不要起个大早，赶个晚集""欲速则不达""心急吃不了热豆腐"，都在提醒我们，教育是心智的开发，是潜移默化的过程，急不得，成长贵乎自然。

如何将父母的爱转化为孩子的成长动力，需要父母有正确的教育理念，即教育孩子应宽严有度：对孩子才华与能力的要求要宽；对德行与责任的要求要严。实际上，孩子的未来就深藏在父母的爱和正确的理念里面。爱是一种能力，只有通过学习才能获得。父母应构建"学习型家庭"，孩子在学习成长的同时，父母也应终身学习。

Preface 自序

爱是孩子成长的土壤，有时候狠心的爱才是爱，有节制的爱才是爱，有原则的爱才是爱，延迟满足孩子需求的爱才是爱。"深深爱、正确爱"，让孩子充满正能量；人生道路漫长，不要让孩子生活在催促声里，父母要明白"慢慢爱、耐心爱"；成才道路千万条，父母要"谨慎爱、长远爱"，孩子人生才完整。陪伴儿女成长的岁月也是为人父母人生中最重要的一段心路历程，所有的感情和付出，都承载着一种责任和神圣的使命。成熟的父母不是天生的，教育孩子是父母的第二次成长契机，要学习如何从自然型父母蜕变为智慧型父母。只有父母心态摆正了，方法用对了，孩子才会成功、成才。

这本书能顺利完成和修订再版，首先要感谢与我共同执笔的孙爽女士。她美丽、聪明、勤奋、自信，十分优秀；她已为人母，在教育理念上，我们相当一致。当我提议共同来完成这本书时，她欣然同意。我们一起讨论书的架构、内容和重点，我们分头阅读收集资料，轮流撰写、修改、增减内容。正因为有她的参与和大力协助，本书才能一版再版。本书虽然是以第一人称"我"的名义写的，但她的付出功不可没。

另外，我也要感谢我的三个孩子，他们回忆自己成长过程中的点点滴滴，帮我丰富了本书的部分内容。特别是在美国南加州大学获得硕士学位的儿子胡才玄（书中以小名"平平"出现），他忙里偷闲帮忙画的几幅插画，为本书增添了一丝活泼的气息。我的先生胡公明博士对插画作了些修改。还有我的小女儿芳芳于2018年年底诞下儿子升级成为母亲，我为她感到高兴的同时也感谢她，让我有机会再次亲眼见证一个孩子的成长。最后，我更要感谢我的诸多学生，他们向我咨询和提出的问题，使我意识到父母对家庭教育方法的需求十分迫切，促进了我对教育问题的深入思考，最终推动了这本书的修订再版。

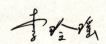

Chapter 1
廓清当前中国教育七大误区

"男孩穷养,女孩富养"的准确含义 2
"不要输在起跑线上"不是教育理念 3
补偿心理,过度物质满足 9
"孩子不打不成器"是错误观念 14
误认为教育孩子是妻子的事 23
过度重视"教育",忽视亲子关系 26
对孩子高要求、高期待,总满足、总包办 29

Chapter 2
家庭教育是孩子成才的起点

要教育孩子成才,先做学习型好父母 36
父母不设限,孩子天地宽 39
成熟的父母让孩子自己掌舵 43
父母要尊重孩子的自主选择 49
被父母欣赏是孩子最大的幸福 52
不要以爱的名义伤害孩子 55
成熟的父母一定是自己情绪的主人 58

Chapter 3
创造力是孩子成才之源

没有创造力的"好学生"不算人才 64
父母做对了,孩子潜力变实力 67
每个孩子都有自己的聪明方式 70
功利父母培养不出德才兼备的孩子 73

陪孩子玩，玩出创造力　77
多鼓励孩子提问，保护孩子的好奇心　80
没有想象力就没有创造力　83
创造性思维和创造型人格是孩子成功的通行证　85

Chapter 4
好的亲子关系胜过教育

我们家的亲子关系　90
民主的家是孩子成才的沃土　93
换位思考才能沟通无障碍　96
少说多听，让孩子自己解决问题　100
父母要理解孩子，也要让孩子理解你　102
孩子就是父母的镜子　107
夫妻有爱，家才是孩子温暖的港湾　110

Chapter 5
让孩子在不断"试错"中成长

中国父母易犯的错误——不宽容　116
语言暴力的伤害堪比棍棒　119
宽容有界，恰当的惩罚才有效　122
道歉不会折损父母的"威严"　126

Chapter 6
启蒙教育是孩子成才的奠基石

孩子幼时，父母尽量亲自带　130
心智成熟才能做全职妈妈　134

启蒙期孩子的自由要有边界 138
好习惯是孩子成才的"发动机" 143

Chapter 7
如何陪孩子度过青春期

青春期孩子的父母最难当 148
父母是性教育的最佳人选 152
正确解读青春期孩子的"恋爱" 161
"同伴压力"的影响超出父母想象 166
从校园霸凌回看家庭教育 172

Chapter 8
孩子的品行比成绩更重要

品格培养是教育永远的核心 180
好心态教出好孩子 185
责任心是孩子安身立命之本 188
自信的孩子离成才更近 195
协助孩子规划未来的方向 205
你的孩子适合出国留学吗 208
培养孩子的爱心和同理心 220
懂得感恩，才会更惜福 229

Chapter 9
挫折是孩子成长的最好学校

逆商比智商和情商更重要 236
让孩子承受属于自己的磨难 239

孩子屡受挫，需要调整期望值　242
"挫折教育"是意志力的培养　245

Chapter 10
成才路上财商教育不可少

培养孩子财商为何如此重要　252
父母给孩子零用钱的学问　254
压岁钱里的财商教育　257
孩子做家务，要不要给报酬　259
节俭：财商教育第一课　262
让孩子体验挣钱不易　266

Chapter 11
有爱好相伴，孩子的人生不寂寞

父母如何才能爱得长远　270
爱阅读的孩子能教育好自己　272
阅读，首先要让孩子"悦读"　274
亲子共读，给孩子看世界的方式　277
用运动释放孩子的天性　280
还给孩子一个轻松假期　285
巧借节日教孩子礼仪　288

Chapter 1
廓清当前中国教育七大误区

"男孩穷养，女孩富养"的准确含义

中国有句俗语是"男孩穷养，女孩富养"。对此，许多人存在误解，误以为这里的"穷"和"富"就是贫穷和富裕的意思。其实，"穷养"和"富养"不是让父母刻意创造怎样的经济环境，而是指对男孩要注重责任教育，对女孩要重视德行教育。

穷养责任，富养内涵

我一个女学生和她的丈夫带着11岁的女儿去逛街。女儿看中了一件近千元的裙子，吵着要买。父亲说："现在正是长个子的年龄，不要买那么贵的，很快就穿不得了！"我这个女学生执意买下了裙子，因为她认为："女孩要富养！"。女儿的心愿虽然满足了，但她和丈夫因此闹得很不愉快。她后来询问我，这件事情究竟该怎么做？我说："你误解了'女孩富养'的真正含义。"

常言道"穷人的孩子早当家"，指的是孩子年纪很小就因环境所迫要有所担当、有责任感。所以，"男孩穷养"是指对男孩从小强化"责任"教育，包括面对逆境的教育。当男孩遇到挫折时，父母要教会他直面困难，敢于接受挑战，以培养其独立坚强的个性、坚忍不拔的意志和吃苦耐劳的精神。这是对男孩一生的投资。

中国还有句老话说"穷山恶水出刁民"，意思是说太穷的地方出来的人，因为资源匮乏、生活穷困，容易变得刁蛮小气、斤斤计较。女人要大气，要贤淑，要与人为善。所以说"富养"女儿，这里的"富"是丰富的富，指的是女孩从小要培养她具有丰富的内涵、智慧的头脑和开阔的胸襟，这是一种文化修养的投资。"富养"是"德行"的教育。父母应在女孩小时候就教育她要有爱心，肯帮助人，愿意与人分享美好的东西，同时教育女孩子要自立、自强、自尊、自爱。这样的女孩日后见多识广，善于思考，独立有主见，知道什么是真正值得追求的东西，并善解人意，有好的性格，懂得控制自己的情绪。总之，"富养"就是要培养有教养、有内涵、有深度、有气质的女孩。

培养男孩子要注重责任感，责任感为何这么重要？因为有了责任感才有担当，有主动性，才会自律，懂得严格要求自己。即说到的事要做到，揽下的事要完成，做错了事要敢于承担责任。责任心是男人的脊梁，是男人顶天立地的支柱。

为什么一些普通家庭也能培养出优秀的儿女？这些家庭明事理的父母常会对孩子说："你的未来就靠你自己了。"这句话就是把责任交到了孩子手上，让孩子对自己的未来负责。责任心不是天生就有的，孩子缺乏责任心是父母的责任，如果一个孩子特别有责任心，那一定受过良好的家庭教育！

孩子缺乏责任心是父母的责任

我见过有些"富二代"，由于从小被长辈或父母过度溺爱，失去一切锻炼自己的机会，凡事都被父母包揽过去，物质上的一切都被满足，个性自私，长大后无能，且没有感恩之心，甚至成了"啃老族"。

很多孩子霸道无礼，以自我为中心。房间乱七八糟，那是母亲的事；家里的东西坏了，那是父亲的事；书读不好，那是父母叫我念的，不是我情愿的……家里的权利他都享有了，义务好像都与他无关。如果父母什么都为孩子代劳，孩子就被剥夺了体验人生的权利，失去价值感，缺乏奋发向上的动力，也无法建立起自信心来。有的孩子甚至成年后，在经济上仍完全依赖父母，丝毫没有认识到要对自己的人生负责。所以，过度照顾孩子反而是害了孩子。

"不要输在起跑线上"不是教育理念

"慢养育"让孩子赢在终点

教育其实是自然而然的事情，顺应孩子成长，该走哪一步就走哪一步，适时教育就可以。有一句话叫作"欲速则不达",这说的是一种生活哲理:凡事不能操之过急,顺其自然、顺应规律、等待时机,这往往是事情成功的最佳途径。一个很浅显的道理:直线最短,但直线走不通,任何事情都是曲线前进的。教育上也是相同的道理。

在启蒙期,孩子为何不能过早学知识?在孩子生命的早期,大脑就像一位大胆的剪裁师,只有被经常刺激的神经元和突触才能存活下来,而不经常被刺激的神经元细胞所连接的突触就会被修剪掉。过早集中学习知识,死记硬背的方式,会让孩子的认知过早符号化,从而制约孩子想象力和创造力的发展,使其可塑性大大降低,还会影响孩子的学习兴趣,将来也容易厌学。

教育应该是逐渐加速的:幼儿园不必太急于学习专门的知识,而应教一些基本的做人处事的道理,学会与人相处,重要的是玩得开心。小学时在学校里学习该学的一般知识,养成好习惯。到了中学再进入跑步通道,依然还是慢跑。到了大学对自己学习的东西产生浓厚兴趣时,再进入快跑通道,会更主动地去钻研学习。这时竞争也加剧了,才显示出每个人之间的差异及优势。

如果孩子从幼儿园就开始快跑,经历了幼儿园、小学、中学十几年的拉锯战,很容易在中途就精疲力竭、动力不强、后劲不足。目前在中国,小学就厌学的孩子不在少数,还有很多是中学学不下去的。这都和早期教育过度有关。在一些国家,超前教育是被禁止的。让孩子一开始就进入快跑通道,非常不人道。让孩子提前学习,违背孩子心理和生理发育的特点,不符合学习的规律。春天开花,秋天结果,成长需要时间。一个人过早地被剥夺了童年,这将是终身无法挽回的缺憾。从小没有玩够的孩子,长大后不会快乐。

人生是一场马拉松赛跑,马拉松全程42.195公里,是长跑,长跑靠的是毅力和耐力,而不是速度。因此,马拉松从来没人抢跑。"别让孩子输在起跑线上",这是精明的商家想出来的一句广告语,不是教育理念。教育不能操之过急,相应的阶段要做相应的事情。错过了时机就会造成孩子日后甚至成年后的人格缺陷，留下终身遗憾。

在家早教就很好，让孩子在玩中学

为了"不让孩子输在起跑线上"，太多的中国父母不知不觉患上了"育儿焦虑症"。一位宝宝才三四个月大的妈妈给我打电话问："到底有没有必要给孩子上早教课？"我说："早教其实是给父母上的，车马劳顿地把这么小的孩子折腾过去没必要，你买几本专业的书，上网多了解了解，自己在家教教就行了。"她在电话那头忧虑地说："可是别人的孩子都去，我怕输在起跑线上啊！"

没有父母不希望自己的孩子成功成才的。在不知怎样做才能帮到孩子的时候，为了缓解自己的心理压力，"从众"就成了很多父母的选择。所以，尽管早教课程价格不菲，还是有越来越多的宝宝开始接受早教，甚至刚满月的孩子就躺在妈妈怀里去上课了。然而，超前一步，领先一步，真的能胜人一筹吗？

我觉得3岁以内孩子的早教在家做就很好，用心的父母完全可以胜任。早教的重点不是知识的灌输，而是心灵的滋养、智慧的启迪。宽松自由、充满安全感的家庭是孩子最好的课堂，游戏和玩耍就是教育内容。孩子可以在玩的过程中掌握各种能力。3岁后进入幼儿园，学会如何与别的小朋友相处。其实，只要孩子在愉快和谐的氛围中成长，他们耳濡目染就能接受到最好的启蒙教育。

孩子的天性最重要，有的孩子早慧，有的孩子迟悟，每个孩子都不一样，父母忽视了孩子的天性，把教育的希望都放在外部知识的灌输上，这就是把劲儿用错了地方。教育其实是自然而然的事情，顺应孩子成长，该走哪一步就走哪一步，适时教育就可以。人太急则无智，父母如果心太急，把简单自然的东西搞复杂了，最后钱没少花，力没少费，孩子却可能成了早教的牺牲品，这是一件特别划不来的事情。

德国孩子学前学什么?首先是基本的社会常识及与人相处的规矩。教育孩子的第一步,就是培养孩子在公共场所的教养和礼仪。要懂得尊重别人,以礼待人,在公众场所不大声说话等。再有就是培养孩子的动手能力,根据孩子的兴趣参与活动。让孩子在玩中学,学中玩。

玩是一切知识的原动力。如果孩子在某些方面玩得出色,就要肯定他、鼓励他,让他有愉快感、胜任感,兴趣及自信心也会由此而生。教育家陶行知曾经说过:"学什么不重要,重要的是其学习兴趣、学习乐趣和学习能力。学生有了兴趣,就肯用全部精神再去尝试,学与乐不可分。"人在做自己感兴趣的事情时会比较有活力,愿意下功夫,会专注,也易坚持,大脑因此获得锻炼。父母应该仔细观察孩子,找出他们感兴趣的事,同时注重孩子的素质教育和德行教育。

"早慧儿童"其实很脆弱

早教的危害现在已经显现出来了。包括幼儿园的小学化,教育部已经明确禁止。绝大多数小学生厌学的主要原因,就是因为提前学习。我听说一位"神童",6岁能认2000个汉字,能背110首古诗,会算100以内的加减法。上小学后,因为都会,他在课堂上就不愿听了,一年之内连跳两级。但到了三年级,他发觉自己听不懂了,由于没有养成专心听课的习惯,他的成绩迅速下滑,产生挫败感,内心承受不起,一心想退学。

其实,"神童"是一种错误的叫法,与其叫"神童",不如叫他们"早慧儿童"。这样的孩子智力发育比一般孩子早,且被大人过度开发,情商培养却被忽视,结果智商和情商的发展非常不均衡,逆商就更弱了。因为受到更多的关注和期待,他们的心理压力也比正常儿童大得多,心理素质却跟不上,抗挫力和耐性远不及按部就班长大的孩子。有些孩子很脆弱,害怕失败,不敢尝试;还有一些孩子急功近利,比较浮躁。这样的性格大大阻碍了他们日后的发展,很不利于他们未来的日常生活和与人交往。

以"科大少年班"为例：那里汇聚着中国的"早慧儿童"，他们从小就智力超群，在中国科学技术大学也得到了特殊的培养。如今，最早一批少年班毕业的学生也已人到中年，除了极个别还活跃在科技领域外，绝大多数都与国家原来的培养目标脱节了。即使是从事科技工作的极个别人，也完全没达到当初人们的预期，做出举世瞩目的成就。"科大少年班"最早一批学生中的李剑芒先生说："如果人生可以重来，我不会选择去读这样的学校，我会老老实实选择先过好常人的生活。一个人过早地被剥夺了童年，这将是终身都无法挽回的。"现在，李剑芒讲起自己培养孩子的准则，非常简单，就是一切顺其自然。

养孩子是"慢工细活儿"

有专家指出，"儿时不竞争，长大才胜出"。==童年的任务不是向外延展，而是向内积累。一个人内在力量强大，才能很好地把控自己，未来才可能处理好自己和他人、自己和世界的关系，在未来的人生旅途中获得主动权——这才是培养竞争力的正常顺序和逻辑。==

当孩子的注意力被转移到各种"比"的事情上，他们自我成长的力量就开始分散，而成功带来的盲目自大、失败带来的焦虑沮丧会更多地伤害和消耗孩子的精力……如果孩子的童年总处于斤斤计较和互相攀比中，那他的大格局从何而来呢？

教育孩子不是生产一个工业产品，也不是父母设计好路线、抓紧时间教育就行的；父母更不能把自己对待工作的劲头用在孩子身上，强调效率、强调先机、强调竞争，教育的主体是孩子。教育更像农业，孩子像一颗种子，它自有发芽成长和成熟的时间，而且基因已经决定了它会长成什么作物。教育就是"慢工出细活儿"，是生命潜移默化的过程；教育的变化是极其缓慢细微的，它需要生命的沉淀，需要深耕细作式的关注与规范。

父母成熟了，
孩子就成才

养孩子是绝对需要耐心的事情：孩子的发展，不管是身体上的发育，还是语言、认知、心态、行为和习惯等方面的发展，都需要时间，父母必须学会等待而不是揠苗助长。爱孩子，父母就要有耐心，让孩子慢慢成长；爱孩子，父母就要放慢脚步，跟着孩子的节奏，不要让孩子生活在催促声里。

现在有人提倡"慢养育"，我觉得在这个什么都要"快"的时代里，"慢养育"是很有必要的。这个"慢"不是指时间上的"慢"，而是指父母在心态上要"慢下来"，不要强迫孩子，不能急躁，不要焦虑。孩子都是一天一天长大的，父母也是慢慢成熟的，不能一上来就给自己、给孩子特别大的压力。我经常在商场里见一些父母对着几岁的孩子大吼大叫，一个才来到这个世界几年时间的孩子，他对一切还是懵懵懂懂的，父母这样的态度，会让他的童年记忆里充满惶恐。

有一个比喻很有意思：养孩子就像赶乌龟过大山！要有足够的耐心才行！乌龟不想动的时候，你不能撇开它，而要站在一边等着，好言相劝；乌龟爬得慢的时候，你得不停鼓励它一直向前；乌龟哼哼哈哈、牢骚满腹的时候，你得洗耳恭听，出谋划策；乌龟跟你泼皮耍赖、讨价还价的时候，你心里就算再生气也要按下！乌龟喊腿疼，你就是医生；乌龟嚷肚饿，你就是厨师；乌龟要玩耍，你就是它的伙伴……

耐心对于今天想做好父母的人来说，是必须具备的品质。耐心里包括了人类许多宝贵的东西：爱、尊重、责任、信念、智慧、毅力、忍耐……孩子的成长是一个缓慢而渐进的过程，没有捷径可走。父母不能求一时的速度与效率，不能以孩子当下的表现妄下断语——相信和等待，这是父母永恒的主题。成年人的责任则是不打扰孩子的自我发展，有条件的情况下给孩子一些助推力。只有父母学会相信和等待，孩子才能走稳成长的每一步。父母不担心输在起跑线上，孩子才有可能将来赢在终点！

补偿心理,过度物质满足

让孩子学会等待与延迟满足

对孩子过度物质满足,易造成孩子不惜物、爱虚荣、喜攀比、自私等缺点,把父母给予的所有都视为理所当然,无感恩之心。对孩子的欲望,正确的做法是延迟满足,或者适当不满足。即时满足、有求必应、超量满足等均是错误的。学会等待和忍耐,这是每个人面临逆境时需要的能力。孩子的容忍力不是与生俱来的,而是父母在日常生活中慢慢培养起来的。

1960年,美国心理学界做过一个"延迟满足"的实验。这个实验是这样的:美国斯坦福大学心理学家瓦特·米伽尔把一些4岁左右的孩子带到一个房间,给他们每人一颗好吃的软糖。同时告诉他们,如果马上就吃掉它,就只能得到这一颗糖;如果20分钟之后再吃它,就能得到第二颗糖。等他离开房间,一些孩子急不可待地吃掉了软糖;一些孩子则选择等待,暂时不吃手中这一颗软糖。为了使自己耐住性子,他们或闭上眼睛不看软糖,或头枕双臂自言自语。当然,成功熬过20分钟的孩子都吃到了第二颗软糖。

实验之后,心理学家对参与实验的孩子进行了长达14年的追踪。结果他们发现,那些坚持等待的孩子不急于求成,懂得为更远大的目标暂时牺牲眼前利益,到高中时都表现优异。而那些急不可待、只吃到一颗软糖的孩子,在青少年时期比较固执、虚荣或优柔寡断,当欲望产生的时候,无法控制自己,高中时表现相对较差。无疑,前者未来的成功几率远远高于后者。

最近,心理学家对一群中国和澳大利亚的4岁孩子做了同样的实验。结果中国的孩子绝大多数都只吃到一颗糖,而澳大利亚的孩子有很多得到了第二颗。这说明,现在中国的孩子延迟满足能力是比较弱的,父母需要加强孩子这一能力的培养,那么怎么培养呢?在日常生活中,当孩子想要什么时,父母可以适当地延迟一下再满足他,让孩子通过等待的过程学会忍耐。次数多了,孩子就会明白:

父母成熟了，孩子就成才

我需要付出一定的时间、耐心才能得到这个东西。有些父母会担心，这样做是否会使孩子产生匮乏感？这取决于他们对孩子的态度。当孩子提出要求时，父母不能很生硬地拒绝，而要温和坚定地给孩子做出解释。孩子在等待的过程中，耐性得到磨炼。而在愿望被满足后会倍感愉悦，体会到付出耐心是会有收获的。

相反，如果孩子要什么，父母立刻就满足，孩子就会形成"我要什么马上就能有什么"的思维定式，性格变得急躁、耐力差。一旦走出家庭进入社会，这种性格会令他们饱受挫折和打击。有些人不会从自身找原因，反而觉得别人跟自己过不去，总与周围人处于一种对峙状态。长此以往，很可能酿成忧郁、偏执等心理问题。这些绝不是父母希望看到的。

习惯于被父母即时满足的孩子走进社会后，他人是不会对其有求必应的，因此其心理会产生落差。与其让孩子到时交这笔痛苦的学费，不如父母在孩子小时候就有意识地延迟满足他，让孩子学会等待。父母不即时满足，增强孩子被拒绝后的心理承受能力，让孩子在坚持与努力中获得所期待的事物。延迟满足其实是对意志力和自控力的培养，适当延迟满足的孩子长大后对挫折和拒绝的免疫力更强，未来成功的可能性更大。有一个故事说明了这个问题。

一位中国志愿者到非洲卢旺达做义工。到达目的地，下了卡车，他看到一位瘦骨嶙峋、衣不蔽体的黑人小男孩朝他们跑来。义工顿时动了怜悯之心，转身拿了车上的物品向小男孩走去。这时，一位美国义工对他大喊："放下，你要干什么？"

中国义工愣住了，他搞不懂美国义工的意思：我们不就是来做慈善工作吗？只见美国义工朝小男孩俯下身子，说："你好，我们从很远的地方来，车上有很多东西，你能帮我们搬下来吗？我们会付报酬的。"

小男孩迟疑在原地。这时又有不少孩子跑来，美国义工又对他们说了一遍相同的话。有个孩子尝试着从车上往下搬了一桶饼干。美国义工把一床棉被和一桶饼干递给他，说："非常感谢你，这是奖励你的，其他人愿意一起帮忙吗？"

其他孩子劲头十足地一拥而上，没多久就卸货完毕。义工给每个孩子一份救济物品。这时又来了一个孩子，看到卡车上已经没有货物可以搬了，觉得十分失望。

美国义工对他说："你看，大家都干累了，你可以为我们唱首歌吗？你的歌声会让我们快乐！"孩子唱了首当地的歌，义工照样也给了他一份物品，说："谢谢，你的歌声很美妙。"

中国义工看着这些若有所思。晚上，美国义工对他说："对不起，我为早上的态度向你道歉，我不该那么大声对你说话。但你知道吗？这里的孩子陷在贫穷里，不是他们的过错，可如果你轻而易举把东西给他们，让他们以为贫穷可以成为不劳而获的谋生手段，因此不愿意再努力去摆脱现在的困境。那么，他们变得更加贫穷，就是你的错了！"

无独有偶，很多人去中国西藏，见了小孩就发笔、发糖、发钱，导致今天西藏的一些小孩公然站在路上拦车要钱。这种所谓行善会带来更坏的后果，做慈善需要智慧呀！家庭教育也如此，不要让孩子以为享受父母的照顾是理所应当的，应该让孩子懂得须凭自己的能力和努力获取想要的东西。懂得延迟满足的父母，才是真正优秀的父母。

父母不应以物质满足来替代陪伴孩子

在清华大学、北京大学做企业高管培训时，我问过很多学生："每个月有一半以上时间回家吃晚饭的同学请举手。"我问过多次，每次只有一半左右的同学举手。我感到很疑惑：和孩子相处时间这么少，又怎能了解孩子的生活和心理，孩子又怎能感觉到父母的爱呢？有一个故事曾打动很多人的心。

夜晚，一位父亲拖着疲惫的身躯下班回到家里，发现5岁的儿子还没睡，正在等他。

"爸爸，我可以问您一个问题吗？"儿子说。

"什么问题？"父亲有点不耐烦。

"您一小时赚多少钱？"儿子问。

"这与你无关，为什么要问这个问题？"父亲有点生气。

"我只是想知道，请告诉我，您一小时赚多少钱？"孩子不放弃。

"假如你一定要知道的话，我一小时赚20美元。"父亲答道。

"哦"，孩子低下头，接着又说，"爸爸，可以借我10美元吗？"

父亲发怒了："如果你只是借钱去买那些无聊的玩具的话，现在就给我回你的房间去，好好想想为什么你这么自私。我每天长时间辛苦地工作着，没时间和你玩小孩子的游戏。"

孩子安静地回到自己的房间并关上门。

过了一会，父亲平静下来，有点后悔自己对孩子太凶了——或许孩子真的想买什么有用的东西。

他走进儿子的房间："你睡了吗？孩子？"

"还没有，爸爸，我还醒着。"小孩回答。

"我刚才的语气太重了"，父亲说，"这是你要的10美元。"他边说边把钱递给了孩子。

"太好了！爸爸，谢谢您！"小男孩欢快地从枕头底下拿出一些零碎的钞票来，慢慢地数着。父亲疑惑地问："你不是已经有钱了吗？为什么还要？"

"因为这之前还不够，但现在足够了。"小孩回答，并把手里的所有钞票连同父亲刚给的10美元一起递给他，"爸爸，现在我有20美元了，我可以向您买一个小时的时间吗？明天请您早一点回家，我想和您一起吃晚餐。"

听到这个小男孩对父亲的请求，作为父母的你心里是什么感受？你是否也经常因为工作、应酬或其他事情，一再挤压本应陪伴孩子的时间？没有父母认为自己不爱孩子，可是，孩子要的爱和我们给的爱真是一回事吗？当工作需要我们全身心投入甚至侵占家庭时间时，又有几个人会为了陪孩子而放弃工作时间呢？

美国人十分重视晚餐的时间，一般都会和家人共度。如有重要的会议或商务洽谈，一般都安排在早餐或午餐，很少占用晚餐的时间。美国人在一天的工作结束后多会回到各自家中，陪伴孩子和家人。中国人则不同，把晚餐当成应酬的主要机会，所以一到下班，很多人都掏出手机打电话，说的内容都一样："今晚有饭局，不回去吃了！"看似简单的一餐饭，却传递出迥异的价值观：一般美国人特别重视家庭生活，认为孩子最值得陪伴和珍惜，家人比事业重要；中国人也重视家庭，但认为反正孩子是自己的，多陪一会少陪一会都没关系。

想要改变孩子，先得改变自己

有一位父亲曾向我求助，说他们家是典型的"气功家庭"：他做生意很累，太太做媒体很忙，孩子读书很辛苦，三个人很少有全都在家的时候。不是他出差，就是太太出差，平时应酬又多，保姆倒成了"主人"。他俩只要同时在家，家里就会矛盾大爆发，他和太太互相埋怨对方不顾家，又会联合起来"修理"孩子，抱怨孩子成绩差、不体谅父母的辛苦。但孩子嘴巴更"硬"，抨击他们只考虑自己，居然还说什么"不在其位，不谋其政"。他很苦恼，问我应该怎么办？

我对他说："想要改变孩子，先得改变自己。解决你们家的问题，时间是关键。你们每一个人都被时间压得喘不过气来，没有透气的机会，一见面人人都成了'出气筒'。"心理学家说，时间不宽裕的人，对别人就不宽容，要求别人快、急，还要满足自己的心意。父母平时没时间和孩子沟通，又一定要做出当父母的样子，所以只好拿成绩和名次来要求孩子，试图约束孩子的行为。但对孩子来说，父母失职还这样苛刻，当然不会买账，家庭自然会爆发"战争"。

为什么父母必须先改变自己呢？孩子说父母是为了他们自己工作，想想孩子的感受，连父母的面都见不着，怎么能相信父母是为了他们在奔忙。孩子要的其实很简单，就是要爸爸妈妈跟他们每天一起吃饭、散步、说说话，一起分享快乐、分担烦恼。所以，夫妻两个至少有一个人要调整工作，能够经常待在家里，了解和关心孩子的情况。只有父母改变了，孩子才可能改变对父母的态度。

在这个快节奏的竞争社会里，我很能理解父母的无奈。为了孩子更好的未来，很多父母在努力打拼，积累财富。但钱是赚不完的，时间却是不可逆的，错过了孩子最渴望和你在一起的时光，当有一天你感觉赚够钱了、可以享受生活了，想好好拉着孩子说说话，想好好补偿一下孩子，可能他们已经不再需要。缺憾就成了永远的缺憾，再也无法弥补。那么我想请问你，到底哪一个重要？

把幸福寄托于将来，却不去把握现在和孩子在一起的时光，这样的父母绝不是成熟的父母。有一句话说得好："亲人只有一次的缘分，无论这辈子我和你相处多久，也请好好珍惜共聚时光。无论爱与不爱，下辈子都不会再相见。"希望这句话能点醒为了工作而忽视孩子的父母，不要为了"未来"而错失当下属于自己的幸福，不要把家只当成旅店，不要在追逐名利的过程中迷失了自己！圆满的生命在于平衡，幸福的生活在于取舍，只有真正能平衡工作和家庭的父母，才是理解了幸福哲学的父母，才是能够为孩子创造幸福家庭生活的父母！

常常陪伴孩子会培养孩子强烈的家庭归属感。当孩子每天回家推开门，就能看到父母的笑脸。当孩子憋了一肚子话想说时，父母就能在他们身边倾听。当华灯初上、万家灯火时，全家人能围坐在一起吃一顿可口的晚餐。当深夜来临、倦意袭来时，家中每一个人都能以平静而轻松的心情进入梦乡。而当第二天太阳升起，孩子和父母又能精神饱满地迎来新的一天，为各自的理想和目标而奋斗。愿这样幸福的场景在越来越多的家庭中出现，愿每一对父母都能从容智慧地面对生活！

"孩子不打不成器"是错误观念

犯错是孩子长大的必经之路

◆ 2016年高考过后，四川达州一位成绩优秀的17岁高中男生投河自杀的新闻震惊了全社会。这位男生的父亲经营一辆城乡中巴线路车。高考过后，父亲要求孩子到车上帮忙售票，孩子不从，父亲严厉地责备他，他一气之下跑了。他来到一家网吧上网，打开QQ空间，倾诉自己从小到大被父母经常打骂、讽刺、苛责的经历。他说父母只关心他的成绩，从不关心他的生活与感受。他感觉不到父母的爱与关怀，即使成绩再好，是个学霸，父母也从未有过一句肯定或鼓励的话语。孩子甚至怀疑自己不是父母亲生的，感觉活着没有什么意义，最后选择了投河自尽。

这个悲剧的背后，是中国父母一系列的错误观念，如"孩子不打不成器，棍棒底下出孝子""天下无不是的父母"……这些错误观念在中国流传了几千年，让多少孩子成为牺牲品！孩子即使未按父母的意愿做，或者犯错了，也希望从父母那里得到理解、关怀、温暖和爱。许多父母给的却是打骂，伤了孩子的自尊心。一个人的自尊心是最为重要的，没了自尊，往往就没了脊梁。但我们的文化中缺乏对孩子自尊心的保护。

美国诗人纪伯伦有一首《论孩子》的诗写得很好：

你的儿女，其实并不是你的儿女。
他们是自身对于生命渴望而诞生的孩子。
他们借助你来到这个世界，却非因你而来，
他们在你身旁，却并不属于你。

你可以给予他们的是你的爱，却不是你的想法，
因为他们有自己的思想。
你们可以建造房舍荫庇他们的身体，但不是他们的心灵，
因为他们的心灵栖息于明日之屋，即使在梦中，
你们也无缘造访。
你是弓，儿女是从你那里射出的箭。
弓箭手望着未来之路上的箭靶，
他用尽力气将弓拉开，使他的箭射得又快又远。

> 怀着快乐的心情，在弓箭手的手中弯曲吧，
> 因为他爱一路飞翔的箭，也爱无比稳定的弓。

这首诗表述的是每个孩子都是独立的个体，有他独特的兴趣、爱好、人格、思想以及梦想等。

每个人与生俱来最大的权利就是探索属于他自己的人生，做父母的应该帮助孩子发现自我、展示自我，而非强迫孩子按照自己所设计的路线去前进，孩子不顺从或做错了就打骂。父母没有权利打孩子，打只能让孩子暂时屈服，却不能让他真正信服；打只能得到孩子表面的听话，却得不到孩子的真心话；打只能产生恨，绝不能带来爱和幸福。从小被打大的孩子，长大后不懂得尊重别人，也不能坦然接受别人的尊重。一切过度严厉的惩罚都隐藏着某种伤害，被打大的孩子成年后仍会带着心灵创伤和后遗症生活。

孩子为何容易犯错？一方面是因为年纪小，分辨好坏的能力并没有完全形成；另一方面是做事的技能仍在发展中，做不对完全在情理之中。所以，大人应对孩子的行为有一个合理的预期：他们会不断做错事。

犯错是孩子长大的必经之路。我有个朋友在幼儿园做管理工作。她告诉我，这些年她碰到的自理能力差的孩子越来越多，有的孩子三四岁还不会用勺子。她问这些孩子的父母："为什么不在孩子一岁左右，在他们最想尝试自己吃饭的时候教会他们？"得到的回答是："孩子把食物弄得到处都是。"这些父母自认为极其称职，他们怕孩子出错，什么都帮孩子做了，其实极不负责任。基本的生活技能都没教给孩子，剥夺了孩子通过犯错获得成长的机会。

犯错误是每个孩子天生的权利，也是孩子正常长大的必经之路，错误里面有帮助孩子成长的宝贵资源。所以，==不让孩子犯错误的想法是荒唐的，不让孩子犯错是父母最大的错误==。人类就是从犯错中进化而来的：==犯错、修正；再犯错，再修正；循环往复，走向正确==。

Chapter 1
廓清当前中国教育七大误区

罗曼·罗兰曾说:"人生应当做点错事。做错事,就是长见识。"他指的是成年人,成年人尚可犯错,成长过程中身心尚不成熟的孩子就更不用说了。所以,我认为父母与其让孩子犯大错,不如允许孩子犯小错;与其让孩子成人之后再犯错,不如从小就让他试错。

不允许孩子犯小错,孩子可能铸大错

急功近利、望子成龙的父母不希望孩子犯错,不想等孩子自己认识到错误,更不放心让孩子自己改正。他们会通过惩罚孩子、让其感到害怕来避免孩子犯错。他们认为这样能让孩子吸取教训、少犯错误。事实上,这种教育使孩子表面顺从,内心压抑;行为规矩,内心混乱。很多小时候不犯错的孩子长大后特别叛逆,容易犯一些儿时才犯的低级错误。一旦犯错就不知道如何纠错,导致满盘皆输的结果。

◆ 几年前发生的药家鑫案大概大家还记得,这本是件很小的交通事故,却演变成故意杀人。药家鑫这个由小错变大错的案子很有代表性。身为一个大学生,难道分辨不出故意杀人和交通肇事哪个错误更大吗?是不能接受自己犯错的心理使他一错再错!

在庭审过程中,我注意到为他出庭做证的家人和同学,拿出了一大堆奖状、证书,证明药家鑫是个"好孩子""优秀学生"。殊不知,正是为了维护"好"的形象,害怕事情败露,才使药家鑫看见受害人记车牌时陷入恐惧,瞬间作了一个可怕的决定:杀死受害人,掩盖自己的过失。

后来我们了解到,药家鑫的父亲家教甚严,不允许药家鑫犯错。只要他犯错,非打即骂,且言语尖酸刻薄,使药家鑫一度想到自杀。有一次因为犯错,药家鑫被父亲关进地下室一个多月。这样的经历使药家鑫形成了压抑、懦弱的性格,他非常害怕自己出错,更怕犯了错被父母责罚。杀人现场虽然只有药家鑫和受害者两人,但药家鑫头脑中那个令人恐惧的父亲可以说是他杀人的主要推手。

药家鑫的父亲肯定想不到，自己倾注毕生心血，一路唯恐孩子犯错误、走弯路、不成器，孩子却犯下滔天大罪，永远没有机会改正。如果没发生这件事情，有谁会质疑药家鑫的父亲呢？现在社会上那些重智育轻德育的父母，那些追求完美对孩子高要求的父母，那些严厉苛刻不宽容的父母，不正在重复药家鑫父亲的教育方式吗？

"为什么小错不犯的人，犯起错来就常常是大错呢？"这是因为，人如果没有犯错的经验，就像身体缺乏免疫力一样，大病来临时无力可挡。通过犯错，孩子可以及时修正想法，改变行为，了解自己和别人的界限在哪里，调整自己和他人的关系。通过犯错，孩子可以增强心理承受能力，犯错带来的受挫、失败、沮丧、失望、害怕、后悔等负面情绪，其实都有正面的功能，是孩子成长过程中丰富的心理资源。面对类似情况时，孩子此前积累的"心理资源"会提供经验，帮助孩子找到合适的应对方法，将自己的行为控制在安全的范围里，不出现大的闪失。通过犯错，孩子可以更加客观地认识自我，更加准确地控制行为，使心智趋于成熟，不会非理性地追求完美而走向极端。

相信孩子有自我纠错能力

我的儿子平平在高三时曾犯过一个错误。当时他在北京国际学校就读，还有半年就高中毕业了。平平喜欢画画，那天学校下午2点放学后，他留在学校参加绘画班的课外活动。5点下课后，他一个好朋友过来对他说，自己与女友分手了，很郁闷，希望平平陪他做一件疯狂的事情来释放压力。

两个男孩子想了半天，后来看到旁边的画笔，心血来潮，决定在学校过道的墙壁上涂鸦，结果好好的墙壁被两人的"艺术创作"搞得一塌糊涂。这件事情学校当然要处罚，一是我们做父母的出钱赔偿，使墙壁恢复原状；二是罚他们两人停课两周，在家中闭门思过，并记个大过。学校念及两个孩子平时功课好，又懂礼貌，就给了他们一次机会：只要毕业前不再犯其他过错，学校就将记大过的记录取消，这样就不会对两人申请国外大学造成负面影响。这件事发生后，我看平平已经知道自己错了，也就没怎么责备他。一直到毕业，他的表现都很好，学校也履行诺言将记录取消了。

长大后，有一次聊天时，平平对我说："妈妈，你知道吗？人在青春期时也许是荷尔蒙分泌过多，真的会意气用事，莫名其妙就会做一些事，不计后果，也意识不到后果的严重性。现在我长大了，感觉自己比过去沉稳多了。无论做什么事，我都会考虑能否承担得起后果，懂得对自己的行为负责，再也不会像年少时那样做没有必要的冒险了。"

其实，孩子天生都有纠错的能力。很多孩子在犯错的同时就知道自己错了，不需要父母再多说。如果父母能接纳孩子，孩子内心会有愧疚感和改过的正向力量，努力弥补过失。相反，如果父母居高临下，责备和打骂孩子，孩子会因自尊心受到伤害而拒绝认错。打骂孩子最大的弊端是让孩子产生这样的心理：你打了我，我就不欠你的了；你骂了我，我犯的错就被扯平了。在身体和心理都受到伤害后，孩子一般都憋着一口气，他们想的不是去纠正错误，而是将来一旦再犯应该怎样避免被罚，怎样掩盖过错，这就是说谎和欺瞒的心理动机。

孩子犯错后，父母简单粗暴的惩罚不仅不会让他们认识到错误，更不会让他有改过的心理动机。很多人痛恨我们社会中存在的一些欺上瞒下、不讲诚信的风气和恶习，我认为，这与过去家庭中信奉"棍棒底下出孝子"的教育理念有一定关系。当孩子犯错，父母要以宽容的态度对待，相信孩子有纠错的能力，鼓励他主动承担责任，用全面、发展的眼光去看待孩子。孩子犯的大多数错误，父母难辞其咎，要么是父母做了坏榜样，要么是没花时间教给孩子正确的做法。所以，父母应积极看待孩子的错误，通过宽容的态度传递给他们这样的信息："犯错没什么，我们可以通过犯错学到更多的东西。"

晚餐时间对一个家庭来说很珍贵，一家人围坐在一起，每个人都可以聊聊自己当天的生活，有哪些小过错、小疏忽，自己从中学到了什么。父母如果这样分享，孩子能学会坦然面对错误，意识到错误的价值所在。剥夺孩子犯错权利的父母是短视的。宽容孩子的小错，给孩子纠错的机会，就是避免孩子将来的大错，使他们走向身心健康、良性发展的道路！

宽容是震撼人心的积极教育

宽容是爱的体现，没有爱就没有宽容。宽容，有时候比惩罚更有力量。对人宽容，是做人的一种美德；对孩子宽容，不仅是美德，还是一种教育艺术。宽容是正面的力量，能触动孩子的内心。

◆ 几年前，我一个好朋友带儿子出国旅游，因为非常喜欢摄影，她一路上拍了很多照片，估计有一千多张，每个景点都留下了美好的回忆。最后一天游湖的时候，母子俩在船上拍照，相机没电了，儿子自告奋勇换电池。没想到，他一不小心操作失误，记忆卡从数码相机里弹出，直接掉进了湖里，转眼就没了踪影！母子俩一下子傻了眼，孩子更是吓坏了，一千多张照片，又是在国外，简直没法弥补！孩子知道闯了祸，低下头准备挨骂。母亲并没有发怒，而是对孩子说："我们注定还要再来一次。儿子，咱们回家就开始存钱吧！"没用任何斥责的语言，孩子的心灵却深受触动。朋友告诉我，这件事似乎让儿子长大了很多。

这就是宽容对孩子产生的积极影响，当孩子已经认识到自己犯了错误，错误无法补救，再多责备又有什么意义呢？在孩子刚认识到犯错的当下，即是接受教育的"黄金期"。此时，父母或老师若以宽容之心待之，耐心帮助他们分析问题，对孩子来说可以字字入心、声声入耳，心智会得到加速成长。

原谅孩子的无心之过

儿童期是犯错最多的时候，与成年人犯错不同，孩子大多不会明知故犯。有的孩子只是出于好奇或无知，犯下了无心之过。父母不要曲解孩子的动机，应从心底里宽容孩子的过错。

Chapter 1
廓清当前中国教育七大误区

◆ 有一位爸爸省吃俭用买了一辆新车,他喜欢得不得了,每天下班回家都给爱车"洗澡"。他5岁的儿子看见爸爸洗车,总凑过去帮忙。有一天他下班回到家,感觉很累,就直接进屋休息了。小男孩想帮爸爸洗车,一时找不到海绵,就从厨房拿了块洗碗的海绵擦车。

他不知道海绵中一面有金属丝,一下子把车剌出了很多划痕。他不知所措,吓得大哭起来。这位爸爸被吵醒。当他出门看见新车惨不忍睹的样子,气得简直要昏倒。但他克制住自己,没有冲儿子发火,而是跑进房间,在心里大喊:"老天呀,我的车被儿子洗成那样,我该怎么惩罚他呀!"过了一会,这位爸爸冷静了下来,从房间走出来。看到儿子还在哭,爸爸上前一把抱住他:"儿子,你是个好孩子,帮爸爸洗车。爸爸爱车,爸爸更爱你!"孩子一听这话,破涕为笑,父子二人抱成一团又哭又笑。

这位爸爸对儿子的爱充满理性和包容,他把儿子的感觉放在第一位,重视孩子远甚于车。尽管新车被剌伤,自己很心疼,很生气,但他知道儿子绝不是故意的,因此没说一句伤害或责备的话。人在发怒的时候,伤人的话很容易脱口而出,这位爸爸的情绪管理很不错,及时回避,用理性控制住了情绪。我想,这个男孩将来可能会成为一个有担当的人,因为爸爸用宽容教会了他不要害怕犯错误,只要敢于承担责任,知错就改,就一定能得到支持。

用同理心包容他人的过错

能够包容他人、宽容他人错误的人,一般都有很强的同理心,能够从对方的角度考虑问题。

◆ 有一位演说家小时候非常喜欢看书,当时家里太穷买不起书。一天,他

父母成熟了，孩子就成才

在书店看书，趁人不备将一本想要看的书塞进大衣里。这时，书店老板走过来，要求他跟着自己去一趟办公室。他心里一沉："惨了，一定被发现了。"谁知老板很热情地说："小朋友，你一定是个好孩子，我看你总来我们书店看书。如果你今天借了一本书忘了告诉我，没关系，先拿回去看。下次再借书跟我打个招呼就可以了。"他的小脸涨得通红，明明是偷，人家却说成借，还说自己是好孩子。老板的宽容对他产生了巨大影响。从那以后，他一直发奋读书，自尊自爱，再也没做这种事。

这位书店老板运用了同理心，他认为偷书的孩子肯定是爱学习的孩子，用"借"保住了孩子的自尊。==自尊心是人格的核心，在被保全和认可的情况下，一个人日后才可能自觉约束自己的行为。==事实证明，因为书店老板的一次宽容，一个犯错的孩子最终成长为对社会有积极贡献的人。

宽容有一种非常正面的力量，能触动孩子的内心，它比批评和惩罚更容易被孩子所接受，促使孩子自律，努力向上、向善。即使孩子真的犯了很大的错误，父母若要浪子回头仍要宽容。即使不宽容其行为，也要宽容他这个人，一定要给孩子重新做人的机会！

父母心宽，孩子路宽

父母是否宽容，对孩子会产生深远的影响。如果父母拥有宽阔的胸襟，能够容忍孩子的偶尔无理，给孩子自己反省的时间。接纳孩子的不同观点，用行动鼓励孩子独立思考。在孩子已知错的情况下，包容孩子的过错，宽恕孩子的无知和任性。日久天长，孩子也会被熏陶出豁达处世的心胸，目光也会比较长远，不计较眼前的利益得失。

一般来讲，目光长远的孩子责任心强，在与人产生矛盾和分歧时不会耿耿于怀；遇到不平之事也不会钻牛角尖。这种心态无疑更有利于孩子未来的生活和事业，更有利于他们在社会上生存。

我的三个孩子都在美国出生长大，小女儿芳芳在美国读完大学工作两年后，我建议她到中国读硕士，这样既可以多了解中国文化，又能进一步提高中文水平。后来，她在清华大学公共管理学院完成了MPA硕士学位的学习。芳芳很善良、热心公益，个性开朗，又独立上进，在中国交到了一些志同道合的朋友。

有一次我和芳芳聊天，她无意中提到这些年我对她的影响。她告诉我："妈妈，这些年我从没看见您跟谁发过脾气，更没听到您抱怨过谁、恨过谁。我总提醒自己要像您这样有包容之心，从积极的角度来考虑问题。"我真的很意外听到孩子对我有这样的观察和评价，这又一次证明了父母的行事风格会潜移默化影响到孩子。所以，父母一定要注意自己平日的言行，孩子其实都看在眼里，并会不知不觉模仿我们。如果想让孩子有宽容之心，那我们自己首先要宽以待人。

宽容不是纵容，更不是简单的容忍，一味地包容。宽容的本质是尊重，宽容的基础是理解，是父母对人性、对自己、对孩子深刻理解之后才有的一种豁达。宽容标志着成熟，宽容更是一种境界。宽容的父母不去苛求孩子完美，也不会苛求自身完美。宽容的父母有一颗柔软的心，懂得体察孩子的难处，体恤孩子的心情，体悟孩子的真心。宽容是父母与孩子心与心的交流，是教育智慧的体现！

大海很宽广，比大海还广阔的是天空，比天空更广阔的是人的心灵。宽容孩子一次，就是在孩子心中播下一颗信任的种子。在父母爱的阳光照耀下，信任的种子会结出自律的果实。宽容孩子，就是让他自觉走在通向成熟的道路上！后面我将用一个章节的篇幅深入地来探讨这个问题。

误认为教育孩子是妻子的事

母亲让孩子感受爱和亲密

我的一些企业家学生在购买我的书时，对我说："把书买回去送给我太太，让她把孩子教育好。"我说，教育孩子不光是母亲的事，也是父亲的事。只不过孩子小时候受母亲影响大些，孩子越大，父亲的作用就越大。

西方有句谚语说："孩子最早的学堂就是母亲的膝头。孩子从小趴在母亲的身上，他的人生教育就开始了。"有人说："一个好的母亲胜过100所好学校的老师。"还有一句话说："上帝不能够无处不在，所以，他就创造了母亲。母亲的工作就是上帝的工作。"以上所讲都是强调母亲在孩子幼年启蒙时起的关键作用。但随着孩子渐大，父亲就要开始发挥影响了。本书将用一章专门谈启蒙教育。

人出生后有两个发展方向，一是亲密性，一是独立性。孩子小时候，从母亲身上可以感受到被呵护照顾的亲密关系，长大后就会懂得如何去关怀别人。等青春期到来，生理开始发生变化，两性生理特征显露，孩子逐渐懂得男女有别。这时独立性显现，孩子不再过多依赖母亲，而父亲在培养孩子的独立性方面有着天然的优势和特殊职责。

一般来讲，母亲会让孩子在精神上感受到爱和亲密；父亲在帮助孩子确立学习和生活的规则方面有着天然的优势。从小与母亲关系良好的孩子，善于与人交往，将来婚姻也容易幸福。跟父亲关系好的孩子，较明事理，独立性强，善于思考，将来事业容易成功。所以在家庭教育中，父母发挥不同的特点与优势。父亲教会孩子做人处事的规则，母亲给予足够的爱，在这样家庭长大的孩子，人格更为健全。

"星二代"吸毒折射父教缺失

我们来分析一下房某某吸毒的事情。房某某吸毒和他从小父亲缺位不无关系。房某某曾表示："我的记忆里没有父亲的身影，连背影也没有。"在他最需要父亲的时候，父亲不在身边。他只有从电影或电视中看到父亲的身影。父亲耀眼的光环，让他感到压力很大，因为他觉得自己无法超越父亲。母亲则比较溺爱他。在这种环境下生活，房某某感受不到生命的价值，内心迷茫、困惑、孤独、自卑。最后经不住朋友的教唆，他染上了吸毒的恶习。

吸毒是一种丧失控制力的冒险行为。父亲恰恰能帮助孩子从心理上与母亲分离，教他们学会控制冲动。房某某的父亲并不在他身边，因此这方面的教育是缺失的。父爱缺失的孩子，在成长过程中更容易表现出攻击性、冲动性，甚至走上犯罪的道路。即使孩子成年后，父亲幡然悔悟，愿意陪伴并投入精力，也很难弥补缺失的父爱教育。

房某某的父亲不止一次在公共场合表达过对孩子的内疚之情。但他儿子的个性已经形成，父子沟通过程存在很多障碍，叛逆在所难免。要想弥补这份亲情已变得十分困难。古人云："子不教，父之过。"这真的很有道理。任何事业的成功都弥补不了孩子教育的失败，因为事业成功是一阵子，孩子教育失败却是一辈子。

再看看马拉拉的例子。马拉拉是一位1997年出生于巴基斯坦的女孩，她父亲是教育工作者。2009年，马拉拉利用一个节目发表言论反对塔利班禁止女性接受教育。2012年，她乘校车回家时，遭遇枪击，伤势严重。出院后，她被送到英国伯明翰就读女子高中。此后，她开始用英文写博客，为巴基斯坦受剥削的儿童及女孩争取受教育的机会。2014年，马拉拉与另一人同获诺贝尔和平奖，为该奖项最年轻的得主。有人去采访她的父亲。她的父亲说："我只不过从未折断她的翅膀而已。"马拉拉从小与父亲的关系非常好，学到了各方面的知识，更重要的是她个性勇敢，敢于挑战勇于担当。后来，《纽约时报》还将他们父女的事迹拍成了纪录片。

在此，我也来回顾一下父母对我的影响。我的母亲是小脚，不能行走很远。她只有小学文化，在家中是名副其实的贤妻良母，把父亲和我们三个在身边的儿女照顾得很好，但对儿女她从不溺爱。她跟邻里关系也非常好。我的父亲是一位军人，忠于职守，认真负责，加上见多识广，乐于助人，所以在我们生活的眷村被推举为邻长和里长，义务帮邻里调解矛盾与纠纷，十分受人尊敬，被人尊称为"博士"。每次父亲排解完邻里纠纷，回家后就会把细节讲述给母亲和我们听，所以，我从小就从父亲那里听到很多是非善恶的标准、做人处事的道理。也因为我跟父亲的关系良好，他清楚我的个性，不仅鼓励我和女孩子玩耍，也不阻挠我跟男孩子打闹爬树。因此，我的个性里既有女孩子的温柔、有爱心、敏感与仔细，也有男孩子的刚毅、勇敢和坚持。这对我日后婚姻中与丈夫相处、在工作中与同事朋友交往都有很大的助益。

父母对儿女产生的影响是不同的。光是母亲带大的儿子是男孩，缺少阳刚之气；而有父亲一起带大的儿子是男人，刚毅勇敢。父女关系良好的女孩更自信、自尊，长大与异性相处更容易，选择伴侣也更理性。早年母爱缺失的孩子易多疑、猜忌，缺乏安全感。早年父母之爱都缺失的孩子，如果没有其他爱的获取，大多会很自卑，成年后容易患抑郁症或精神分裂症。通常母爱太泛滥的背后，往往同时存在父亲的缺位，加剧母亲对孩子的控制和索取。

过度重视"教育"，忽视亲子关系

亲子关系好，教育才有效

来到中国大陆的这些年里，我看到有些父母跟孩子交流的话题常局限在学习和成绩上，造成孩子叛逆、反感。父母越是说教，孩子越是不听，最后造成对立、仇恨，导致教育彻底失败。为何会造成这样的结果？其实每个孩子都希望听父母的话，关键是父母怎么说。每个孩子都愿意接受父母的教育，关键是父母怎么教育，采取怎样的方法。亲子关系好是教子成功的真正秘诀，做父母的应更多地关注孩子心理和精神上的需求，贴近孩子的内心。

科学研究表明，孩子大脑发育最适合的场所就是温馨的家庭，最佳营养是安全感，最好的刺激是父母的陪伴和引导。爱是陪伴，常常陪伴孩子会培养孩子强烈的家庭归属感。孩子小时候心里最渴望与父母的深度联结,这超越他们对其他一切的渴望。孩子通过什么方式与父母联结呢?就是跟父母亲密地生活,一起吃饭、阅读、散步、旅行等。通过做相同的事,孩子可以感觉"我们是一起的",满足他们心中归属感的需求。最令孩子难以忍受的是父母其中一方否定另一方、排斥另一方。这对孩子来说,就像是自己内在的一半否定另一半一样,结果必然造成孩子心理上的分裂。有的孩子自信心不足,认为自己不好甚至厌恶自己,有时候就是父母之间相互排斥和否定的体现。

父母和孩子的亲密关系是一条隐蔽的信息链,虽然是潜在的,却极其重要。孩子的很多问题都和亲子关系有直接关系。孩子说谎和欺骗,通常是因为父母专制,孩子害怕挨罚,只好说谎企图蒙混过关。淘气的孩子是因为被父母忽视,所以频频用出格的举动吸引父母注意。有网瘾的孩子大部分是和父母不交流,内心孤独、空虚,在现实中找不到能够支撑他们的事物,所以上网寻求精神寄托。总生病的孩子可能是缺乏父母的关爱,渴望被关注。

强势管教对亲子关系的破坏力最大。在父母的高压之下,孩子躲进自己的世界里,封闭了内心。孩子是脆弱的,一切严厉的批评都隐藏着某种伤害。有父母会问,不严厉批评,孩子屡教不改怎么办?那就换一种温和、尊重的方式对待孩子吧。错的方法、错的语言,如何能得到对的结果呢?

教育不是说出来的,是做出来的

原生家庭对孩子的未来影响非常深远,方法对了,孩子会欣然接受。方法错了,不仅影响亲子关系,还会影响孩子的心理健康。父母对孩子多用鼓励、支持、赞扬、正面的语言,孩子的人格就倾向于高自尊,对自我价值会形成比较高的认同,这样的孩子自信心与自律性都较强,将来做事容易成功;即使面对挫败也有自我调整的能力。

相反,如果这种父母的态度总是冷嘲热讽、挖苦责难甚至辱骂,孩子的人格就倾向于低自尊。负面情绪长期积累，孩子总处在自我怀疑与自卑之中，做事就不容易成功。他们在学校与别人的关系紧张，有一些还会产生精神障碍，患上抑郁症或其他心理疾病；长大后也易陷入焦虑，安全感差，缺乏同情心。

我们来看看下面两种不同父母的说话方式：

不懂教育理念的父母责备孩子	卓越的父母鼓励孩子
你怎么那样懒？	你努力些可以做得更好。
你怎么这么调皮捣蛋？	你的聪明可用在适当的地方。
你怎么那么笨？	你找到了诀窍就会进步。
你说谎！你骗人！	我想事情不是这样吧？
你真是自私！	你可以试着为别人着想。
你真是啰唆！	如果你讲简练些，我会更喜欢听。
你真是没出息！	你一定能从别的角度找到自己的长处。
你真讨厌！	你不那样做，我会很高兴。

如果孩子的问题是亲子关系差造成的，父母就要想办法先改善关系，回归家庭，回到孩子身边，跟孩子说话和颜悦色，耐心倾听孩子的心声，这样孩子才愿意倾诉。倾听是改善亲子关系的良策，会沟通能提升亲子关系的质量。

父母与孩子沟通的正确方式包含下面几个原则。

态度比道理重要。父母不要一味地讲大道理，而要心平气和地站在孩子的角度去想问题，让孩子明白是非对错，愿意接受父母的意见。在纠正孩子行为之前，先赢得孩子的心。

生活比学习重要。孩子放学回来以后，父母要用轻松愉快的言语来询问孩子在学校的生活，表达对孩子的关心，而非一味只问学习成绩好坏。

鼓励比批评重要。在孩子做对事情时应予以肯定和赞扬，对孩子不恰当的行为或错误表示理解和原谅，以提升其自信心和勇于认错的担当。

方法比要求重要。告诉孩子做好每一件事的具体步骤和细节，而非总提一些高要求，让孩子很难达到。

==感觉比结果重要==。父母的教育方法用对了，孩子的内心舒畅了，自然容易接纳父母的意见。至于结果，经过孩子的沉淀、反思和觉悟，日后在生活中会逐步体现出来。

父母和孩子好好说话，其实也是教孩子如何与别人沟通。与孩子沟通时，父母应懂得换位思考。把孩子当成主体，我相信一切看似坚不可摧的痼疾渐渐都可痊愈。==教育不是说出来的，是做出来的。==教育不等于说教，教育孩子其实是父母第二次成长的机会。所谓"人中龙凤"，均是与父母关系良好、精神人格健全、在生活中逐渐发现了自我并自我奋斗成功的人。

智慧的父母懂得帮助孩子从小就构建积极健康的自我，使孩子有勇气独自去外面的世界，寻找适合自己的位置。相反，那些从不陪伴孩子的父母、讥讽孩子的父母、过度溺爱或强势的父母、不能以身作则的父母，都是糊涂的、不称职的。他们有可能毁掉孩子的幸福和未来。

父母应该是每个孩子最初、最重要的知心朋友、人生导师和啦啦队队长，良好的亲子关系是孩子努力学习的最大动力。家庭是我们的根基所在，是骄傲和进取的原动力。温馨良好的家庭氛围，永远是孩子奋斗的坚强后盾。所以，父母不仅要有一颗爱孩子的心，还要懂得营造和谐的气氛。最好的教育就在你和孩子的相处中，让孩子有问题愿意向你诉说，有欢乐愿意和你共享，有困惑愿意听你的分析。让我们摆好心态，珍惜每一天和孩子的相处，真诚地对孩子微笑，享受每一次和孩子的拥抱。顺其自然，日积月累，孩子这棵稚嫩的幼苗会在和风细雨中茁壮成长。

对孩子高要求、高期待，总满足、总包办

父母对孩子的教育应宽严有度，对才华能力的要求要宽，对德行与责任的要求要严。遗憾的是，大多数父母正好将两者弄反了。

父母成熟了，孩子就成才

父母对我"低"要求、"低"期待

我因是家中最小的孩子，没有玩伴，提前上了小学。记得一年级第一个学期，我在班上50名同学中排第38名。当我把成绩单交给父亲时，他看后很高兴，还夸我学习不错。有了父亲的夸奖，我很开心，有了自信，又努力学习。父母在家中传递给我的都是肯定、鼓励、夸奖等正能量的信息，所以我个性阳光、开朗、乐观、进取。后来我越来越进步，小学毕业时是全班第12名，中学毕业时是班上第9名，高中毕业时是班上第3名，后来以第一志愿成功进入台湾地区最好的大学——台湾大学。现在回想这些往事，真的非常感谢父母对我的"低"要求、"低"期待，让我很容易达到，因而对自己产生信心，又全力以赴地做自己责任内应做的事，才有了现在的我。

◆ "差生"于智博的故事就更有代表性了。他9岁时父母离异，学习不开窍，小学就留级，中学排名一直倒数……这些条件累加起来，人们很难相信这个孩子会获得命运的垂青。但是，就是这样一个"输"在起跑线上、缺失完整家庭的孩子，因为有一颗积极乐观的心，有着良好的自我认同，最终找到了适合自己的发展道路，后成为世界五百强企业联想集团的总裁高级助理。

当父母离异时，于智博情绪非常低落，成绩一度下滑。父亲为了鼓励儿子，经常对他的优点给予表扬。因为有老爸频频给自己"戴高帽"，于智博一直很自信乐观，虽然成绩不好，但性格阳光、心态很好。初中毕业时，老师出人意料地推荐于智博代表班级在毕业晚会上发言。于智博说："我是一名普通的学生，没有别的同学那样值得炫耀的成绩，但这并不影响让我活得快乐……我的父母总是告诉我慢慢来，走好脚下的每一步，才能走好未来的每一步。"

16岁，于智博只身前往美国。在他读书的那个小镇上，只有他一个中国人。面对完全陌生的环境，他没有半点畏惧和排斥，而是以开放的心态对待自己和他人，很快交到一大批朋友，融入了当地的同龄人群体。半年后选大学，于智博自主选了一所"物美价廉"的大学。两年后，在实力积累到一定程度时，他又申请转入一所名牌大学。最终，他被哈佛大学商学院录取。毕业后进入花旗银行，成为10名"全球领袖计划成员"之一。于智博说："人生其实有许多个起跑线，也许我开始落后于人，但并不见得会永远落后于人。只要不服输，找到属于自己的最佳匹配，早晚有一天会成才。"这正是：蜗牛只要能够爬到山顶，和雄鹰所看到的景色就是一样的。

于智博的父母从未对他高期待，而是无条件接纳孩子、欣赏孩子与别人的不同。虽然于智博的父母离了婚，却从未让孩子感到爱的缺失。此外，父母不包办，让于智博自己选择道路，使得他从小就有担当，具备了超出同龄人的责任感和决断力，为他将来的领导和管理工作打下了基础。

大多数父母以孩子能否进入好大学作为衡量孩子是否成才的唯一标准。成绩在中国父母心中的分量太重了。他们认为"考不好就没希望""进不了大学人生就失败"，这些狭隘的观念除了为自己和孩子设限，产生不了任何积极的影响。很多孩子因此受到抑制和打压。因为达不到所谓的"标准"，一些孩子被贴上了"坏孩子""玩物丧志""没上进心""没出息"等标签。很多孩子由于感觉不到自我的价值，逐渐丧失了自信心和进取心。有些人一生都会受到这些否定和挫败的影响，真是令人惋惜和担忧。

做父母的绝不能以孩子学习不好为由阻止孩子的发展。人群中只有10%是精英。大多数人都是普通人，目标定得太高，客观上不容易实现，容易打击孩子的信心，夺走孩子追寻梦想过程中的快乐。大人不要拿孩子的弱势跟其他孩子的优势比较，父母不必急于望子成"龙"或成"凤"，望子成"人"就好。首先让孩子长大后成为合格的社会公民，能够自食其力，再协助孩子发现自我、实现自我价值。

德行和责任是教育的"重中之重"

我们对孩子的德行和责任要求必须要严，因为道德能弥补智力的缺陷，但智力弥补不了道德的缺陷。责任是分内的事情，即自己的事一定要按时负责完成。但许多父母搞反了，为了让孩子多些时间用在学习上，其他事情全部由父母包办，等孩子长大了，日常生活的事都不能自理，全要靠别人。

有个妈妈给上大学的儿子买了30双袜子，每天穿一双，月底回家统一交给她洗。上大学的人连双袜子都不会洗，真是可笑可叹！"慈母多败儿"，中国城市里的父母给予孩子的爱不是太少，而是太多，不忍心让他们从小体验生活的艰辛，结果导致孩子一辈子艰难，一辈子向长辈索取。这样的父母，将来很可能得不到为人父母应得的那份尊重。我曾经在电视上看到一位老太太讲起她年轻时候的故事追悔莫及。

◆ 改革开放后，她是中国第一批成功的女民营企业家。1985年，她已拥有2000多万元的财富，后因当时规定"倒买倒卖"犯法，进了监狱。原本被判死刑，她经过疏通关系减为无期徒刑。她42岁才生下一个女儿，当作掌上明珠，从小娇生惯养，有求必应。在她被关押期间，她将女儿托付给一位远方的大伯，并要求所有人隐瞒实情，所以，孩子并不知道母亲在服刑。这个孩子被宠坏了，不懂事，经常把音响声音开得震耳欲聋。大伯多次要求她调低音量，她不听，最后双方争吵起来。女孩说："等我妈回来，我才不住你们家呢！"老先生气不过地说："你妈再也回不来了，你妈被判了无期徒刑。"女儿得知真相后大受刺激：自己什么都不会，妈妈又不在身边，怎么活下去啊！当晚，女儿就服毒自杀了。亲友们不忍心把这个噩耗告诉尚在狱中的母亲，直到两年后她才知道。她欲哭无泪，自责道："是我把女儿害死了，因为我以前过度宠她，让她什么都不需要做，所以她什么都不会，才没有独立生活下去的勇气。"

包办父母"偷走"孩子责任心

父母"越俎代庖""包办一切"，却把孩子的责任心都给偷走了。孩子不需要为自己负责，不需要付出努力就可以得到一切，因此也体会不到自我的价值，很难为自己的未来付出努力，也感受不到被人需要的幸福。没有责任感就找不到存在的意义，这样的孩子怎么会快乐？眼里怎么会有他人？怎么懂得人生的真谛，又怎么会成才？

在一次夏令营中，一对父母在课后找到我，母亲眼泪汪汪地说："李老师，我们就是您所说的'包办'父母，现在终于吃到苦果了。"原来，他们的儿子已经18岁了，不好好念书，天天打游戏，根本不把高考当回事。每当他俩苦口婆心地劝他，儿子的眼神就会充满不耐烦，甚至露出敌意，简直把父母当成了仇人。为什么会这样呢？原来，他们夫妇两个什么都包办，孩子什么都不会。所以，孩子和朋友一起时就显得特别幼稚，别人会的他不会，别人懂的他不知道，总感觉自己没用。回到家就会埋怨他俩，认为一切都是父母害的。

很多"包办"父母是出于不信任孩子，对孩子不放心。比如孩子不想让父母开车送上学，想自己坐公交车去，但父母担心路上不安全；孩子想帮忙洗碗，父母说算了吧，别把碗摔了……孩子无论想做什么，父母都觉得孩子做不好。久而久之，孩子也懒得承担责任了，反正父母也不相信自己，干脆依赖他们。

我一个朋友的儿子才2岁多，正是自我意识逐渐形成的时候。他对自己感兴趣的事总会跃跃欲试：为了帮助奶奶擦地，他打翻了整盆水；为了练习自己洗脸，他弄湿了一身衣服；为了自己吃饭，他把饭菜弄得满脸满身满地都是……老人怕孩子把衣服弄脏，把家里搞乱，总是阻止他自己动手，小男孩因此又哭又闹表示抗议。于是，我这个朋友的家里总会出现这样一幕，每天她下班回家，婆婆就会向她告状，让她好好管教孩子。但是她从来都站在儿子一边，顶多就是轻轻说一句："下次做要小心一些。"我对她的做法很赞赏。很多大人殷勤地照顾孩子，其实是怕孩子做不好，自己收拾起来更麻烦。这剥夺了孩子练习的机会，影响了孩子的顺利成长。

当孩子有了自我意识，父母就应尽量尊重他们的选择和意愿，不过度保护、过多干涉。包办型父母养出来的孩子能力弱、自私、爱虚荣享乐，感觉不到人生的价值和追求，甚至成为"寄生虫"或"啃老族"。生孩子是本能，教育孩子却需要技巧和智慧。我们需要从自然型父母蜕变为智慧型父母。父母对孩子光有爱是远远不够的，还要会爱。会爱的父母帮助孩子构建自我，会爱的父母培养孩子的自我价值感，会爱的父母让孩子有一颗乐观积极的心。这些爱的期望会真的被孩子接受、内化，最后成为孩子成才必不可少的素质。

Chapter 2
家庭教育是孩子成才的起点

父母成熟了，
孩子就成才

要教育孩子成才，先做学习型好父母

父母的成熟不是一蹴而就的。每一个把孩子培养成才的父母，都是一步一个脚印，历经一次次蜕变，最终才找到适合自己孩子的教育方式。记得一位教育家说过："不管你的事业曾经多么如日中天，都不要因此放弃对孩子的关注和影响。否则，当你年老时，一个不成器的孩子，足以让你晚景凄凉！"

孩子的品行是考核父母的一把尺子

世界上的工作千万种，养儿育女是最艰难、最重要、最具有挑战性的工作之一。这项工作不需要执照就可以上岗，一做就是几十年，需要把一个呱呱坠地、几斤重的"小粉团"培养成与自己一样独立自主的成人。任务之重、跨度之大、涉及内容之庞杂，实在需要我们全力以赴才行。社会上的工作大都需要先培训再上岗，父母这份工作却需要直接进入实战，很多人始终摸着石头过河，结果是河过完了，却留下了一堆遗憾。孩子没教育好，对父母来说是一时的遗憾，对孩子却是一生的遗憾。当然，父母也会因为悔、恨、怨而烦恼终身。

社会上的工作年年要考核，不合格就要下岗；父母无权下岗，因为无论孩子怎么样，你都要演完全场。孩子的品行就是考核父母的一把尺子：从孩子的为人处世、言谈举止，就能看出家庭教育大概是什么样，觉察出家庭成员之间的相处状况。好孩子大都是成熟的父母培养出来的，问题孩子的背后大多是有问题的父母或亲子关系。所以，学习如何做好父母，绝对是我们这一生中最值得做的事情之一！

父母通过学习科学的教育理念，借鉴别人优秀的实操经验，能更好地照顾孩子的身体、贴近孩子的心灵、引导他们的一生。世间所有的爱以聚合为目的，只有父母的爱是为了分离。当孩子一天天长大、融入社会，开始独自面对属于自己的人生时，若父母无需担忧孩子的独立生存和生活的能力；无需忧虑孩子禁不起社会的历练和职业的挫折；无需担心孩子不能妥善处理自己与他人的关系；无需担心孩子的品德和行为会有违社会的规范。这样的家庭教育基本上就算合格了，就是为社会输送了一名合格的社会人。而在此基础上，要把孩子培育成功、成才，对父母的要求就更高了，父母要学习的也就更多了。

家庭教育是铺设孩子人生底色的教育

几乎所有父母在教育孩子时都会产生这些疑问："对孩子的管教严一点好，还是宽一点好？在哪些方面严，在哪些方面宽？""对孩子的教育，怎样才算是成功？""爱孩子应当如何把握分寸？""什么样的家庭环境和教育方式最适合孩子成长？"

其实，教育是有规律可循的，真正的教育智慧是相通的，这些问题都能通过学习找到答案。每一个孩子长大成人都需要四种教育营养：首先是家庭教育；之后是学校教育、社会教育和自我教育。苏联著名的教育家苏霍姆林斯基说："学校的良好教育是建立在家庭教育基础上的。"这就是说，家庭教育占据非常重要的主体地位。

现在社会上的价值观多元却混乱，社会环境也比较复杂，有时社会风气并不太理想，很多父母担心孩子因为难辨是非而误入歧途。但光有担心是不够的，要有预防措施和应对策略。谁才能够帮助孩子抵御各种不良事物的侵袭？不是别人，正是父母自己。在孩子18岁以前的人格形成关键期，父母是最主要、最重要的教育者。所以，家庭教育既是"人之初"的教育，也是铺设孩子人生底色的教育。

父母教育孩子的过程，也是自我成长的过程。教育就是"教书育人"，本质在于"育人"。但是，众所周知，今天的学校普遍把重心放在了"教书"上，这样一来，"育人"的重任就自然而然落在父母肩上。

要培养孩子成才，父母的影响力与教师同等重要，父母必须认清自己的作用。培养一个独立、坚强、自信、有合作精神、富有爱心的孩子，力量就在父母自己手中。孩子没有选择父母的权利，父母却有改变现状的能力和改变行为的自由，自由的力量即来自学习。事实上，父母积极改变自身以及乐观进取的态度，正是影响孩子最有力的法宝之一。

父母教育孩子的过程，也是自我教育、自我成长的过程。有人感叹：只有自己做了父母，才算真正地成熟起来！我想这不仅是因为养育孩子使我们感到责任重大，而是通过教育孩子，我们能常常反省自己、反观自身，生命取向更高，生命体验更深。在教育孩子的过程中，父母看清了孩子的优劣，也看清了自身的缺点和不足。凡事一旦回归到自身，便是心智成长的开始。所以，学习如何做父母，既可以成就孩子，更能成就父母自己。

这个社会上拒绝学习的父母大有人在。他们身处日新月异的信息时代，拥有为人父母的身份，面对天赐禀赋的孩子，却无视手中的珍宝，也不理会这个自我教育、自我成长的最好机缘，辜负了孩子人生"第一任老师"的头衔，把责任全推到学校教育上，或者一味埋怨孩子不争气。他们可能根本不会阅读教育方面的书籍，因为通过读书学习做父母的人，已经走在了成熟父母的道路上，能够发现问题、自主寻找解决方案的父母，已经拥有了正确的态度。

家庭教育是爱的教育，正确的爱需要学习

那些整日说教、唠叨的父母是爱孩子的；那些使用棍棒的父母是爱孩子的；那些过量满足孩子的物质要求、用礼物交换成绩的父母也是爱孩子的……他们的爱让孩子反感、破坏了亲子关系、影响了孩子健全人格的发育。这样的爱是初级的爱、盲目的爱，亟须提高和学习。

爱是一种能力、一种智慧，尤其是父母对孩子的爱，承载着重要的教育功能，更需要父母有一颗保持警醒与灵敏、柔软与敬畏的心，随着孩子的成长不断调整和孩子的距离，调换爱的方式。父母的成熟不是一蹴而就的，成熟的心理素质更不是天生的,每一个把孩子培养成才的父母都是一步一个脚印,历经一次次蜕变,最终才找到适合自己孩子的教育方式。

孩子的成长是不可逆的,天象有四季轮回,土地有春播秋收,错过时节就会留有遗憾。而教育孩子是有普遍规律的,父母通过学习即可切实帮到孩子、引导孩子。你的孩子是上天赐予你的礼物,他像一个纯真的梦境,在某一天的清晨,上天把这个宝贝放到了你的枕边。而你早于他几十年来到世间,积攒了很多有益的人生智慧和经验,因此肩负着引领他实现人生梦想的使命。

==孩子不是一张白纸,任由我们挥洒;孩子更像一本无字书,它内容丰富而宝贵,只待父母用心读懂。==血缘和情感赋予我们一种神奇的能力,能够发现孩子的与众不同,而只有真正走对了路,孩子这本无字书才一一显现出内容,那就是孩子潜力得以发掘的时刻!

父母不设限,孩子天地宽

上天给了你这样一个孩子,肯定有他的理由。只要父母为孩子提供良好的成长环境,使孩子发挥潜力,每个孩子都能成才!

"唯成绩论"限制孩子发展

我问过不少父母,你们教育孩子的目的是什么?得到的答案归纳起来大致分为以下三类。第一类父母也是人数最多的,他们希望孩子成功,不要重复自己走过的弯路。有些人尽管没说出"成功"二字,但言语之间也是希望孩子"成龙成凤",至少不要过普通人的生活,能成为"人上人"。第二类父母直接把孩子考上大学作为他们教育的目的,"考上大学后我就不管了,我的任务就算完成了"。第三类父母用"幸福"和"快乐"等描述他们对孩子未来生活的希望。但如果追问下去,比如如何帮助孩子过上幸福快乐的生活?他们的回答也与成绩紧密相关，比如有好成绩就能考上好大学；考上好大学就能找到好工作；有好工作就能找到好伴侣……似乎成绩就是人生一切美好事物的代金券。

因此，第三类父母实质上和前两类没有区别，他们说的"幸福""快乐"，只是自己认为的幸福和快乐，在具体对待孩子的时候，和前两类父母没有本质的差别，仍然是"唯成绩论"。只有极个别的父母希望孩子能够展示自己、实现自己，去做他们想做的事。

成绩在中国父母心中的分量太重了。他们认为"考不好就没希望""考不上大学人生就失败"，这些狭隘的观念除了为自己和孩子设限，产生不了任何积极的影响，很多孩子的天分因此受到抑制和打压。因为达不到所谓的"标准"，一些孩子被贴上了"坏孩子""玩物丧志""没上进心""没出息"等标签。很多孩子因为感觉不到自我的价值，逐渐丧失了自信心和进取心；有些人一生都会受到这些否定和挫败的影响，真是令人惋惜和担忧。

父母是孩子成才最重要的领路人

和中国目前教育体制中"非黑即白""非此即彼"的思维方式相对，西方国家的教育理念更人性，更尊重孩子的天性和意愿。记得曾有中国某教育代表团去美国交流，当问对方"好学生"和"差等生"的比例时，美国一位中学校长吃惊地说："差生？我们这里没有差生，只有特点不一样、优势不一样的学生。"

其实，每一个孩子都能成功、成才，我不是在说激励或安慰父母的话，而是说一个事实：每一个孩子都天生带着能够实现理想的资源来到世间，潜质像是一颗等待发现和打磨的宝石，透过孩子无邪的双眼熠熠发光，打量这个将由他们创造的世界。因为宝石的成分各有不同，所以我们能明显感觉到孩子之间具有差异。记住，孩子之间的差异不是指优劣的差异，你的孩子绝不会比别的孩子各方面都强，也不会都弱，大家各有特点，各有所长。

人的成长发育有其自然规律，只要父母为孩子提供良好的成长环境，使孩子发挥其潜力，每个孩子都能成才！这实际上是对父母的考验，父母是孩子成才最重要的因素，"好石料还需要好工匠"。它要求父母必须放弃旧观念，不能用功利的思想教育孩子，更不能用单一的标准要求孩子，宝石的打磨方式尚不一样，更何况是有独特思想的人。想象一下，钻石和祖母绿的硬度不同，如果用加工钻石的锉刀打磨祖母绿，你得到的不会是光彩美玉，只可能是一地碎石渣。

正确的教育将孩子引向广阔的天地

◆ 很多人可能都听说过尼克·胡哲这个人，他是澳大利亚一位非常成功的演说家，1982年出生。尼克·胡哲生下来就没有手也没有脚，没有胳膊也没有腿，整个人只有躯干。我还记得第一次看到他时的震惊。然而，就是这样一位身体残缺的人，人生却十分精彩：他拥有幸福的家庭，有一位美丽的妻子和健康的儿子。他的职业是金融师和会计师，拥有自己的公司。同时，他积极行善，创立非营利组织帮助他人，在全世界25个国家举办超过1500场的励志演讲，分享自己的经历，激励在贫困和落后环境中成长的孩子，鼓舞无数颗沮丧徘徊的心，给很多人的人生注入了积极的力量！

一个生来就注定要面临无数磨难和厄运的人，最终走上了积极、幸福、成功的人生道路。尼克·胡哲的幸运根源是他有一对伟大的父母，他的父母对他

百分之一百的接纳，从没有因为他是残疾儿就放弃。他们坚定地相信：上帝给了他们这样一个孩子，肯定有他的理由。尼克·胡哲的父母像对待正常孩子一样，教他做能做的一切。18个月大的时候，父亲就把他放到了水里，让他学习游泳。6岁那年，父亲教他用左臀部下面直接长出的仅有的两个脚指头打字。到该上学的年龄，他们作出了一个艰难但非常正确的决定：把儿子送进当地一所普通小学就读，而不是去为残障儿童设立的特殊学校。

父母的做法传递给尼克·胡哲这样的信息：你完全可以过上普通人的生活，不要给自己设限。"我天生与别人不同，他们却从没提起过我的身体异于常人。在五六岁时，我知道自己没有四肢，然而我真的认为没什么大不了。"这就是父母的接纳对孩子产生的巨大作用。正是因为有这样勇敢和充满爱的父母，才培养出了有勇气改写命运的孩子。

尼克·胡哲在他的《人生不设限》一书中写道："上帝对我有所计划。表面上我是个失能者，但实际上，我因为没有四肢而拥有能力。我个人的独特挑战为我开启了独一无二的机会……我快乐是因为我了解到，我或许不完美，却是完美的尼克·胡哲！我不必'正常'，只要做'我自己'。每一个人的人生之路的线索，就隐藏在你体内，每一个你认为无能为力之处，其实都有祝福，里头都有足够的能力。带你度过挑战。"正确的教育将孩子引向广阔的天地，错误的教育将导致孩子人生的封闭，并以遗憾和怨怼收场。

卢梭说："教育错了的孩子比未受教育的孩子离智慧更远。"所以，如果希望孩子成功、成才、幸福，父母就不要总想着以自己的标准去塑造孩子，观念上不能有太多无谓的限制，尤其不要以孩子一时一刻的表现去武断评判，不能光凭孩子的学习成绩衡量他们的成败。父母应该把盯在孩子身上的目光拉回来，反观自己的言行，认识自己的观念、态度及局限，尽量使自己变得成熟和冷静，使自己的教育方式更加适合孩子的天性发展。

成熟的父母让孩子自己掌舵

人生是一场自我发现之旅,越早找到自我的人距离成功越近。相信孩子有自我教育的能力,唤醒、激励和鼓舞他,给孩子做他自己的机会,这是父母能给孩子的最大尊重与关爱。

成功是内在的幸福体验

今天社会上大多数人都在追求成功,而且把成功等同于名与利。"贫穷意味着耻辱和失败!"曾有一位北京大学教授在微博上如是说,"当你40岁时,没有4000万身价不要来见我,也别说是我的学生,这是我对研究生的要求。"这样的话从一位大学教授嘴里说出来,比从商人口中听到更令人惊讶,它把我们这个社会对金钱的过度迷恋赤裸裸地表露出来。这句话等于在说:一个人,不论品质多么高尚,才华多么出众,工作多么敬业,只要没有钱,一切都是枉费,就算不得成功,就是耻辱和失败。

在如此拜金的教育观下,如何能教育出真正的人才呢?曾几何时,成功的内涵与金钱画了等号?2008年金融风暴之际,华尔街很多的高薪一族一夜之间就失了业,很多人甚至开始靠救济金度日。如果金钱是成功的标准,他们之前毫无疑问都非常"成功",后来就是"惨败",这样的定义无疑是肤浅、经不起推敲的。

我在中国大陆授课已有十几年的时间,我的学生几乎都是企业老总或高管。他们都属于"成功人士"。但通过了解,我知道其中一些人过得并不快乐,有的人甚至根本不喜欢自己的工作。一个人如果总做自己不感兴趣或者不认可的事,内心会处于一种分裂状态。表面上虽然呼风唤雨,内心其实很难产生幸福感,这种"成功"根本算不上成功。遗憾的是,这些用名利衡量自己人生成败的人,尽管自己过得不幸福,却依然这样去教育孩子,比较典型的做法就是"望子成龙",要求孩子念书一定要拿到高分,考进名校。还有人越俎代庖地给孩子规划人生方向，花钱托关系让孩子学习热门专业等。

其实，金钱本身并没什么错，但成功的本质绝不是金钱，金钱充其量是成功的副产品。父母如果不理解成功的含义，误把名利当作幸福和成功，就不可能真正教育好孩子。成功是一种由内向外的幸福体验，其价值是由当事人自己界定的。一个人只有走在适合自己的道路上，热爱自己所从事的工作，心中有希望、有梦想，才能不断发挥自身的潜力和创造力，不断向梦想靠近，内心获得满足感和价值感，继而实现真正意义上的成功。

巴菲特是世界上最有钱的人之一，但他不是为钱工作，而是真心喜欢商业。他的儿子彼得·巴菲特说："每当父亲工作时，就像进入了另一个世界，简直如痴如醉。面对数以千计的公司股票统计分析，他全神贯注，心无旁骛，脸上流露的神情既像投入游戏之中的孩子，又像佛教僧人正在沉思一样。"彼得·巴菲特是一位音乐家，他走上了与父亲完全不同的艺术之路。20多年前，当他第一次与父亲谈起自己的音乐梦想时，老巴菲特认真倾听，不作评论，也不直接提建议，而是十分理解地说："彼得，你和我其实都在做相同的事情，音乐是你的画布，而公司就是我的画布，我每天都在上面画上几笔。"

"欧元之父"、诺贝尔经济学奖获得者罗伯特·蒙代尔70多岁的时候，依旧每天工作18个小时，对枯燥的科研工作从未厌倦。他说："我喜欢我的工作，丝毫不觉得有压力，只有你认为工作是快乐的，才可能成功。"

让孩子做他自己

很多父母自己追名逐利，疲惫不堪，一直活在随波逐流的旋涡里。从某种意义上说，这样的父母自己的心智就不成熟。"以其昏昏，使人昭昭"，如果作为教育者的父母自己都利令智昏，又如何能给孩子做出正确的引导呢？随波逐流的人往往都是迷失了自我的人，真正成功的人都是坚持做自己的人，而且做到了"最好的自己"。凭借《少年派的奇幻漂流》这部电影再次摘得奥斯卡最佳导演奖桂冠的李安就是一例。

◆ 李安从小只对戏剧和舞台感兴趣，17岁的他就曾立志做导演！如今他依然说："我只会当导演！"这个坚持梦想、享誉世界的大导演，在念书时却是个失败者，是父亲眼中不争气的儿子。李安当时就读的中学是台湾地区的名校台南一中，父亲就是这所中学的校长。出身于书香门第，又是长子，父亲对他期望甚高，希望他将来"学而优则仕"。但李安念书不行，功课非常差，连续两次参加高考名落孙山，最后考入台湾艺术专科学校——这在当时是被许多人看不上眼、连本科文凭都没有的专科学校。父亲对李安很失望，李安的内心也承受着莫大的压力，以至于在相当长的时间里，他一见父亲就转身逃开。

1978年，李安报考美国伊利诺伊大学的戏剧电影系，父亲强烈反对，他给李安列了个数字：在美国百老汇，每年只有200个角色，却有50000人争夺。李安不顾父亲劝阻，决意登上了去美国的班机。父子关系从此恶化，有20年的时间里，两人说话不超过100句。

长时间的受挫和失意，使李安与人相处时显得懦弱、含蓄，但他内心深处十分叛逆和执着，从未停止对电影梦的追寻。从发现自我、确定理想那刻起，他便开始了与父亲传统价值观的抗争。亲子之间的冲突和依恋十分复杂，父亲虽然百般阻拦儿子的选择，仍出钱供他读书（当时留学美国的费用相当昂贵），多年来一直用行动默默支持儿子。

在与父亲的拉锯关系中，李安加深了对家庭、对父权、对自我的认识和理解，这些思索直接促成了他早期成名作《父亲三部曲》的产生。所以，李安非常感谢他的父亲，认为是父亲成就了他的电影。我想，李安的意思其实是感谢父亲成就了自己，使他对人性的认识更深刻，对自我的教育更坚定，最终让他挖掘出一个真实、勇敢、富有艺术天分的自己。

那些因为"做最好的自己"而成功的人，往往在很小的年纪梦想就开始在心中萌芽，李安是这样，林书豪也是这样。

◆ 林书豪从5岁开始打篮球，高中时对篮球达到了痴迷的程度。他刻苦学习文化课，完全是为了让父母安心，因为父母只有认为打球不影响学业时，才可能允许他留在球队。从名校哈佛大学毕业，眼前的就业前景可谓一片光明。林书豪依然选择进NBA打球，决意把篮球作为自己的终身事业。

在林书豪追逐自己梦想的过程中，他的父母一直扮演着至关重要的角色。父亲是林书豪打篮球的启蒙老师，母亲不顾朋友们"打篮球是浪费时间"的告诫，一直支持林书豪的兴趣，因为她"希望儿子做他自己想做的事，希望他获得真心的快乐"。虽然她不阻拦儿子打球，但不允许篮球影响到学业，这是一个做母亲的良苦用心：因为靠打球谋生毕竟风险大。她的严格使林书豪更加明确和坚定了自己的选择。

林书豪说："我最感谢父母的是，他们与我谈论篮球时谈的不是输赢，不是我得了多少分，而是讨论我的打球习惯、态度、举止礼仪等。有很多次，我在赛场上得了很高的分，但是情绪控制得不好，有时脾气很差。赛后，他们就会与我谈谈情绪的问题，而不是恭喜我得了多少分。我很佩服他们的教育视角，我现在还在向他们学习。他们看比赛的角度，判断我成功与否的标准，对我来说是比任何人的评价都有价值。"当林书豪决心去闯NBA时，他的父母全力支持他的决定，并对他说："你放心去打，大不了我们就再多养你几年。但是不要打太多，我们养不起你那么多年。"所以，每一个有勇气做自己的孩子，都离不开父母的支持。如果不是生在一个开明的家庭里，林书豪的志向就不会被尊重，他的篮球梦也不容易实现。

人生其实是一场自我发现之旅，越早找到自我的人距离成功越近。只有父母给孩子空间，孩子才能有机会进行自我发现、自我教育。父母不可能陪伴孩子一辈子，家庭教育的终极目标是让孩子能够自我教育，掌舵自己的人生！

孩子不是一张白纸，而是一粒种子

孩子不是一张白纸，而是一粒种子，父母也许能够决定把它种在哪里，却不可能让松树的种子长成一棵杨树。现在很多父母的控制欲太强了，总想着去"塑造"孩子，完全忽视孩子自我教育的能力。他们虽然抱着培养优秀孩子的美好愿望，很多做法却是在毁掉孩子。对孩子来说，父母有着天然的权威，当他们强迫孩子按照自己的规划选择人生道路时，意志力尚弱的孩子大多难以坚持自我，强势、控制欲强的父母会成为孩子终身的阴影。所以，成熟的父母懂得放手，尤其当孩子渐渐长大以后，要相信孩子自己的判断，让他们自己决定"成为谁"。

因参加"中国达人秀"而广为人知的杂技达人胡启志，从小在尊崇孩子天性的家庭中长大。他就是循着自己内心的声音，依靠直觉找到了成功之路。他和林书豪有很多相似之处：他们的父母都是第一代从中国台湾移民到美国的人（我本人也是），他们则是在美国出生的"80后"，也就是我们常说的ABC，美国出生的华人或美籍华人。

胡启志从小就有很多奇怪的梦：他梦想到少林寺学功夫、学杂技、学表演。他不喜欢念书，高中毕业后，他没有像哥哥那样念大学、找工作。虽然他一时不知道自己要什么，但他清楚地知道自己不要什么："不要沉闷的办公室工作，不要朝九晚五的束缚。"父母没有强迫他，反而给了他充分的自由，甚至允许他"流浪"。为了找到他想要的东西，胡启志到丹麦、加拿大的艺术学校学习表演。在胡启志去欧洲打工的旅途中，他和朋友结伴在街头表演杂技。生活虽然颠沛流离，清贫辛苦，但他再也找不到比表演更加让自己醉心和投入的事情了。为了生活，24岁后，胡启志决定定居台湾，开始在台北从事街头表演艺术。

杂技表演需要特别刻苦的训练，尤其是一些高难度动作，更是要经过千锤百炼才能呈现出精彩完美的效果。这些动作很具危险性，比如后来在"中国达人秀"人民大会堂的舞台上大放异彩的"大环特技"，就曾使胡启志的额头皮开肉绽，缝了13针。为了练成独家秘技，他还摔伤卧床两个月。胡启志说："虽然偶尔也会因长时间练习而感到疲倦，然而至今我想不出还有什么事情会比表演杂技更能让我满足。"正是因为有着浓厚的兴趣，胡启志才能不断探索，超越自我，追求完美。他可以随时站在街头表演，尽情挥洒。在带给观众美的享受的同时，胡启志自己的身心也得到极大的满足。当地媒体发现了胡启志，高度评价他为"台湾街头罕见的天才型表演者"。

在参加第一次"中国达人秀"时，胡启志优雅的水晶球表演和他阳刚的外形形成强烈反差。评委感叹："水晶球到了他手中仿佛有了生命，与他合而为一了，这个境界好令人感动！"水晶球表演当晚被评为最具艺术感染力的节目。胡启志发表感言说："我不是为比赛而来，是为享受而来。"我想，很多看过他表演的人，一定被他娴熟高超的艺术技巧所征服，同样会为他淡定、沉稳、祥和、真诚的气质所吸引。正如胡启志自己形容的那样："我是个简单的人，我热爱我的工作，乐在其中。"

胡启志在20多岁时发现了自己，点亮了自己生命的火把。在30岁时，胡启志展示了自己，这支火把不仅照亮了自己，也给别人带来了光明与欢乐。胡启志的幸运之处与林书豪相同，都生在尊重自由和梦想的家庭，都有一对把选择权交到他们自己手中的父母。如果胡启志的父母"望子成龙"心切，他不得不每日在繁重的功课和巨大的考试压力下过活，他又怎么可能在高中毕业后"周游列国"，像流浪汉一样追寻自己的梦？说不定早被父母送去参加补习班强化学习，今天也就会泯然众人矣。

父母必须要明白一个道理，当孩子对某项事物产生了兴趣，就会主动探索、追问、实践，在整个探索过程中获得极大的心理满足，获得愉快的情绪和体验。这是做其他任何事都不能替代的，也是父母和其他人不能体会和理解的。所以，孩子的内心其实知道自己将来要成为什么样的人，也许他们的梦想在一开始并不清晰、忽明忽暗，但只要父母不强加阻拦，每一个孩子的梦想都有机会开花结果。父母要做的事情，不是费心尽力地去改变"种子"的基因，而是用耐心和爱去浇灌土壤，让这粒小小的种子获得更多的营养、更大的成长空间，这样它们才可能成长得更好、更健康！

每一个人与生俱来的最大权利就是探索属于自己的人生。相信孩子有自我教育的能力，给孩子做他自己的机会，这是父母能给孩子的最大尊重与关爱。当孩子那幼小而混沌的自我仍在生长之时，父母要尽力唤醒、激励和鼓舞之，引导他发现自己的真正兴趣，找到人生的理想。记住，孩子不是一个要被填满的容器，而是一支需要被点燃的火把！

父母要尊重孩子的自主选择

每个人最初的自尊都是从父母那里来，孩子最初的尊重也交付给父母。父母尊重孩子，孩子就会尊重父母，走出家庭也会尊重他人。

尊重孩子就要因材施教

◆ 美国国家历史博物馆里，展示着华裔设计师吴季刚为美国第一夫人米歇尔·奥巴马设计的晚礼服。在2009年奥巴马就职典礼上，这袭令人惊艳的飘逸白裙使吴季刚一举成名，28岁就跻身纽约时尚界前沿。4年后，米歇尔又穿着吴季刚设计的作品，神采奕奕地出现在奥巴马连任美国总统的就职典礼上。这件事震惊了美国的设计圈，因为历史上还没有哪位设计师连续两次获此殊荣。

吴季刚的成功，与他妈妈对他的尊重和理解密不可分。吴季刚从小就和一般男孩不一样，他不喜欢舞刀弄枪，只爱洋娃娃、逛婚纱店，喜欢亲手给娃娃缝制衣裳。吴季刚这些兴趣遭到不少亲友的嘲笑。他的妈妈陈美云却没有"匡正"这些"与众不同"，反而帮儿子订时装杂志，托人搜集洋娃娃，还找老师教儿子学裁缝和服装设计。这些让陈美云饱受亲友们的批评和指责。一年不到，吴季刚就把老师教的东西全学会了。"他有设计天分，你应该找更高明的人教他。"老师的一句话让陈美云决定带9岁的儿子远渡重洋，到加拿大接受更完整的设计教育。

吴季刚还有一个和他截然不同的哥哥。吴季刚从小就非常"另类"，对正规的学校教育很排斥，动手能力特别强，适合在实践中学习。哥哥则"中规中矩"，接受间接知识的能力非常强，品学兼优。陈美云依据两个儿子的不同天性，分别挑选了适合他们特点的学校，采取了完全不同的教育之道，最后两个人在不同的领域都获得了成功。

由此可见，尊重孩子、因材施教绝不是一句空话，做父母的只有充分了解自己的孩子，努力站在孩子的角度，体会他们的感受，才能找到适合自己孩子的教育方法。

不去打听孩子的"秘密"

"人性至深的本质就是希望获得他人的尊重。"孩子年龄小，却一样渴望获得尊重。当孩子有了自我意识，父母就应尽量尊重他们的选择和意愿，不做过度保护、干涉过多的包办型家长。尊重孩子就要了解并尊重孩子的个性，允许孩子有自己的精神空间，不去打听孩子的"秘密"，窥探孩子的"隐私"。很多父母在这个问题上"栽了跟头"。

◆ 有一位母亲趁儿子上学时偷偷打开他的日记本，看到里面夹着一张纸条，上面写的话使她的手"像被烫着了一般缩了回来"："妈妈，我知道你会打开我的日记本偷看。但是，妈妈，我要告诉你，我看不起你……"每个人都希望拥有心灵自由，即使在最亲最近的人面前，也需要有自我的领地和秘密。不用说，那位母亲内心一定很痛苦，自己含辛茹苦养大的孩子，却以这样的口吻对自己说话。但我想如果不是这位母亲"侵权"在先，惹恼了孩子，他也不会"出此下策"。

随着孩子年龄的增长和独立意识的增强，父母应把原来无微不至的爱藏在心底，对孩子表示出充分的信任，让孩子拥有独立的空间，给孩子支配时间的自主权，尊重孩子的选择，善待孩子的朋友。

对于青春期的孩子，父母更不能硬来。这个阶段的孩子虽然不可能脱离父母，却有着强烈的自主愿望。他们对任何事物都开始产生自己的看法，是人的"第二次诞生"（精神上的诞生）。他们对自尊的需求、对自我实现的需求很高，特别需要别人的理解和尊重，父母须格外关注。面对孩子的逆反情绪，父母应坦然处之，理解这是孩子成长的特殊阶段。父母此时要把自己的情绪管理好，制造宽和、宽厚、宽容的家庭环境，耐心等待孩子长大。值得注意的是，此时父母不能"和孩子一般见识"，争执不休只能造成两败俱伤，父母"赢了"孩子远不及"赢得"孩子。所谓"赢了"孩子，无外乎大人用惩罚等手段战胜了孩子；而"赢得"孩子，则是大人维护了孩子的尊严，给予孩子充分的尊重，把思考和判断的权利交给孩子，赢得孩子的心。

多让孩子自己做主

一般来讲，在孩子小时候，他们自己能够决定的事非常有限，无非是吃什么、穿什么、到哪里去玩、和谁玩等"小事"，念书择校等"大事"多由父母做主。但父母千万不要小瞧这些"小事"，它们可以培养孩子的分析能力、社交能力，还能锻炼孩子承担后果的心理素质。总之，对孩子自己生活范围内的事情，父母应尽量把支配权、选择权交给孩子，自己只保留建议权。

◆ 我有一个朋友是服装设计师，穿衣服很讲究搭配。每当有亲友聚会，她总要亲自给女儿挑选衣服，把女儿打扮得漂亮出众。但自从女儿上中学之后，她再也不像从前那样"好摆布"了，不愿妈妈再干涉自己的服饰。我的朋友很难接受，觉得女儿自己搭配的衣服不合适、不好看，母女俩因此常发生口角。有几次女儿"说不过"妈妈，索性拒绝出门。我劝朋友："既然衣服穿在孩子身上，她自己舒服、高兴就行了。每个人的审美情趣不同，她总是尊重你，你为何不能尊重孩子自己的选择呢？再说，穿衣没有对错之分，孩子无非是想通过争取'搭衣权',摆脱自己每次被母亲当'洋娃娃'打扮的感觉。"

孩子的独立意识正在发展,父母应该高兴才对。如果孩子都不能决定自己穿什么,那么孩子将来还能有什么决断力呢? 父母不仅要尊重孩子,还要在言传身教中注意对他人的尊重,这样才是为孩子诠释"尊重"的含义。

◆ 一个做媒体的妈妈总禁止自己的女儿和邻居家的女儿玩,因为她认为邻居是开出租车的,文化"低"、素质"差",怕女儿变"粗俗"。后来她的女儿交了一个好朋友,这个新朋友的妈妈是银行行长,曾在剑桥留学。每次女儿回来,言谈话语间总流露出对朋友妈妈学识的钦佩,为朋友能有这样见多识广的妈妈而感到十分羡慕。这下做媒体的妈妈苦恼了,觉得女儿似乎不把自己放在眼里。其实,每个人的独特性决定了这个人的价值,狭隘的价值判断是最不可取的。这个妈妈不尊重孩子的交友权,不尊重邻居。她的思维方式影响到了女儿,这种价值观对女儿走向社会没有帮助,反倒是一种阻碍。

有些孩子与同学关系紧张,与老师关系也紧张,追问起来,是因为他们在家中不被尊重,甚至常常挨打,以致于无法与他人良性互动。尊重是合作的基础,孩子将来的成功离不开与人的合作,一个不会尊重别人的人,是孤立可悲的,在社会上很难受到欢迎。

被父母欣赏是孩子最大的幸福

爱和信任会创造奇迹,尤其是父母或老师对孩子的赏识,会让孩子迸发出顽强的生命力和战斗力。

被父母怀疑的孩子很难成才

曾有一位日本的母亲拉着自己上幼儿园的孩子,找到教育家铃木镇一问:

"铃木先生,您是儿童教育专家,请问我的儿子能成才吗?"铃木头也不抬就肯定地说:"不能!"那位母亲生气了:"您连看都没看怎么就能下断语?"铃木回答:"因为你怀疑你的孩子,所以他成不了才。"

孩子小的时候缺乏自我认知,父母对他们的评价往往就能决定他们对自己的看法。因此,父母要充分肯定自己的孩子,不仅因为他们做了值得肯定的事,更是因为孩子本身。

适当运用赏识教育,将使孩子的内心产生一个积极的自我,对未来会有积极的期待。坚信自己有价值的人,就会努力创造价值。不认可自己的人,做任何事情都不会有信心。所以,父母要经常用大拇指称赞你的孩子,而不是用食指指责他。赏识和信任是所有父母都能够给予孩子的礼物,这财富会让孩子一生享用不尽。

爱和信任会创造奇迹

◆ 有一位母亲参加人生中第一次家长会,幼儿园老师说:"你儿子有多动症,在板凳上连三分钟都坐不了,你最好带他去医院看一看。"回家路上,儿子问她老师都说了些什么,她鼻子一酸,差点流下泪来。因为全班30位小朋友,自己的儿子表现最差;老师甚至对儿子表现出不屑。然而她还是告诉儿子:"老师表扬你了,说宝宝原来在板凳上坐不了一分钟,现在能坐三分钟了。其他妈妈都非常羡慕妈妈,因为全班只有宝宝进步了。"那天晚上,她儿子破天荒吃了两碗米饭,并且没让她喂。

儿子上小学了。又是家长会,老师对这位母亲说:"你儿子数学考试排在第40名,我怀疑他智力上有障碍,您最好能带他去医院查一查。"回家路上,她流下了泪。然而,当她回到家里,却对坐在桌前的儿子说:"老师对你充满信心。只要你能细心些,会超过你的同桌。这次你的同桌排在第21名。"说完,她发现儿子黯淡的眼神一下子亮了起来,沮丧的脸也一下子舒展开来。儿子温顺得让她吃惊,好像长大了许多。第二天上学时,去得比平时都要早。

儿子上初中了。一次家长会,她破例没有听到老师在差生的名单中点到儿子的名字,这简直让她有些不习惯。家长会结束,她上前问老师。老师答:"按你儿子现在的成绩,考重点高中有点危险。"她怀着惊喜的心情走出校门,发现儿子正在等她。路上,她扶住儿子的肩,心里有一种说不出的甜蜜。她笑着说:"班主任对你非常满意,他说只要你努力,很有希望考上重点高中。"

高考结束了。第一批大学录取通知书下达时,学校打电话让她儿子到学校去一趟。她有一种预感,儿子被清华大学录取了。因为在报考时,她对儿子说过,相信他能考取这所学校。儿子从学校回来,把一封清华大学的录取通知书放到她手里,突然转身跑进自己的房间里放声大哭起来。边哭边说:"妈妈,我知道我不是个聪明的孩子,可是,这个世界上只有您能欣赏我……"这时,她悲喜交加,再也按捺不住十几年来凝聚在心中的泪水,任它淌在手里的信封上。

拒绝和否定摧残孩子,接纳和赏识成就孩子。爱与信任会创造奇迹,尤其是父母或老师对孩子的赏识,会让孩子迸发出顽强的生命力和战斗力。

◆ 一个名叫小玲的女孩先天智障,曾被许多学校拒收。直到12岁那年遇到一位热心的赵老师,才进了一年级。她在班里年龄最大,学习成绩却最差,许多知识都学不会。有的同学背地里叫她傻瓜,她知道后更加自卑和难过。一天,赵老师在课堂上领着学生们进行造句比赛,看谁能用"相信"这个词造出精彩的句子。同学们兴趣盎然,争相举起小手造句,造出很多漂亮的句子,赵老师不住地点头赞许。忽然,她微笑的目光停在了一直沉默的小玲脸上,热情地鼓励道:"下面请小玲给大家造一个句子好吗?"只见小玲站起来,嗫嚅了好半天,终于小声地说出一个句子:"我相信石头会开花。"她的话音未落,同学们便笑成一团。

这时,赵老师将一根手指竖到嘴边,示意大家安静。然后,她大声宣布:

"这个句子造得非常好。"她顿了顿说:"而且,我也相信石头会开花。"老师慈爱的目光里透着坚定。"老师,您也相信?"同学们困惑地望着他们一向敬佩的老师。一个月后,赵老师把一块满是窟窿眼的火山岩带进课堂,同学们都惊讶地张大了嘴巴。原来,石头上面竟然真的开出了一朵鲜艳的花!从此,再没有人说小玲傻了,她愉快地度过了小学时光。长大后,她成了一位有名的童话作家,创作出许多精彩的童话故事。

"没想到,赵老师会因为我的一句话,千里迢迢托朋友找来一块火山岩,细心地种上了花。这让我相信,只要不懈努力,没有什么是不可能的……"成名后的小玲对老师感恩不已、念念不忘。是的,相信石头会开花,就是相信路是人走出来的。看,孩子被接纳,生活在欣赏里,就产生了自信;生活在赞扬中,学会了自爱。反过来,如果孩子长期生活在批评中,就学会了指责;长期生活在敌意里,就学会了争斗。

不要以爱的名义伤害孩子

孩子要过的是自己的人生,不是父母的人生。孩子虽然通过父母来到人间,并借助他们的力量获得生存的资源,父母却不能因此就逾越孩子,替他们主导一切。世间所有的爱都是为了获得和拥有,只有父母对孩子的爱是为了付出,甚至无私到不期待回报。但无论父母的爱多么深切,孩子不一定会欣然接受,这取决于父母用哪种方式表达爱。

错位的爱酿成悲剧

◆ 2012年9月,成都一名13岁的初中男孩因为通宵上网被父亲暴打,留下遗书后纵身从18层楼上跳下。与他生命一起消亡的,是其父亲13年的"梦想",像城市人一样地活着。"只要再有几年,儿子考上大学,我买辆奥迪,我的梦想就实现了。"即使在儿子死后,这位父亲依然不忘自己破灭的"梦想"。为了这个"梦想",他每天工作近20个小时,根本没时间好好和儿子说说话;为了这个"梦想",他拒绝了儿子看画展、看车展的请求,除了成绩他什么也不关心;为了这个"梦想",在儿子不堪学习重负、要求从重点班调到普通班的时候,他随口敷衍,要他再"撑一撑";也正是因为儿子沉迷于网络游戏彻夜不归,眼看着"梦想"渐远,这位丧失理智的父亲拿起一根细铁丝当众疯狂地抽打起儿子,打掉了儿子对生命的最后一丝眷恋……

"我们两口子辛辛苦苦,都是为他好,他却不争气!"在孩子死后,父亲这样说道。听,这句话多么熟悉!每一天,每一座城市,不知道有多少父母把这句话挂在嘴边。让我们再想想这个男孩仅仅13年的生命旅程吧。有欢笑、有泪水的短短旅程,花朵还不曾开放就已凋谢。他也曾在父母膝下欢绕,也曾心怀梦想。然而,随着长大,他逐渐变成学习的机器,生活越来越没意思。他在日记中写道:"每天的作业都要到夜里十一二点才能写完,白天很困,没法集中精神听课。想从重点班调到普通班,父母没同意。想和好友考同一所中学,父母没同意。上初中后想去军训,父亲担心我去上网,又把钱收回来了。如果能,真希望有双翅膀,带我远离这烦恼的城市……"

每一天,每一座城市,不知道有多少孩子像这个男孩一样,写日记抒发自己的无奈和苦恼。因为学习和心理的困境得不到父母的理解和引导,负面的情绪和压力无处宣泄,内心的希望和动力一点点被枯燥的生活消磨掉。有些孩子开始寻找其他精神寄托,逃避现实生活中无法面对的重荷。比如这个男孩,他开始沉迷于网络游戏。这本是长期亲子关系恶化、家庭教育有缺陷的结果。父母却因为看到他不符合自己设定的轨迹,便使用暴力扭转他偏离的方向。看,这对父子的关系就是这么残酷,儿子要的只是理解、温暖、爱与关怀,父亲给的却是不满、责骂、压力和皮鞭。父亲的梦想之重,压垮的是儿子赢弱的肩!

这则新闻无疑是个极端的例子。但在现实生活中,父母对孩子爱的错位却比比皆是。口口声声说"为了孩子好",却只是把孩子当作自己的附属品,从不尊重孩子的独立意志,甚至不懂得维护孩子的自尊心。自尊心是孩子精神人格的核心，当父母用恶意的批评和打骂摧残孩子的自尊心、使他们的尊严消失殆尽时，却又期待着孩子好学上进、力争上游，这根本就是不可能实现的。

做不了自己的孩子会丧失对生活的希望

为什么父母都爱自己的孩子呢？答案各种各样却又显而易见：孩子延续了我们的生命，使我们的人生完整，赋予我们更多的生活内容和意义；抚养孩子的过程使我们更加理解父母，也对自我有更深的了解，体会付出爱与收获爱的幸福感觉；抚养孩子还可以重温自己童年的感觉……仔细看一看，以上都是孩子带给我们生活的改变和完善。对于孩子呢，他们最渴求得到的又是什么？

==孩子渴望父母把他们作为独立的个体来尊重，孩子失去自我会丧失对生活的希望。孩子虽然通过父母来到人间，并借助父母的力量获得生存的资源，父母却不能因此逾越孩子的主体地位，替他们主导一切。==父母要让孩子自身的能量带领他们自己找到幸福，这才是孩子一辈子最为重要的东西。

◆ 当年我在大学念书时，有一位比我们高许多届的学长王尚义被视为才子，他曾出版过一本小说和散文的合集，书名为《野鸽子的黄昏》。这本书写出了当年台湾"失落的一代"的共鸣，很受年轻人的追捧，很畅销。他在求学时学习成绩一直都非常好，从小就对文学有很浓厚的兴趣。但是高考时，他的母亲坚持要他读医学院，因为在台湾地区，在那个年代，有一个当医生的孩子是父母很骄傲的事。

王尚义当时一心想要念文学系，并为自己的前途多次抗争，但他妈妈的态度是软硬兼施、反对到底："念什么专业不好，为什么硬要念文学，将来会有什么出息？别人是想要念医科还没这个条件念，你是有这个条件却不想念！"后来还是父母决定了孩子的前途，王尚义也如他们愿，考上了台湾大学医学院。他的妈妈很高兴，感觉很骄傲。王尚义却终日不快乐。

医学院的课业是相当繁重的，王尚义坚忍地读完7年的书，也如妈妈所愿当了医生。他在大学期间仍坚持自己的爱好，热爱读书与写作，一有空就写散文，笔耕不辍，有很多散文发表。他的散文写得很美，大家都把他视为才子。但是，长期累积在心里面的压抑最终为王尚义种下了病根。医学院学习满7年毕业后，因为从事自己不喜欢的工作，王尚义短短3年时间就抑郁得病，28岁左右就离开了人世。

这是发生在我身边的一个真实而又悲凉的故事。父母需要协助孩子规划人生的方向，但这是孩子自己的人生，不是父母的人生；是孩子未来的方向，不是父母的方向。王尚义的母亲以牺牲孩子的兴趣和幸福来获得自己颜面上的光彩，这是多么愚昧的动机和虚荣心！直至今天，仍有许多父母在重复这种错误而不自知。因为他们全然没有"用心"去理解孩子内心的呼唤与需求。真正的爱有助于人的成长，而父母付出爱，自己也将获得成长。所以，爱绝不是强迫和一相情愿，爱是艺术，爱是能力。请父母不要再以爱的名义伤害孩子！

成熟的父母一定是自己情绪的主人

过分苛求孩子完美，是父母焦虑情绪的来源。坏情绪释放的时候人很难自控，最好的方式是在情绪到达顶点前离开情绪现场，不要让它发生。

不要做坏情绪的奴隶

现代社会充满了压力，尤其为人父母后，总希望做到最好，给孩子提供最好的教育。但是，受主客观条件的限制，有时候我们会感到力不从心。当孩子不太配合或者自己情绪不佳时，常会发脾气，说一些伤害孩子的过激语言，做了坏情绪的奴隶。

◆ 有一回我开车等红灯，旁边车子的驾驶室里坐着一对母子。男孩也就四五岁，不知为什么他一直喊："我要下车，我要下车！""闭嘴！"一声严厉的训斥让我不由得转过头看他们，只见那位母亲一脸怒气，双目圆瞪。男孩还是喊："开车门，我要下车！"母亲看起来更生气了，声音又尖又高："我叫你闭嘴！"我想，要是我坐在她车内也会乖乖闭嘴，因为她看起来马上要失控了。果然，她扬起手掌朝不依不饶的儿子脸上打下去。"啪！"的一声响，男孩惊恐地尖叫起来："我要下车！""啪！啪！"又是两个耳光。绿灯亮了，我启动了车子，那两记耳光却一直在我耳边回响，被引燃的坏情绪真像狂风骤雨，让人心生恐惧啊！

每当看到父母把孩子打伤打死的新闻，我都为那些父母和孩子感到痛心。其实孩子一般都没犯什么大错，父母也是爱他们的，就是一时生气失了手，情绪完全控制了理智。父母打孩子是在宣泄自己的坏情绪，坏情绪一旦打开闸口就像泄洪一样无法阻拦，只有彻底宣泄完人才会痛快，所以坏情绪释放的时候人很难自控。最好的方式是在情绪到达顶点前离开情绪现场，不要让它发生。比如这位母亲如果不是在开车，而是在家里，面对儿子的吵闹，她离开一会做点别的，也许就能用比较理智的办法解决和儿子的矛盾。

情绪像是河水，要疏导而不是堵住，因为当河水暴涨为洪水时，我们就会失控。父母不要急着疏导孩子的情绪，而先要把自己的情绪疏导好。只有父母在孩子面前表现出智慧和优雅，才能从容不迫应对孩子出现的种种问题。

情绪管理的方法有很多

当感觉到自己的坏情绪已经"山雨欲来风满楼"时，离开一会的行为就是情绪管理。很多人说："我性子急，控制不了自己。"其实，人对自己的情绪是有控制力的。俄国生理学家巴甫洛夫曾经做过一个试验：面对刺激人会有反应，但在刺激和反应之间是有空隙的。

◆ 有一个脾气很急的爸爸，某天下班路上看见自己14岁的女儿被同校的一个男生搂着走在前面。当时他的脑袋"嗡"的一声,马上就要爆发。但他告诉自己要等一下,大概就过了几秒钟,他就控制住了自己的情绪,选择回家等女儿,而不是怒吼着冲上去拉开那对小情侣。

这个爸爸控制住了外界刺激(女儿早恋)和自己反应之间的空隙。想学会情绪管理的父母,要在这个空隙中做三件事:一是觉察,能够觉察到自己有情绪,是生气、沮丧、失望还是愤怒。二是自己和自己要有一个对话的过程,比如上面那个爸爸会问自己:"我冲上去女儿会不会一气之下做出更出格的事情?"三是作出一个决定,要不要发火,有没有比发火更好的办法。在这短短的空隙里能做到第三步,说明你已经是自己情绪的主人了,不会任由坏情绪左右。

情绪管理的途径有很多,上面我们说的最容易实现的是离开情绪现场。除此之外,还有"下电梯",就是在心里面想象"我的情绪已经坐电梯往下走了,它还在下降,下降……"数数也是一个好办法,当你觉得自己很生气或者很愤怒的时候,就在心里面开始数数。过不了一会,大脑的理智系统就会来接管情绪系统,场面就不会失控。深呼吸也很有效,因为当你调整呼吸的时候,情绪也会随之变得平静。

苛求孩子完美是坏情绪的源头

情绪管理只是一种技术手段,它叫我们控制自己的行为,缓解自己的情绪,从而不致做出让我们后悔的举动。但是,不弄清自己的坏情绪从哪里来,不从意识的深处去除坏情绪的根源,情绪管理只是治标不治本。

我认为坏情绪的来源主要有两个。一是父母作为社会人本身的心理问题。在社会中,父母都要面对社交网络和社会竞争,当压力过大、自己不能疏导时,就容易向力量弱小的孩子发泄,不自觉地把生活中种种不如意迁怒给孩子;二是父母在教育子女过程中表现出来的心理问题。父母如果没有一颗平常心,对孩子抱有过高的期望,就很容易产生失望、生气、沮丧,甚至愤怒的情绪。

坏情绪是怎样产生的呢?我们看到,孩子在上学之前,父母往往很快乐,孩子一上学,拿回成绩单,父母就快乐不起来了。因为有了比较,有了失望,有了不满,接下来就是愤怒。"我辛辛苦苦付出,为什么你不优秀?"父母过分苛求孩子完美,这是焦虑情绪的来源。其实,改变想法便可改变心情。世界上没有完美的人,我们自己也不完美,为什么苛求孩子完美?只有无条件地接纳孩子、无条件地爱孩子,困扰亲子关系的负面情绪才会烟消云散。

无论哪一种负面情绪都需要父母去调适,孩子越小,父母需要调适的力度越大。我们都知道越小的孩子越容易乱发脾气,那是因为他们的心理发育远不成熟,不知道如何表达自己。情绪像一匹野马一样带着他们乱闯,而他们常常无力驾驭。成年人偶尔也会控制不住发脾气,这是人之常情。但是向孩子发泄,动不动就发泄,则是心智不成熟的表现。父母,尤其是母亲,很容易陷在情绪中无法自拔,一个女人心智是否成熟,很重要的一点,就是看她管理情绪的能力。

累积的坏情绪需要释放出口

母亲的性格与脾气,会直接影响孩子的心理发育。母亲性格温和,孩子性情也趋于平和。母亲性格暴躁、喜怒无常,孩子也心浮气躁,遇事同样情绪化。所以,控制情绪是做现代母亲需要学习的重要一课。现代女性十分不容易,白天要上班,和男人一样面对激烈的竞争。晚上回到家还要照顾一家人的生活,辅导孩子的功课,常常忙得没有一点空闲。有人形容这样的女性像是"两头燃烧的蜡烛"。人不是机器,连轴转是有代价的,很多女性不知不觉开始烦躁、焦虑,控制不住自己的情绪,对孩子发脾气,对丈夫唠叨,连累全家人都要小心翼翼,唯恐触到"高压线"。

所以，想做"超级妈妈"的女性一定要警醒，定期给自己放个假，放松心情，放低对自己的要求，给累积的情绪找个出口。我认为人都需要自己独处的空间，家庭中的每一个人，即使是孩子，也必须享有这份权利和自由。独处是整理自己的好机会，是正能量提升的过程。所以，暂时放下家庭的担子绝不是对家庭的不负责任，从长远来看仍是为全家人打算。

我有个加拿大的朋友，生了一对双胞胎男孩，她从孩子一出生就自己带，即使做全职妈妈也十分辛苦。她老公很爱她，生下孩子的时候问她想要什么礼物。她说，她想要每年10天自己独自旅行的时间。我觉得她是一个既会生活又懂生活的女子，虽然为家庭牺牲了工作，又没有完全为家庭牺牲掉自我。果然，她的两个儿子一直成长得非常好，她和老公恩爱如初。她后来的事业也发展得很不错。

情绪管理和心智成熟不是一朝一夕的事，它需要父母自我探索、自我调整、自我成长。做自己情绪的主人，这是心智成熟的关键一步。为了孩子，为了家庭的幸福祥和，让我们一起来学习情绪管理，用理智、平和、稳定的爱，照亮孩子成长的天空，迎接孩子日渐明朗的未来！

Chapter 3
创造力是孩子成才之源

没有创造力的"好学生"不算人才

分数高≠有创造力

父母要明白一件事,所谓人才绝不是分数比其他人高出几分,眼下挖空心思提高孩子的成绩,长远来看对孩子以后的成功成才起不到多大作用。

新加坡前总理李光耀曾经撰文称,未来中国的GDP将不可避免地追上美国,但创新能力可能很难与美国匹敌。关于这个问题,我认为除了基础研究薄弱等原因,主要是中国的教育出了问题。我们的教育模式扼杀了孩子的想象力和创造力,以致于我们在思想竞争方面大大滞后于美国。

中国人的高智商是公认的,但中国孩子被普遍认为想象力、创造力缺乏。几年前,一个国际教育评估组对21个国家的中小学生进行调查,结果发现,中国学生的想象力排在倒数第一,创造力排在倒数第五。每年,中国学子有2000多人拿到美国大学的博士学位,但并不能改变"中国学生想象力贫乏"这一评价。

绝不是中国孩子的创造力天生就弱,这个结果是中国父母和学校联手提供的教育环境造成的。学校严格的纪律和统一的标准压制了孩子的个性,"好孩子""优秀孩子"都以好成绩为导向。在这样的环境里,很多孩子努力学习只是为了获得外界的认可,内在兴趣和动机都很弱。中国采用"标准答案"的教育方式也极大地限制了孩子们的思维发展。这些都使中国孩子的创造潜能被过早地扼杀了。

抓住孩子创造力最强的两个时期

人的一生中,创造力最强的时期有两个。一个是幼儿期,这时孩子刚刚开始认识自己身边的世界,对周围一切的理解都没有什么限制,可以随心所欲地探究和创造。进入学校接受正式教育之后,孩子听到、看到、学到的规则越来越多，有大量信息、概念、理论需要记忆，这是必要的知识积累阶段，此时创造力不强。另一个时期是到了正式教育的后期，也就是大学和研究生阶段，孩子有了丰富的知识背景，有了思考创造的资本，便可以突破陈规、整合资源，开始发挥自己的创造力了。

在这两个创造力发展的关键时期，中国孩子接受的教育是怎样的呢？

为了让孩子"赢在起跑线上"，父母很早就开始给孩子灌输知识，幼儿园呈现"小学化"，极大地限制了孩子的想象力和好奇心。从小学到高中，孩子们一直处于高强度学习的状态，整日在题海、考试和补课中连轴转，得不到喘息机会。等终于闯过了高考这座独木桥，到了大学、研究生这一创造力最强的阶段，中国的孩子大多精神和精力已经透支，成了"强弩之末"，失去了外界压力的刺激，很难再提起学习的兴趣。而他们因为个性和思想被束缚久了，虽然大学有了自由学习的氛围，却因思维方式的固化，很难再有创新。

◆ 有一个成绩很好的北京男孩到多伦多念大学，一年不到就自动退学，回国复读，准备重新参加高考。我很奇怪，难道多伦多大学不够好吗？他答："不是不好，而是压力太大。"他告诉我，学校要求学生们经常做研究课题，学生必须亲自到图书馆去查找资料，然后做分析做研究，有时还需要做问卷调查，最后提交的报告必须有独到见解。

国外的大学考试形式灵活，不是靠死记硬背就可以应付的。即使是开卷考试，也是考查学生的理解能力、变通能力和创造力。所以，如果他在多伦多大学学习，每一天都必须全力以赴，所有作业、考试、研究报告等均将纳入期末成绩，不及格就得重修。总之，他说："这里不像国内大学那么好'混'……回国的不止我一个，还有10个同学也回来了……"

想一想真是可惜，其实国外的学生到了大学阶段才开始强化学习，此时他们有了丰富的知识背景，开始整合已有的知识资源，全面提高综合素质，发挥自己的创造力。而我们中国的孩子却因为长期处于强化学习的状态，提前"老化"，难以接受高强度的学习了。国外的大学自由度很高，学生可以广泛试听，自主选择科目，形成自己的知识结构。在"填鸭式"教育中长大的孩子，已经惯了喂什么就吃什么，失去了自主学习的能力，创新能力自然不佳。

每个孩子都有潜在天赋

究竟什么是创造力？心理学认为，创造力是产生新思想、发现和创造新事物的能力。有的父母不自信，认为自身没有什么创造力，孩子也不可能有创造力。这是一种误解。研究表明，创造力是人的大脑长期进化的产物，每个人都具备。从生理上讲，人类具有无限的创造潜能，大脑的可塑性伴随人的一生。

创造力和呼吸一样，是我们每一个人终生都具备的能力。它并不专属于艺术家、音乐家，而是随时可以在我们的生活、工作和学习当中迸发出来的火花。遗憾的是，因为绝大多数人没有养成思考和质疑的习惯，永远不发问，从来不思考，被动接收信息，使其创意天性得不到充分发挥。齿轮很久不用都会生锈，更何况人的大脑。

教育家陶行知先生曾指出："处处是创造之地，天天是创造之时，人人是创造之人。"每个孩子都有各自不同的潜在天赋，如果不加以培植就会被埋没。没有一个孩子注定是天才，也没有一个孩子注定会碌碌无为。在既定的智商条件下，父母应该为孩子创造最佳的环境，使其发挥潜力。父母要明白一件事，所谓人才，绝不是分数比其他人高出几分。眼下挖空心思提高孩子的成绩，长远来看对孩子以后的成功成才起不到多大作用。

有些人书念得不怎么样，到了社会上找到自己擅长的职业，如鱼得水，创立了自己的企业或者闯出一片新天地。有些人学生时代总是第一名，到社会上悄无声息，表现十分普通。刨除外部因素，造成这种结果的主要原因就是创力的不同。具备创造型人格的孩子更主动，更容易接受新事物，迎接新挑战，想出新点子，这些都有助于他们把握机遇，获得成功。

21世纪的竞争在于创造力而不是记忆力，有远见的父母培养孩子的创造力，在由孩子主宰的那个未来的时代，社会对创新型人才的要求会更高。没有创造力，孩子就没有未来。

父母做对了，孩子潜力变实力

爱能激发孩子的创造力

你的孩子一定有过人之处。但是，采取不同的教养方式和态度，得到的效果完全不一样。每个孩子天生都具备创造力，依靠后天培养还能得到提升。创造力和智力有一定关系，还和知识、思维方式、人格、动机和环境密切相关。比如，诺贝尔奖获得者大多不是高智商，而是中等或中等偏上的智商。获奖的主要原因是他们都属于创造型人才，是非智力因素在起作用。这些因素包括健康的感情、良好的习惯、坚强的意志、积极的个性、坚定的理想等。

家庭是孩子接触的第一个环境，父母是孩子的第一任老师，家庭环境的优劣直接影响孩子创造力的高低。孩子创造力发展的第一个关键期就是0~6岁，这也是人格形成的关键时期，这个时候父母不能缺席。教育的基础就是爱，父母的爱对孩子来说犹如空气和阳光一样不可或缺。每一次和孩子亲吻、拥抱，每一次和孩子相视而笑，都能拉近彼此心的距离。越小的孩子，对爱抚和拥抱的需求越多，孩子感受到的爱越多，内心安全感就越足，对自己就越自信。

科学研究表明，对孩子大脑发育最适合的地方就是温馨的家庭，最佳营养是安全感，最好的刺激是父母的陪伴和引导。现在城市里的父母重视早教，有的幼儿不满半岁就开始上课，但带孩子上课的却是保姆或爷爷奶奶。父母本人忙于工作，一天陪伴孩子的时间少得可怜。有早教却缺乏父母的爱，这完全是舍本逐末，收效微乎其微。所以，父母如果想在后天提升孩子的创造力，就要提高对自己的要求，做一对"恋家"的好父母。

潜能发现得越早越好

父母身上有个极易被忽略的教育优势，就是在孩子成长的敏感期与他朝夕相处。在陪伴孩子成长的过程中，父母能清楚地看到孩子变化的每一个细节。

◆ 有一位父亲开车时想听一首歌找不到，两岁的儿子随口就说出了这首歌在某一张碟的第几首。爸爸问他，不会所有的歌你都记得吧？他说，当然记得。甚至每首歌的播放时间，他都记得清清楚楚。这位父亲一下子意识到，自己的儿子是个天才！于是毅然辞职，决定在家陪伴他成长。当时他们一家都在加拿大，为了让儿子学习中文，不久后他们举家搬回中国。

很多朋友不理解，劝他："你事业蒸蒸日上，加拿大教育条件又优越，为什么回国呢？"他回答道："就像农民种田讲究时节，孩子特定的成长阶段也不能错过，天才一般都早熟，我儿子的教育不能和别的孩子一样。在我的人生理念中，孩子的教育比天大！如果不回国，孩子的第一语言和读书启蒙都是英语，而中文的学习比英语难数倍。未来的世界是中国的，一定要先让孩子学中文。"

这个潜力被及时挖掘的男孩果然不负众望，不仅两次获得"华罗庚金杯"少年数学邀请赛一等奖，钢琴也弹得好，国际象棋获得过省级比赛的好成绩。12岁，这个男孩就同时被北京大学数学系和清华大学数学系提前录取。

一个孩子究竟有什么样的潜能，还有多少潜能没被挖掘出来？父母既想知道，又很难知道。因为对大人来说，儿童像个谜，一方面孩子还小，不能清晰地表达；另一方面孩子只顾着玩，陶醉在自己的世界里。

Chapter 3 创造力是孩子成才之源

当孩子无意间显露某种潜能的时候，父母发现得越早，越有利于孩子创造力的培养。这就需要父母常常陪伴孩子，多花时间和孩子开展创造性的游戏，了解孩子每一步的发展，做个有心的观察者。父母对孩子必须投入爱和精力，没有在最恰当的时间做最恰当的事，就是错过，就是遗憾。衣服过时了可以买新款的，食物过期了可以扔掉重买，但孩子的成长期过了就是过了，永远不可能重来！

你的孩子一定有过人之处

现在很多父母都知道要留心观察和尽早开发孩子的潜力，但是，采取不同的教养方式和态度，得到的效果完全不一样。

经常有学生对我说，他们觉得自己的孩子不聪明，各方面都表现平平，甚至比别的孩子都差。即使在这个时候，父母也要沉住气，坚信孩子是优秀的，他一定在某个方面有过人之处，只不过还没有机会表现而已。此时不妨让孩子多多尝试各种兴趣，不带任何功利目的。这些有益的经历早晚会发酵成丰富的养料，激发孩子沉睡的潜质。

诺贝尔化学奖获得者奥托·瓦拉赫在读中学时，父母建议他学习文学，文学老师认为他"不可能在文学上有造诣"。于是他改学油画，油画老师认为他"资质一般，难有成就"。如此"笨拙"的学生，化学老师却发现他专注力极强，做事一丝不苟。果然，奥托·瓦拉赫改学化学后，潜能被逐渐激活，在化学上取得了极高的成就。

父母的态度对孩子十分重要，首先要相信你的孩子是独特的，并以赏识的目光来审视他。不要拿孩子的弱项去和别的孩子的强项比，更不要将他们塑造成你想要他们变成的样子，不以自己的标准、愿望、好恶来培养孩子。这就是说，父母不仅要给孩子足够的信心，更要有足够的耐心，让自己的内心强大和淡定，具有足够的韧性和弹性！

每个孩子都有自己的聪明方式

每个孩子都不一样,统一的教育模式不一定适合每个孩子的发展。天才其实就是选择了适合他的道路,蠢材就是选择了不适合他们的道路。

每个人至少拥有八种智能

霍德华·加德纳是世界著名的心理学家,他的"多元智能理论"给孩子们带来了福音。因为不少父母相信了这一理论,改变了他们"唯成绩论"的看法,用更宽广的视角看待孩子的一举一动,发掘孩子的潜能。加德纳认为,每个人至少拥有八种智能:言语—语言智能、音乐—节奏智能、逻辑—数理智能、视觉—空间智能、身体—动觉智能、自知—自省智能、交往—交流智能、自然观察智能。这就是说,每个人都能成功,每个人都有与众不同的聪明方式。

电视上的主持人、评论家和演说家妙语连珠,常常让人自叹弗如,他们属于言语—语言智能比较突出的一类人,有很好的文字表达和口头表达能力。视觉—空间智能突出的人对色彩、线条、形状、空间以及它们的关系敏感度很高,他们适合做建筑学家、技术人员、艺术家、雕塑家等。交往—交流智能发达的人能正确领会人的意图,全面解读面部表情、肢体语言的意义,通常很受人欢迎,适合做政治家、社会活动家和营销人员等。

其实,每个孩子都不一样,统一的教育模式并不一定适合孩子的发展,但现实条件如此。这就对父母提出了更高的要求,一定要深入了解自己的孩子,知道孩子的特点,帮助孩子找到属于自己的突出智能。

成熟的父母让孩子发挥优势

◆ 我一个朋友告诉我,她上高中的时候有个男同学头脑十分灵活,很会说话,大家都爱听他讲故事。每天课间时他都自告奋勇给大家讲趣闻逗乐。可是他的书念得实在不怎么样,每次考试后老师都要请家长谈话。毕业后,他没能考取大学,他父母也没逼他复读,而是同意他去婚庆公司做司仪。朋友说:"当时我们大家都觉得他那么早到社会上谋生,又没有学历,将来的发展会很受限制。没想到,他渐渐做出了名堂,后来创建了当地最大的婚庆婚纱摄影公司,成为全班事业发展最好的一个。"

我觉得这个男孩的父母很明智,让孩子闯出了一条适合他自己的路。所谓天才其实就是选择了适合他的道路,蠢材就是选择了不适合他的道路。聪明的父母会让孩子充分发挥优势,不会过分纠结于孩子的短板。如果父母借孩子的优势提升他们的信心,说不定孩子的弱势慢慢也能弥补上来。

◆ 有一个小学生拿着成绩单回到家,告诉妈妈自己语文考了全班第一,98分;数学没考好,只有70分。妈妈一听大发雷霆:"数学才70分,你怎么这么笨呀!"孩子小声嗫嚅道:"可我的语文是全班第一。"妈妈一听更来气了:"数学最重要!数学不行,物理、化学也不行!"

孩子很委屈,为了不被妈妈骂,花大力气做习题恶补数学。可是他的优势不在数学上,努力半天数学只提高了一点,语文还退步了。妈妈对他又是一顿骂:"数学进步这么慢,语文也不如以前,你到底是怎么学的?"总被骂、总得不到理解和认可,这个孩子觉得自己很没用,越来越没自信,学习没了劲头,整日闷闷不乐。

成熟的父母会怎样做呢?孩子考了同样的分数,父母应该首先肯定他的努力:"孩子,你语文能考第一,这都得益于你坚持阅读,以后买课外书,妈妈都支持你!数学不好不要急,可能只是没找对方法,你语文能学这么好,努努力,数学也能提高。把试卷拿来,让妈妈帮你分析一下,看看都错在哪里?"如果父母这样来处理,孩子的感受会完全不同。一方面,孩子会因为受到表扬和鼓励,努力保持优势。另一方面,没有哪个孩子真的认为自己笨。信心有了,不服输的劲头上来了,学习数学会有更好的心态。

教育孩子要顺其自然

教育孩子要顺其自然，顺应孩子每个成长阶段的身体发展特点、智力和心理发育特点。如果父母揠苗助长，反而会打破孩子成长的规律和节奏，使其疲于应付外界刺激，影响了他们的正常发育。每个阶段孩子的大脑发育都有其特点，父母尊重规律，顺其自然，到了该成熟的季节，孩子自然会有成果出来。

对于两岁以内的孩子，科学家主张，他们受人类文化的教育不应该超过自然的刺激。例如，小提琴属于人类文化，小提琴声再婉转，也比不上自然界鸟类鸣叫的丰富、复杂、变化多端，应该让这个年龄段的孩子多接受自然界信息的刺激，有利于大脑的发育。在西方，有的妈妈在孩子出生不久，便会带孩子去自然界中闻花香、闻青草香，这是因为新生儿嗅觉发展得最快，这个阶段的孩子是用嗅觉来感知世界的。

要教3~7岁的孩子作画，你就不能让他去临摹，临摹可以让孩子的画看上去比较像，却限制了想象力，使孩子失去创造力。父母不妨多鼓励孩子观察事物，尤其是大自然中的色彩。这个阶段要多让孩子自由发挥，画得开心尽兴就好，少去评判它。

3~7岁，孩子所有的行为都是学习，这个阶段应该是以游戏为主导的学习方式，最好让孩子在自由、无拘无束的环境中游戏。现在的幼儿园提前教孩子认字，让孩子规规矩矩地坐在板凳上面，这是不符合孩子生长规律的，反而耽误了他们的成长。提前认字也是不科学的，最好的认字时间是在7岁前后，此时左脑开始发育，适合接受理性的教育方式了，孩子也能接受抽象的文字。

小学阶段的孩子，学到的知识其实是很少的，学校按照统一的标准培养孩子，很容易压制孩子的天性。在这个阶段，父母一定不能把成绩看得过重，因为孩子刚开始学习，还需要适应和调整。有些学校的教育方式不适合孩子，一定要给孩子空间和自由，不要逼得太紧，使其心智、性格、心灵慢慢调适、成熟。小学生的父母要注意的是孩子有没有自己的学习方法,对学习是否有兴趣,而不是成绩,因为小学的成绩不能说明什么。

孩子左脑15岁才开始进入高速发展期,此时适合学物理等更抽象的科目,数学难度也开始加大。父母要记住,想让孩子在中学阶段学习轻松,绝不是提前给他们补课,让他们闷在屋子里做题,而是要在小学培养孩子广泛的兴趣爱好,让他们多接触生活、自然界,这样才能一直保持对学习的兴趣,明白生活和学习之间的联系。

其实,西方教育"先松后紧"的学习节奏是比较符合人脑发展的规律的。16岁以后,人的智力结构基本定型。这时,只有会学习的孩子才能进入好高中,也只有能在学习中感觉好的孩子才越发自信,成绩逐步提高。

20岁左右,人脑的"总指挥"额叶逐渐成熟了,这是大脑最晚成熟的部分,主管理智、决策,孩子会更理性,自主学习能力也更强。此时正是大学阶段,是真正获取知识的时候了。经过多年积累,孩子有了一定的知识背景,又找到了独特的学习方法,再加上大学丰富的知识资源,正是一个人全情投入学习,享受在知识海洋遨游乐趣的最佳阶段。

功利父母培养不出德才兼备的孩子

父母如果站在功利的角度培养孩子,孩子肯定会出问题,或早或晚。

反对"成名要趁早"

中国的父母在发现孩子有才华时,心态很容易变,开始急功近利。他们不惜花费重金去打造孩子,希望孩子能早点成功。对于"成名要趁早"这一观点,我是非常反对的:孩子成功或出名过早,就会失去正常的成长环境,过早进入名利场，逐渐失去童心，迷失自我，这对将来的成长极为不利。

曾出演《小鬼当家》、红极一时的美国童星麦考利就是因为成名太早，在娱乐圈交友不慎染上毒瘾，断送了自己的演艺事业。由于内心脆弱，麦考利又被女友甩了，承受不了打击闹自杀，弄得满城风雨。

==成功太早的人往往都比较自负，容易高估自己、低估别人、错估形势，到最后很可能在哪里站起来，又在哪里倒下去。而且，成功太早的人，起点太高，对以后的发展会形成压力，很难超越从前。==这往往不是因为他们的能力达不到，而是心态变了，之前的发展太顺利，以致于以后遇到困境就承受不了，产生挫败感。

学习和特长培养不冲突

◆ 有一个13岁的男孩，母亲在他很小的时候发现他对舞蹈有兴趣，就安排他学了7年拉丁舞和3年街舞。男孩对跳舞十分迷恋，参加了一些比赛，还拿了些奖。有经纪人推荐男孩去各地演出，有的演出是在国外。渐渐地，男孩的学习跟不上了，成绩下滑很厉害。男孩的父亲坚持要他回学校念书。男孩的母亲却不甘心，她认为这样可能会埋没孩子的天分，行行出状元，不一定非要念书才能出人头地。夫妻俩为此争执不下。

这个妈妈的话只说对了一半，行行出状元是没错，但缺少必要的知识储备，没有一定的自学能力，在哪一行都很难走远。13岁的孩子，完全应该在学校里接受基础教育，过正常的集体生活，把业余时间用来练舞。如果确实认为孩子有天分，牺牲一些课业也是可以的，底线是不能掉队。

郎朗成名后，他的钢琴老师朱雅芬接到很多父母的电话，都是要拜她为师的，有一些甚至是因为孩子学习不好才想练琴的。朱雅芬说："文化课不好，钢琴能学好才怪！只有具备深厚的文化修养和文化基础，才能理解古典音乐的

Chapter 3 创造力是孩子成才之源

背景、风格与内涵。"

◆ 世界知名大提琴家马友友用亲身经历证明了朱雅芬的观点。在美国茱莉亚音乐学院学习时，马友友拿的是头等奖学金。但在大三时，他决定辍学，用一年的时间思索未来。一年后，他到哈佛大学人类学系学习。马友友说："那时我大概16岁，生活经验很少，不能马上在音乐界里做事。我真的需要学点别的，知道世界上有什么。我在哈佛大学的四年里，对人类学、历史、艺术史都很感兴趣。学得越多，我看得越深，后来不管是哪种音乐，我都能从中找到其世界性的传统。"花四年的时间学习其他学科，这在很多中国父母看来是不可思议的，但越是有沉淀下去的心态，越会有激扬精彩的人生。后来，马友友再回头做音乐，品质有了质的飞跃。他在《卧虎藏龙》里那段苍凉如诗的独奏，在无数人心中引起共鸣。

所以，孩子的学习和特长培养并不冲突。只有当父母抱着功利性的想法，这两者才可能被对立起来。就像那位妈妈认为的，"不一定念书才能出人头地"。在她看来，舞蹈和念书其实都是为了出人头地，既然现在舞蹈已经有了眉目，何不抓住机会直奔目标，学习岂不是耽误了孩子？这么短视地看待学习，孩子即使有能力把学习搞好，也不会真的去用功。假如她的孩子没有跳舞或其他特长，以她的思维方式，肯定也会逼迫孩子学习。请注意，我这里强调的是学习，而不是学习成绩，以免父母会产生误解。父母注重孩子的学习，不能"唯成绩论"，只要孩子知道学习对未来生存、生活的重要性，能够认真对待学习就可以了。

作为父母，一定要重视孩子文化课的学习，这是基础，是孩子将来能在社会上独立生存的必要条件。无论将来做什么，都要有一定的知识背景和自学能力。正如《傅雷家书》中傅雷告诫傅聪的一样："你要做一个钢琴家，首先要做一个文化人，之后做一个艺术家，再之后要做一个音乐家，最后才是做一个钢琴家。你不能直奔主题，直奔钢琴去了，那样钢琴是学不好的。你一定要有一个很宽的基础。"

发展孩子特长应注意的原则

很多父母都非常注重培养孩子的兴趣、爱好和特长,希望挖掘出他们的潜力,辅助孩子成功、成才。那么,父母在发展孩子的潜力时,应该注意哪些原则呢?第一,尊重孩子的自主兴趣。父母培养的,一定是孩子自己感兴趣的东西。第二,心态放平和,只管耕耘,不问收获。父母培养孩子的兴趣和爱好,主要是为了丰富孩子的生活,既不能为了出名,也不能为了获利。

在这个问题上,可能有父母不同意我的观点,既不为名、也不为利,那到底为什么?我想这还是价值观的问题:我们到底希望孩子成为什么样的人?我想凡是希望孩子德才兼备的,都会同意我的观点。我们教育孩子,一方面要培养他们的才能;另一方面要使他们有健全的人格、丰富的人文精神,这样的教育才是全面的教育。德才兼备与名利并不对立,但一个是本,一个是末,本末不能倒置。

美国麻省理工学院有一位面试官认为:对于每一个中国家庭创造的"教育奇迹",都要耐心等待后续篇章的展示。言外之意就是,他质疑这种成功能持续多久。在美国16~24岁的亚裔女性中,华人的自杀率最高,其中麻省理工学院的亚裔本科学生自杀率是全美大学平均自杀率的3倍。究其根源,是中国高压模式培养的学生人格有缺陷:自我控制和自我负责的意识和能力都有欠缺;选择、判断和处理问题的能力偏弱;心理素质不过关。无论是学习,还是兴趣,中国父母培养孩子的思路和方法都是相近的,"越俎代庖、过度管制"。若仔细留意便能发现,功利教育的失败例子已经中外皆是。

第三,父母要有一定的风险意识。尤其在孩子的爱好可能支撑不起他的生活的时候。林书豪的妈妈这样对他说:"你想将来打球没问题,但你要有一个后备的职业。万一受伤不能打,你怎么办?学生的工作就是先把书读好,把书读好,你打多少球都没关系。但是,如果你成绩退步,我们就要调整你打球的时间。"林书豪的父母很理性,投身篮球这行风险系数大,职业寿命短。孩子是没有风险意识的,他们只管把兴趣发展好。父母了解现实的残酷,所以要帮孩子把底线控制好。

第四，灵活性和持之以恒的原则相结合。孩子的兴趣可能变化很快，有的孩子对自己的兴趣坚持不了多久，可能换来换去。做父母的对此不必上纲上线，认为孩子毅力不够。这是孩子认知发展的必经阶段，兴趣本身就是孩子自己的事，他们想放弃某种兴趣，或者想开始一项新爱好，父母都应该尊重，顺其自然。这些浅尝辄止的经历，丰富了他们的生活，意义已经达到了。很可能孩子过了一段时间之后，重新爱上了它们，这都是很正常的。

但是，如果孩子对某一特长非常专注，又很有天分，把它作为终生奋斗的目标，忽然想要放弃，父母就不能任其发展了，避免孩子是一时冲动的选择。这时，父母要帮孩子理性分析原因，疏导心理和情绪。要给孩子一段调整的时间，尽量使其回到轨道上去。天赋的确对发展兴趣有影响，但这种影响只相当于马拉松赛跑时比别人少跑1000米而已。能够成功，靠的还是持之以恒。父母一定要认识到：危机同时也是机遇，孩子遭遇低谷并不是坏事，而是为下一次起飞积蓄能量。

父母摆正心态，孩子对学习和特长发展才有正确的态度。父母应为孩子创造一个宽松、自由的环境，当孩子的特长非常突出，父母则应全力支持和配合孩子，不仅是物质上的准备，更多是心理、精神上的支持。希望我们的孩子在发展兴趣时，父母都能为他们扫除学习与特长发展这一对"伪矛盾"，帮助孩子作出正确的选择！

陪孩子玩，玩出创造力

当孩子心无旁骛地玩耍时，他的心灵正在成长，大脑正在迅速建立创意联结，父母千万不要打断他们。玩也是一种学习。创造力的来源就是好奇心和爱玩的心态。父母要培养孩子的创造力，就必须保护孩子爱玩的天性，放手让孩子自由地玩。

父母要和孩子一起玩

西方人深信:"只会用功不玩耍,聪明孩子也变傻。"所以,西方孩子都比较好动、活泼、富有冒险和探索精神。因为爱玩、会玩、敢玩,个性比较自信、独立,创造力强,相信自己可以改变世界。中国传统文化对于"玩"有根深蒂固的成见,不仅不重视,简直就是轻视、忽视。中国人看不起爱玩的人,觉得他们"玩物丧志"。

现在,中国的创新能力总体而言赶不上西方,比如美国拥有发达的好莱坞电影产业、游戏产业和互联网创意工业。我们往往跟在后面模仿,好像人家天生就有"游戏基因"。其实人的能力都差不多,只不过中国孩子"玩"的天性被扼杀了,创造力大多被埋没了,而西方有些孩子渐渐"玩"出了名堂,最后"玩"成了事业。

其实,==玩也是一种学习,孩子通过玩探索世界,了解自我,学会和他人合作,锻炼社交能力。玩可以开发智力,在尽情地玩耍和游戏中,孩子的创新思维就会像泉水般不断从脑海中涌现。==

◆ 一个两岁多的小女孩把自家南阳台称作"南极",北阳台称作"北极",每天早晚都提着小桶去"南极""北极",分别喂"鱼"给"企鹅"和"北极熊"吃。这一切当然是小女孩自己想象出来的,大人只觉得她幼稚可笑,纷纷和她打趣,却没看见创意的火花正在她脑中闪现。她沉浸在虚构的世界里,通过想象,为自己勾勒出一个美丽的幻想国度,每天往返于这个国度,创造属于自己的故事!

在童年阶段,虽然每个孩子自由玩耍的方式有所不同,但都与创造力密切相关。当孩子心无旁骛地玩耍时,父母千万不要打断他们,因为此刻,孩子的心灵正在成长,大脑正在迅速建立创意联结!

Chapter 3
创造力是孩子成才之源

父母不仅要给孩子玩耍的自由，还要和孩子一起玩，有创意地玩，这对孩子来说比任何昂贵的礼物都要重要！大人陪孩子玩耍，给孩子传递的信息就是："你值得我花时间陪伴，我愿意和你一起玩。"这对孩子是莫大的鼓舞。无论孩子是上幼儿园，还是念高中，内心都渴望父母关注自己，希望父母参与到自己的生活里来。

大人若能常常和孩子一起玩，并把普通玩具和游戏玩出新花样，孩子会深受影响和启发，使他们也能以创意和轻松的态度对待学习、对待生活。孩子就是父母的缩影，父母会玩，能够举重若轻，懂得劳逸结合，孩子也绝不会是书呆子，思想精神都会欣欣向荣！

研究发现，如果把父母和孩子在一起的时间分为"快乐时间"与"管教时间"，这两种时间长度的比例应该是7∶1。也就是说，父母要参与孩子的生活，共同创造亲子的快乐时间，玩耍、娱乐。而当"管教时间"超过了"快乐时间"，亲子关系肯定会出现问题，父母就要反省自己。

玩不是在浪费时间

◆ 有些父母就是见不得孩子玩，认为玩是在浪费时间。有一个妈妈把儿子的时间安排得满满的，放学后不是让他学英语就是学钢琴。这样过了两年，儿子对学习充满厌恶，整天打不起精神来，成绩明显下降。一位心理医生了解情况后，开出一个出人意料的"药方"：让孩子每天放学后痛痛快快地玩上一个小时。这个妈妈将信将疑地照做了，结果不出两个月，孩子脸上重新展露了笑容，成绩也开始提高。

所以，一味缩短孩子玩的时间，并不能使孩子爱上学习。明智的做法是让孩子学会自己管理时间，自己分配时间，对自己的行为负责。现在的孩子学习压力非常大，中小学生患抑郁症的比例逐年增高，这和孩子们玩的时间太少，心理压力得不到释放，情绪得不到纾解有很大关系。我认为，有张有弛的生活才健康；能静能动的性格才能适应社会；能放得开又收得回来，这样的孩子懂得自律，父母大可放心他的学业。

对于父母视为洪水猛兽的网络游戏，我认为也大可不必谈之色变。染上网瘾的孩子一定是在现实生活中有某种不如意，或者学习压力大，或者家庭关系紧张，或者缺少伙伴，网络游戏成了孩子减压、逃避和寻求慰藉的途径。玩游戏事实上有很多积极的作用，比如增强孩子的空间能力和推理能力，拓展孩子的注意力，帮助孩子理解人际关系等。父母一定要了解孩子热爱网络游戏的真正原因，让他们理解游戏和学习的轻重关系，控制自己的行为。信任而不放任，是父母促进孩子成长的正确途径。

中国人信奉"勤能补拙""业精于勤荒于嬉"。在这种观念的影响下，中国孩子在天性烂漫、最该玩的时候不能玩，只有熬过"十年寒窗"，进了大学才有"资格"玩。所以中国孩子恨不得把十几年欠下的"玩"都补回来，在大学里过得无比"潇洒"。美国孩子是玩够了才进入大学，进了大学开始学习，所学知识直接用于生存。他们不敢再松懈，因为他们知道社会压力有多大，外面的竞争有多激烈。

玩对孩子不是小事，父母不能随随便便取消孩子的玩耍权。不给孩子玩耍的权利，不让孩子有玩耍的自由，就是束缚孩子的行动，禁锢孩子的思维，扼制孩子创造力的发展。一颗没有自由的心灵是没有创造力的，但愿父母都能明白玩的重要性！

多鼓励孩子提问，保护孩子的好奇心

父母对孩子好奇心的态度

现在的孩子衣食不缺，缺的是时间和空间上的自由，身体和思想上的自

Chapter 3 创造力是孩子成才之源

由。一个实现不了自由意志的人，好奇心又从何而来，如何发展呢？父母对待孩子好奇心的态度，会影响他们最终到达的高度。因为好奇心而受到鼓励的孩子，会进一步探索。相反，因为好奇心而遭到父母斥责、嘲笑、恐吓的孩子，会限制自己的活动，缺乏自信，失去探究未知的兴趣和勇气。

◆ 一位母亲非常希望孩子能成才。一天，她带着5岁的儿子找到一位化学家，想了解化学家是如何踏上成功之路的。得知来意后，化学家并没有历数自己的奋斗经历和成才经验，而是邀请母子俩随他一起去实验室。到了实验室，化学家将一瓶黄色的溶液放在孩子面前。孩子好奇地看着它，既兴奋又不知所措。过了一会，孩子终于试探性地将手伸向瓶子。这时，母亲在他身后断喝一声，孩子吓得缩回了手。化学家哈哈笑着对母亲说："这不过是一杯染过色的水而已。你的一声呵斥虽出自本能，却呵斥走了一个天才。"

这位化学家等于回答了什么是科学家的最大特质，不是勤奋、努力、智商、知识背景，而是"好奇心"。对不明白的事物，一定要打破砂锅问到底。有人说："好奇心是人类精神最崇高的特征之一；没有好奇心，人的探究精神就会缺失；限制和扼杀好奇心，人类就难以生存和发展。"

◆ 我们都知道莱特兄弟发明了飞机，却不知道兄弟俩心中那个飞上蓝天的梦想种子，最早是在他们父亲的保护下萌芽的。莱特兄弟自幼好奇心就特别强，他俩看到小鸟在天空自由飞翔，都非常羡慕，于是总爬到树上向下跳，想学飞鸟。一次，两人又萌生出飞到天上摘月亮的想法，结果月亮没摘到，衣服却被刮破了。父亲见了，没有责怪他们，反而和他们一起爬树，郑重鼓励他们俩："只要努力，我相信你们一定会飞上天的。"

我们自己不是科学家，但可以成为科学家的父母；我们自己不是发明家，但可以做发明家的父母。当孩子对这个世界充满好奇，我们要做的是保护他们那颗好奇的心灵，鼓励他们探索未知！

给孩子时间和空间上的自由

好奇心是"脆弱的幼苗",除了需要鼓励外,还需要自由。要是没有自由,它不可避免地会夭折。现在的孩子衣食不缺,缺的是时间和空间上的自由、身体和思想上的自由。小到吃饭穿衣,大到择校选专业;从早到晚,从一出生到上大学,孩子无一不是在父母的安排和监督下度过。想去哪里玩自己不能决定,想干什么都要父母点头,想一个人待一会父母都要疑神疑鬼,想和谁玩也要经过父母筛选……一个实现不了自由意志的人,好奇心又从何而来,如何发展呢?凡事都看别人眼色行事的孩子,还能有独立的意志和创新能力吗?在这方面,我们有必要学学以色列的父母。

以色列这个弹丸之地,缺少资源,缺少市场,周边都是敌对的国家,如果不创新,就只有死路一条。以色列的教育不希望听到孩子说"yes",而希望听到"why"!以色列有一个传统,在孩童启蒙时,父亲常会把孩子带到河边。看着溪流,父亲会对孩子说:"孩子,这是你人生中最重要的学习。你看那水在流动吗?它就像你一生中对世界的学习,你看到了吗?世界上没有不流动的!为什么世界是流动的?为什么学习是流动的?流动跟学习到底是什么关系?为什么一切都是流动的?"

这就是以色列在现代化进程中创造了一系列奇迹的原因:"注重教育,为孩子植入一颗好奇心。"这个国家的孩子回到家,父母问的不是作业留了什么,考了多少分,而是问孩子今天问了老师什么问题?同学问了老师什么问题?为什么这个问题你问不出来?巨大的好奇心、全民族对未知的热情,使以色列成为世界第二科技强国,诞生了10位诺贝尔奖获得者。我们国家的教育有时候却让天生烂漫、充满好奇心的孩子离创新越来越远!这不能不说是一种莫大的遗憾!

鼓励孩子提问,还要善于向孩子提问

父母要小心,不管忙了一天有多累,在外面和谁生气,心里有多烦,当

孩子缠住你问"为什么"时,千万不要脱口说出这样的话:"去去去,我没时间!""你长大了就知道了!""这种问题还要问吗?"你眼前这个懵懂无知的孩子,将来说不定就是位科学家,科学家哪里有天生的,一定离不开父母的发现、保护、培养和巨大的付出!

==父母不但要耐心、热心地解答孩子的问题,还要鼓励孩子问问题,善于向孩子提问,通过问题促使孩子思考、观察,使孩子的思维进一步发展。父母不要急于告诉孩子标准答案,最好是能够和孩子讨论,在互动中得出结论,使孩子形成开放性的思维特点。==

对于自己一时回答不了的问题,父母不能一推了之,不能不懂装懂,更不能胡编乱造,而要和孩子一起思索。当孩子问了很有价值的问题,父母要给予肯定,抓住时机诱导启发。当孩子在生活中因为好奇心而犯错,比如破坏了物品,父母要宽容孩子的无心之过,像莱特兄弟的父亲一样,没有揪住一个小小的错误不放,最终使孩子收获了一个大大的愿望。

没有想象力就没有创造力

想要孩子聪明,就给他讲故事

如果你想要孩子聪明,就给他讲故事;如果你想要孩子有智慧,那就给他讲更多的故事。想象力是创造力的根源,没有想象力的人也不可能有创造力。孩子的脑子想象空间大,大人看起来再平常不过的事物也会吸引他们的注意力,引得他们浮想联翩。但是想象力不加培植就会日渐萎缩。

英国诗人华兹华斯在《不朽颂》中写道:"幼儿时,我们身披天国的明辉。儿童渐长成,牢笼的阴影便渐渐向他逼近,然而那明辉,那流动着的光源,他还能欣然望见。少年时,他每日离东方渐行渐远,也还能领悟造化的神奇，幻异的光影依然是他旅途的同伴。成人时，明辉便泯灭，消退于平凡的白日之光。"这首诗既可以理解为从儿童到成人灵性的失去，也可以理解成我们想象力的消失。那么，父母如何使孩子的想象力不枯竭，又如何引导孩子的想象力变成创造力呢？

◆ 有一个妈妈带着她的儿子问爱因斯坦："请问，我的儿子如何才能学好数学？"爱因斯坦说："给他讲故事。"那位母亲还不死心，坚持请教爱因斯坦如何学习数学。爱因斯坦说："如果你想要孩子聪明，就给他讲故事；如果你想要孩子有智慧，那就给他讲更多的故事。"在爱因斯坦看来，知识仅仅局限于我们已经知道的一切，想象力则涵盖将要认识和理解的一切，而讲故事，无疑是培养想象力的绝佳途径和办法。

诺贝尔文学奖得主、日本作家大江健三郎的太太幼时多病，长期卧床，她的妈妈便一遍一遍念书给她听，她根据情节在脑海中编织画面，也因此发展了丰富的想象力，后来成为日本知名的创意插画家。大江健三郎说，如果那时日本有电视，他太太就不会成为创意插画家了。

所以，我鼓励父母多给孩子讲故事，少给孩子看电视，玩iPad，越小的孩子越要避开这些高科技的娱乐设施。一方面，它们伤害孩子的眼睛；另一方面，这些电子产品的画面眼花缭乱、瞬息万变，它会对孩子产生视觉冲击力，限制孩子的想象力，使孩子失去思考的空间。

知识背景助想象力孵化出创造力

当孩子能够独自看书的时候，父母就要鼓励孩子多阅读。阅读可以使孩子有丰富的背景知识，知识是想象力迈向高级阶段的推动力。

爱因斯坦虽然说想象力比知识更重要，但是并没有说知识不重要。相反，只有知识，才能拉回想象力的缰绳，使人们从无边无际的遐想、幻想向解决现实问题靠拢。只有拥有良好的、开放的知识结构，才能使想象力孵化出创造力。这是因为人要具备创造力，大脑必须有发达的神经网络。背景知识能够丰富大脑的神经元连接，使神经网络更密集，创造力才会强。

电影《阿凡达》是一部想象力瑰丽、创造力强大的巨作。电影中的一切完全是想象出来的世界，所有故事都发生在一个想象出来的潘多拉星球上。导演詹姆斯·卡梅隆大学是学物理的，丰富的知识背景使整个科幻故事合乎逻辑，自成系统。比如，电影中这个星球的山可以悬浮，因为山上的矿石中含有常温超导物质，人类来这个星球就是为了这种物质。这种物质导致潘多拉星球磁场紊乱，紊乱的磁场又使动物有一定感应能力。星球的大气密度需要测算，想象出来的动植物需要符合星球的生存环境，所有事物之间都必须能够相互解释。如果没有相当专业的知识做支撑，又如何能使这部电影风靡全球，成为美国人的骄傲？

创造力强的人，往往都热爱阅读。"太阳底下无新事"，今天所有重大科技，都是人类知识和想象力的完美结合。牛顿所说的"巨人的肩膀"，就是这个意思。别人花数年发现的真理，总结出来的经验，我们通过阅读，短短几天便可有所收获，变成自己的知识。阅读，使我们在最短的时间内换取别人的经验。总之，知识和想象力两方面不可偏废，没有知识，想象力就是无源之水；没有想象力带动思维运转，知识便成了一潭死水，创造力更无从谈起。

创造性思维和创造型人格是孩子成功的通行证

知识力量的大小，全倚仗采取何种思维方式。每一个思维能力很高的孩子，背后都有一个善解人意的妈妈，或是一个有创造力的爸爸，再不就是有人一直很欣赏他的创意举动。

有人称赞牛顿思路灵活，思维具有创造性。牛顿不以为然，他说："我只是整天想着去发现罢了。"有着强烈的创新意念，牛顿即使没有碰见苹果落地，也一定会在其他东西落地后发现万有引力。我们常说"心想事成"，"心想"是"事成"的前提。所以，==父母要培养有创造力的孩子，除了要保护他们的好奇心，发展他们的想象力，更重要的是塑造他们的创造型人格，启发创造性思维，具备这两个特点的孩子想不成功都难。==

创造性思维的巨大力量

马云第一次参加高考时数学仅考了1分，估计天下所有父母看见这个分数都得"崩溃"，第二次考了19分，第三次考了79分，这说明马云逻辑思维确实不太好。但如今的马云不仅成功，而且首屈一指，他创立并掌管阿里巴巴，是《福布斯》杂志创办50多年来成为其封面人物的首位中国内地企业家，被评为"未来全球领袖"之一。

马云成功是因为他有创造性思维，相信自己的判断。1995年，马云在美国第一次接触互联网，觉得这东西实在神奇，但网上却找不到一点中国的信息。直觉告诉马云："互联网肯定能影响全世界，我就要做这个！"所有朋友都认为他疯了："政府都还没开始做，这不是我们干的，也不是你马云干的。"但他毫不动摇，毅然辞去了教师工作开始创业。

1999年，全世界的互联网企业都克隆美国模式，把大企业作为电子商务服务的顾客。马云运用了质疑思维和类比思维，他说："听说过捕龙虾致富的，还没听说过捕鲸致富的，我就要为80%的中小企业服务。"阿里巴巴网站创立之初，仅有18位员工，马云向他们描绘阿里巴巴的未来："我们要做一家102年的公司，要进入全球网站前三名。"当时相信这番话的，只有马云自己。但仅仅8年时间，阿里巴巴就一跃成为全中国最大的互联网公司。

思维的力量是非常巨大的，培根说："知识就是力量。"==我认为知识的力量大小，全倚仗采取何种思维方式，如果知识是1，思维方式就是1后面的乘数，它可以是100，也可以是1亿，结果大小完全取决于不同的思维方式。==

Chapter 3 创造力是孩子成才之源

如果按照循规蹈矩的思维方式，以马云当时的本科知识，大概要做一辈子的老师，要做教授还得继续深造。老师的力量也非常大，可以影响很多人的一生。但马云实际选择的道路，却引领了电子商务的新模式，用网络方式改变和塑造诚信的商业文明。后者显然独一无二，也更具创造性。

创造性思维其实是一种思维习惯，既然是习惯，就是可以培养和训练的，和每天洗脸、刷牙一样，一点也不高深莫测。思维习惯始于小时候，和父母有很大关系。每一个思维能力很高的孩子，背后都有一个善解人意的妈妈，或是一个有创造力的爸爸，再不就是有人一直很欣赏他的创意举动。

大事都从小事做起，大创意也是从小聪明开始。家庭氛围宽松，父母民主，和父母沟通好的孩子思维更加活跃。小孩子本来就想法多，如果父母愿意听，他们总会说个不停。如果父母对孩子想出来的新点子感到惊喜，给予赞扬和鼓励，那更是他们积极尝试新事物的无穷动力。最重要的是，孩子不必担心犯了错就被骂、被罚，错误是孩子获取经验的重要途径，也是培养自信的好时机。不知不觉中，孩子的创意思维就有了雏形，为将来的成功奠定了基础。相反，如果父母事事包办，不敢放手让孩子尝试，说明父母自身就缺乏安全感，思想趋于保守，过于依赖经验。

孩子的认识和父母有很大关系，在专制家庭的高压下，在包办父母的保护下，孩子是很难有独立思考的勇气和能力的。思维创新是创造力的灵魂，孩子被父母的教条所限，活在父母的观念里，一辈子都飞不高。简言之，专制家庭、包办父母培养不出有创造力的孩子。

帮助孩子建立积极的心态

创造力与人格特征密切相关。创造力强的人往往好奇心强、性格直率、特立独行、有毅力、不盲从、富有冒险精神。父母帮助孩子建立积极的心态，孩子即使失败也不会被打败。

比如，三次高考失利的打击就不是一般孩子能经受得住的。实际上马云第三次高考离本科分数线仍差5分，因杭州师范学院没招满而破例录取。但坚韧的马云扛住了这种打击，这主要得益于他父亲的教育。第一次高考失利后，马云开始打工，蹬三轮车送书。沉重的体力劳动使马云渐渐麻痹，但他的父亲却像"一把铁锹"，刻意铲凿马云心里的痛处："你每天踩20多公里路来来回回都不累，为什么不能再走一遍高考的路呢？"第二次高考，马云的总成绩距离本科录取线相差140分！但马云不服输，决定第三遍走高考路！父亲是全家唯一没有反对的人，并煞费苦心请数学特级教师给他补课。最终，父子俩感动了上苍，马云跌跌撞撞进了大学……

短短十几年，马云的生活仿佛是《一千零一夜》里"芝麻开门"的神话故事，发生了翻天覆地的变化。马云没有觉得不可思议，他说："是父亲用几十年的父爱，一铲一铲为我开凿出了最宝贵的成功真相——发掘出你的兴趣，去做你感兴趣的事，再把它变成你的特长，最后让你的特长发挥最大的潜能！"

所以，成功的通行证其实是父母派送给孩子的。一张通行证是创造性思维，一张通行证是创造型人格，二者缺一不可。从今天做起，从小事做起，当孩子想自己拿主意时，父母要对他报以鼓励的微笑。当孩子不小心做错了事情，父母要记得说声"没关系，下次你会做得更好！"希望民主的父母越来越多，给富有个性和创造力的孩子提供更好的发展环境！

Chapter 4
好的亲子关系胜过教育

我们家的亲子关系

风物长宜放眼量，父母把目光放长远，关注孩子一生的发展，才能深刻体会亲子关系的重要性。亲子关系是可以世代相传的。

父母和孩子的关系更像朋友

◆ 我当年毕业于台湾大学，我先生毕业于台湾新竹"清华大学"。在拿到美国的奖学金之后，我们双双去美国留学，并在那里安家工作。两个女儿元元、芳芳和儿子平平都在美国土生土长。或许是受当地文化的影响，我们从小就非常注重对孩子独立性的培养。比如，每个孩子都是出生后一个月就被放到单独的房间睡觉。对孩子的学业，我们也管得不多，每一个孩子都是自己选择大学和专业，选择好了之后找我们讨论，征求我们的意见。

在我和我先生的观念里，孩子和大人是平等的关系，他们是独立的个体，都有属于自己的个性和梦想，早晚要独立生活。所以，我们认为让孩子拥有独立、健康和完善的人格比什么都重要。在他们小时候，我们花了很多时间陪伴，努力给他们创造一个充满爱的环境，用鼓励、支持和信任陪伴他们长大。在我家，父母和孩子的关系更像朋友，每个人都是放松、自由的状态，每个人都可以敞开心扉。在碰到问题或经历心理困惑时，孩子非常信任我们，他们会向我们倾诉，希望得到父母的建议和帮助。

心理学家一致认为："好的亲子关系胜过教育。"现在想来，我年轻时不懂什么教育理论，从没刻意地教育过他们，也没有预先设定过三个孩子的发展路径。我只是出于一个母亲的爱，发自内心地爱孩子，用心地对待他们每一个人，尽力满足孩子的情感需求，耐心陪他们长大。没想到，我这种无意识的教育反倒契合了现代教育理念。从三个孩子目前的状态来看，"好的亲子关系胜过教育"是十分有道理的。

他们在和谐的亲子关系中长大，自然而然地就接受了我和我先生的价值观，两代人沟通一直非常顺畅。他们每一个人都是合格的社会人，遵纪守法，诚实守信；每一个人都热爱生活，学业有成；每一个人都对家庭很有责任感，关爱家人，孝敬父母；每一个人都心怀梦想，并一直在为之奋斗。

亲子关系可以世代相传

◆ 2012年圣诞，我和小女儿芳芳赶去中东国家巴林，和大女儿元元一家团聚，共度假期。与此同时，我的儿子平平从芝加哥飞回纽约，去和他爸爸团聚。中间，我们通过网络电话相互问候、彼此关怀。虽然远隔万水千山，一家人的心却紧紧连在一起。

在为期10天的假期生活中，我们母女三人每天一起聊天、做饭、购物，其乐融融，像朋友一般轻松惬意。外孙和外孙女，一个7岁，一个5岁，正是可爱的年纪。我每天和他们一起玩、一起笑、一起闹，在房间里捉迷藏、在花园里比赛蹦床，开心得简直忘记了自己的年龄。孩子们也一样，做什么事都喜欢缠着我。在和他们玩得不亦乐乎的时候，我常有时空穿越的错觉，好像自己又回到了几十年前，找到了当年与元元、芳芳和平平一起玩耍的感觉。

==我相信亲子关系是可以世代相传的。当年我和孩子们亲密无间，现在大女儿和她的两个孩子也亲密无间。年轻时我讲给她的故事，现在又通过她的讲述滋润孩子们的心田。==

在巴林期间，每到夜晚临睡前，我都像小时候一样给元元和芳芳每人一个晚安吻，元元也要给她的一双儿女每人一个晚安吻。元元感叹："妈妈，我现在自己结婚有了孩子，可您还依然那么爱我，这让我觉得好安心，好温暖……家真的是世界上最温暖安全的地方。"

我的大女儿学业和工作表现都很优秀，现在看起来，她教育起孩子来也有模有样。这次圣诞节在巴林,我和元元有一个下午单独相处的时间,她又像从前一样,和我说了很多心里话。她说:"为了工作,我们从美国那么繁华的地方搬到这里。"言下之意,她对子女教育有所担忧。我说:"其实,孩子对这些外界条件并不像大人那么看重,孩子更在意的是爸爸妈妈对自己的关爱,只要能和父母一起快乐地生活,他们的内心就会感到幸福和安定。"

为了说明这个道理,我又和她重提了40年前的那段往事。20世纪80年代初,中国才刚刚改革开放,为了探望生活在北京的大姐,我带着元元从美国到北京住了一段时间。那时她只有几岁,我对这段往事印象很深。因为那时候的中国和美国相比,在经济水平、生活条件等方面的差距是非常大的。元元对大家住在筒子楼、洗澡用公共浴室等感到不可思议。也正因为如此,元元得到了更丰富的人生体验,打开了更广阔的视野,也更加珍惜自己的生活。我对元元说:"从你自身的经历来看,孩子如果能够有一些多元的文化体验是好事情,你不必对此过于介怀。"元元听了我的话豁然开朗,她说:"这些是我没想到的,谢谢你告诉我,让我的教育观念得到了成长。"

元元对我说:"妈妈,我18岁念大学离开了家,到28岁结婚,这中间的10年,我们聚少离多,家庭生活的美好几乎被我淡忘了。但是,当我组建了家庭,生养了孩子,并一天天看着他们成长,曾经的一幕幕又都回来了。当年,你和爸爸拉着我的手,一起去公园、游乐场的欢乐情景还在我眼前浮现;我们一起走亲访友、回国探亲,那情景是多么清晰……有好多次,我和孩子沟通的时候,脑海中浮现的就是你当初对我说话时的神态和语气,我不知不觉中模仿起了你的口吻……妈妈,感谢你和爸爸给了我一个幸福的家,这笔财富永不枯竭。"

让我感到欣慰的是,我的女儿和女婿感情非常和谐,小女儿和她先生相处得也很好。我们的孩子早晚有一天都要脱离父母,脱离原生家庭,建立自己的家庭和事业。如果原生家庭相处得好,他们就知道如何和伴侣相处,如何与自己的孩子相处,甚至如何与伴侣的家庭相处。受益的不仅是孩子自己,还有他们未来家庭中的每个人。

好的亲子关系胜过教育

风物长宜放眼量，父母一定要把目光放长远，关注孩子一生的发展，才能深刻体会亲子关系的重要性。只有家庭和睦了，亲子关系顺畅了，家中的每一个人才能享受生活，安心做自己该做的事，努力把该做的事做好。孩子的正能量是从哪里来呢？就是从温暖的家里来，从父母的微笑中来，从家人永远的支持中来。带着正能量到社会上，会给每一个与我们有关的人都传递正能量，这就是家庭对社会的贡献。

民主的家是孩子成才的沃土

彼此尊重、信赖、欣赏，父母没有强制管孩子的行为，也没有强制管孩子的心态。这就是最朴素的民主。民主的家庭最容易培养独立、优秀的孩子。

父母要和孩子平等相处

◆ 我有一个朋友是单身母亲，独自一人培养出了非常优秀的女儿。我看这个女孩知书达理、乐观开朗，丝毫没有一点单亲家庭孩子的阴郁和敏感，就问朋友是怎样教育女儿的。她回答说："没有教育啊，我觉得她生来就很优秀，懂道理，我会听她的话，她也非常听我的话。"我让她再解释一下，她笑着说："我可能不像是她的妈妈，更像是姐姐。她从小就没有爸爸，我们两个相依为命，我就把她当成大人看，什么都和她商量。家里吃什么、用什么，假期怎么过，都是两人一起决定……有时候我心情不好，就跟她说说；她碰到困难，也会向我倾诉。"

民主的家庭教育意味着以平等培养平等。我想，这就是父母和孩子平等相处的例子吧。母女之间彼此尊重、信赖、欣赏，妈妈的姿态和女儿是平等的，她没有强制管孩子的行为，也没有强制管孩子的心态。在这个朋友身上，我看到了最朴素的民主，而这样民主的家庭最容易培养出独立、优秀的孩子。

强势管教对亲子关系破坏力大

中国的很多父母表示很难做到平等:"小孩子什么也不懂,平等了还怎么管教?那还不无法无天了!"的确,父母和孩子的身份和地位差别很大:一方是监护人,一方是被监护人;一方掌握着生活资源,一方没有独立生活的能力。但孩子与大人的人格是平等的,对"尊严"和"被人尊重"有同等要求。平等不是说父母和孩子要"完全相同",而是要平等相处,大人不能仗着自己的家长地位就强权、强势。

有一位父亲事业很成功,生意做得很大,他总是高高在上,对待员工很专横,对待妻子、儿子也很专横。在他的思想观念里,他认为只有自己是值得尊重的,因为他给员工提供了工作机会,给了儿子生命,妻子不用工作就能养尊处优。所以,他对孩子说话从来都是命令式的,没有任何商量的余地。他对妻子也毫不留情,甚至在外面偷偷有了情人。

有一天,他回到家,发现念五年级的儿子正在看电视,他上前"啪"的一声把电视给关了。儿子没有抗议,一声不吭地回了自己房间。对父亲的做法,他早已习惯,所有的委屈、不满都被他记在日记里。在此之前,有一次他写作业时,总是停下来给同学发短信。正赶上那几天父亲生意不顺,就把火气全撒在了他的身上,手机一把被夺过去,直接扔进了垃圾桶!父亲指着鼻子教训他:"就知道发短信,你以为养你容易吗?有本事长大自己挣钱买手机!"儿子眼泪在眼眶里打转,却咬住嘴唇不敢哭出声。因为每次他一哭,父亲就更生气,还会骂他"哭哭啼啼不像个男人!"

过了几年,这位父亲得了重病,公司被迫易主,情人离他而去。他每日唉声叹气,躺在床上由妻子和儿子照顾。有一次吃饭,他又以命令的语气让儿子为他盛饭。正值青春期的儿子发育得人高马大,再也不是那个逆来顺受的小男孩了。他回敬道:"你又不是没手没脚,凭什么让我盛,你不是让我学习吗?我现在要写作业去了!"父亲气得不得了,当即就破口大骂。儿子丝毫不怕:"别以为你生了我就可以侮辱我。告诉你,我觉得自己是你的儿子太倒霉了。这么多年了，你把我们当过人吗？"

平等能够培养平等，专横也能培养专横，这位盛气凌人的父亲终于吃下了自己酿的苦果。这样的父母并不少见，他们认为自己供孩子吃、穿、上学，自己就永远正确，可以发号施令，孩子就应该感恩戴德，对自己完全服从。从某种意义上来说，他们只把孩子当成私有财产，而没有把孩子当作一个与自己同样具有尊严的人。他们要求全权控制孩子，做错了懒得解释，更不会道歉。如果孩子反抗他们的命令，就会受到辱骂和威胁。

强势管教貌似立竿见影，孩子立即就会服服帖帖。殊不知这种效果是短暂而表面的，孩子在父母面前像"猫"，背着父母就变成"虎"。最重要的是，强权会埋下恨的种子。父母不平等地对待孩子，首先会使孩子感到自尊被剥夺，产生屈辱感，继而产生仇恨。其次，孩子长大后，不容易尊敬父母。孩子不会永远是孩子，早晚有一天他们的力量能够与父母抗衡——"现在我小没办法，等着瞧，以后我长大了看你能把我怎么样！"最后，孩子可能会破罐子破摔，父母打骂不再管用，亲子关系陷入僵局。有的孩子会染上网瘾甚至离家出走，发展到完全不可收拾的局面。

父母有童心，孩子最开心

毋庸置疑，父母在社会阅历、生活经验等方面都要优于孩子，子女理应虚心接受父母的教诲。孝顺父母、尊敬长辈也是孩子应该做的。但这并不意味着父母有权居高临下地管教孩子、用打击孩子的自尊来巩固自己的权威。正确的观念是：父母应平等地与孩子相处，要给孩子发言权，懂得倾听，平等地与孩子相处。父母还要敢于认错，勇于向孩子道歉，父母知错不改最让孩子看不起。平等地与孩子相处，就要给孩子知情权、参与权和选择权；家庭的公共事务要解释给孩子听，让孩子发表意见，孩子的事酌情让他们自己选择。

曾经有一个针对小学生的调查："你最喜欢什么时候的父母？"答案紧紧围绕一个主题："当爸爸妈妈变成小孩子的时候，我最喜欢他们。"这答案表达了孩子对父母与他们平等相处的渴望。因为，只有当父母也"变回"孩子，才能和自己的孩子"共情"：一起玩、一起疯、一起闹、一起幻想、一起听故事……两代人处于同一种心情下，心灵实现零距离沟通。我想，这等于要求父母保有一颗童心，尽管已经是成年人，却能恢复童年的活力和单纯，把自己"清零"，把心"放空"，忘记现实的纷扰和琐碎，以一个孩子的眼光打量这个世界。

平等是一个生命对另一个生命的敬畏，是一颗心与另一颗心坦诚相对的基础。平等不应该是充满威严的命令，而是和善友好的话语。成熟父母选择与孩子平等相处，因为它是使孩子走向独立成熟的有效途径，可以把孩子培养成为自觉、乐观向上、有责任感的人。平等说起来简单，做起来很难，只有父母真正意识到平等的重要性，才能从内心根除强权的思想。

换位思考才能沟通无障碍

父母不要总把话题局限在学习和成绩上，而应该更多地关注孩子心理和精神上的需求，使孩子和自己的心贴近。和谐的亲子关系中，沟通是第一位的。只要孩子和父母总有话说，愿意和父母说出心里话，亲子关系就不会有什么问题。亲子关系好，父母的话孩子才能听得进去，才有可能谈到教育。

和孩子沟通是门大学问。由于存在代沟，年龄差距大，父母和孩子无论在思维方式、知识结构和经历体验上都有着巨大的鸿沟，再加上彼此站在不同的角度，沟通起来并不容易。很多家庭的亲子沟通都是有问题的，父母如果在孩子小的时候对他们哄骗、威胁、敷衍；等孩子大了就压制、说教、唠叨……这样沟通的结果只有一个，那就是让孩子早早关闭了和父母之间的沟通渠道。

Chapter 4 好的亲子关系胜过教育

沟通要选时间、找话题

父母和孩子之间没有心的交流，无法进入彼此的世界，这种危害是显而易见的。有数据显示，80%的问题青少年不和父母沟通。网瘾、厌学、抑郁症、离家出走，这些问题的背后暴露的都是亲子沟通的危机。有一位父亲对我说："孩子已半年多没怎么和我说过话了，真不知道他在想些什么。我感到自己很失败，已经失去了对他的控制。"

亲子关系需要经营，亲子沟通需要学习。那么，父母怎样做才能和孩子沟通顺畅呢？

父母和孩子沟通，要注意选对时间。一般来说，孩子心情好、兴致高的时候，沟通效果是比较好的。比如孩子刚刚赢了一场比赛，刚认识了一个新朋友，或者对某个社会现象特别有想法。这个时候孩子的思维特别活跃，有交流的需求。只要沟通的气氛对了，孩子就会说出内心的想法。此时父母顺便提一些自己的想法或期望，孩子往往比较容易接受。

要沟通就要有话题。大多数父母感兴趣的话题就是学习、成绩。孩子刚进家门，水还没喝一口，父母就问了："今天上课怎么样？考试了没有？成绩出来了吗？"这种话题非常敏感，不适合在这种时候讲，孩子内心会反感，会认为父母关心成绩胜过关心自己。亲子沟通最重要的原则就是换位思考。想一想，如果你累了一天回到家，孩子见了你张口就问："爸爸，你今天发工资了没有？什么时候才能升职？"我想没有谁能接受。如果孩子这样说："爸爸，你今天上班累不累？"这种话听起来就温暖多了。

父母和孩子沟通的目的，一是交流情感；二是交流想法。建议父母多和孩子聊生活中的事，多聊孩子感兴趣的事。比如，孩子喜欢足球，父母可以多和孩子聊球赛、聊球技。一旦挑起了孩子的兴趣，他就会产生说话的欲望。聊天的过程中孩子会流露出真实的情感，掺杂自己的思想和观点。父母从孩子的言谈话语间便可把握孩子近期的心理状态。总之，从兴趣出发的交流更容易打开孩子的话匣子，会使孩子产生放松愉快的感觉。

不要端着架子和孩子说话

端着父母的架子和孩子说话，很难让孩子产生亲密感。此外，沟通最好不要有太强的目的性，像朋友那样的闲聊效果是最好的。

◆ 在我的家庭里，我和我的先生对三个孩子很民主。大家都比较平等，每个人都可以保持自己的观点，但仍可以在理解的情况下相处融洽。如果发现哪个孩子做了错事，我们会指出，但方式是温和婉转的，有时甚至是幽默的，从不会去责骂他们，更不会用话语去恐吓或威胁孩子。如果看到我和我先生哪些地方做得不对，三个孩子也会在家庭会议上指出来。

还有，平时父母一定要和孩子多接触。我有一对做生意的朋友，夫妻俩都是大忙人，年近不惑才要了一个儿子。孩子不满半岁，母亲就出去打拼。现在孩子已经十几岁了，一直由保姆带大。由于和父母接触少，他的安全感很差，性格偏执易怒。孩子对父母的管教非常抵触，在学校还总打架。这个孩子已经成了我朋友的一块心病，每次聊起来他们都摇头叹息。

我对他们说，孩子的问题其实是你们自己造成的。你们错过了他宝贵的成长期，和孩子相处的时间太少。他不接受你们，自然不会听你们的。现在开始关注虽然有些迟了，但亡羊补牢，还不算太晚，一定要放下工作多陪孩子，营造亲子的快乐时间。

有一种理论认为，最佳亲子关系是亲子之间的"快乐时间"和"管教时间"的比例大致为7∶1。如果快乐时间很少，全都是管教时间，这种管教效果一定很差，甚至会产生负作用。

现在父母管教子女的时间之所以多，是因为父母平时很少有时间陪孩子，都在外面忙自己的事。一旦见了孩子就要"履行做父母的职责"，唠叨、否定、说教，把孩子的缺点一一指出来。这样的沟通对孩子来说简直是灾难，孩子特别反感。沟通的意义在于对方的回应。当孩子关上了沟通的管道，父母的教育就等于失败了。

母亲更要懂得沟通技巧

◆ 我的一些朋友，甚至我的先生都感到非常奇怪：为什么我的三个孩子个个都能说一口非常流利的普通话？要知道在美国出生的华裔小孩大多不会讲中文，或者讲起中文来音调很奇怪，像唱歌一样。这是因为汉语不像英语，没有四声音调的缘故。总之，中文在他们眼里是非常难学的。我的先生在三个孩子的成长期都非常忙，所以我陪孩子的时间更多一些，三个孩子中文讲得好，就是因为我在家里长期用中文和他们讲话，就像学英语练听力一样，听得久了，说得多了，孩子不知不觉就掌握了。

对此，我想和做母亲的读者多讲一讲，因为母亲和孩子相处的时间更多一些，沟通也更充分一些。有些母亲向我诉苦：儿子越大，和自己越没话说；或者女儿越大，越嫌弃自己"土"。其实，我们完全可以把这些看作积极的信号，转变观念，开动脑筋，满足孩子对我们沟通的需求。比如，母亲也完全可以和儿子聊体育。自己不懂，就让儿子当讲解员，通过给自己"扫盲"，让孩子产生当"老师"的满足感。共同话题一多，母子之间就很容易拉近距离。通常女儿的榜样就是母亲，被女儿嫌弃的母亲要更努力一些。

◆ 有一位母亲为了了解女儿，50多岁自学上网，每天和女儿用QQ聊天，这让女儿刮目相看。其实父母被"嫌弃"，往往不是形象上的问题，而是跟不上时代，不学习新事物。父母不要给孩子定位，更不要轻易给自己设限，父母要通过实际行动靠近孩子，这样的沟通态度会让孩子敬佩、感动。

成功的亲子沟通包含理解、关怀、接纳、依赖和尊重。真正的教育就蕴藏在生活细节当中，真正的教育者要做到有心而无痕。但愿我们的父母都能学会换位思考，做孩子的情感安全基地，早日和孩子建立起深入畅通的沟通模式！

少说多听，让孩子自己解决问题

听孩子把话说完。只要父母能够做到倾听，很多教育难题都能迎刃而解。唠叨是最无能、最无用和令孩子反感的方式。

只做听众就能知道孩子怎么想

父母常要求孩子"听话"，实际上父母也要"听话"，倾听孩子说话。在成长的过程中，孩子的最佳听众便是父母。无论你工作多忙，每天哪怕是一小时、半小时，甚至一刻钟，只要有时间，一定要听一听孩子说话。

倾听是改善亲子关系最有效也是最简单的方法之一。倾听是一门学问，需要好好学习。当一些父母来问我如何改善亲子关系时，我给出的建议中总包括这一条"少说多听"。只要父母能够做到倾听，很多教育难题都能迎刃而解。

◆ 有一位妈妈喉咙失了声，医生说她这种状况还要持续好几天。晚上她儿子放学回到家，一见她就说："我再也不去上课了，我恨死许老师了！"妈妈听了大吃一惊，要是平时她早就制止儿子、不许他胡说八道了。可是这一天她什么也说不出来，只能看着儿子，静静地听他说。儿子趴在妈妈腿上，流着眼泪继续说："今天，许老师冤枉我了。我没搞小动作，她却说肯定是我，真不讲理！"妈妈能感觉到儿子说的是真话，她很想安慰他，但是嗓子不能说话，就用手轻抚着儿子的背。过了一会，儿子似乎从坏情绪中走了出来，他站了起来说："许老师平时对我还是不错的，也许他只是一时没搞清楚。现在我要去写作业了。"然后又搂了妈妈一下说："妈妈，今天您真好，能够听完我说话。"说完就回他房间写作业去了。

一个非常偶然的原因，使妈妈发现了倾听的妙用，原来自己什么话都不用说，只做听众就能知道儿子是怎么想的。此外，更令她惊喜的是，儿子自己就会分析问题，并不需要她讲一堆大道理，而且，他自己也会调节好情绪。她几乎要感谢这场病了，看来以前她总说教、总唠叨，真的会给儿子带来困扰，一点也没有安静倾听来得有效。

父母愿意倾听，孩子才会倾诉

父母只有认真倾听，孩子才觉得自己被接纳，才会放心地倾诉；如果父母一直滔滔不绝说个不停，一边说一边还指手画脚，孩子根本没机会说话，巴不得赶紧逃跑！大人总怕孩子思想出界，行为出格，其实想和做是两回事。孩子说话常常显得幼稚、意气用事，很多时候他们只是想宣泄一下情感。对于孩子意气用事的话，大人应该引起重视，心里重视就行，不要嘴巴上立刻喝止，要等等看孩子还有什么话，一定要让孩子把话说完。

家是最自由的地方，应该让孩子少一些禁忌，多发表自己的看法。如果家里不自由，孩子只能到外面寻找倾诉的对象，和父母就越来越疏远。孩子交到益友还算幸运，就怕交了损友，或者通过其他不正当的途径发泄情绪，这就容易失去控制而走上歧途。

换位思考一下，其实，父母在生活工作中也难免会说气话，比如发发牢骚赌赌气之类的，这都是情绪释放。偶尔为之是有助于心理健康的，属于人之常情。大人都如此，更何况孩子呢？

再让我们假设这样一个情景：你上班遇到一件烦心事，下了班找到一位好朋友想倾诉一番。你话还没说完，她就立即打断，严肃地告诉你这么想不对，然后开始说她的观点，还给出很多建议。我想这时候你的心情恐怕更糟，并暗暗后悔告诉她这件事了！

倾听其实并不难做到，就是要有一颗尊重孩子的心，有一张少作评价的嘴巴，有一双关注的眼睛。在孩子说话的时候，适时配合一些简单的话语，比如："嗯，你是这样想的啊！""那你一定很难过（伤心、生气、高兴）吧！""然后呢？"这些简单的话语只是保持你和孩子沟通的连贯性，不使谈话中断。孩子在不受人打扰的情况下，自己就能渐渐理出思路，整理好情绪。

遗憾的是，现实生活中善于倾听的父母太少了，喜欢唠叨的父母（尤其是母亲）太多了。美国成功学大师卡耐基曾说过："在魔鬼发明的所有恶毒办法中，唠叨是最厉害的。它就像眼镜蛇毒一样，总是具有毁灭性，置人于死地。"

唠叨虽然具有杀伤力，事实上是最没用的，最令孩子反感的。尤其是母亲对孩子的唠叨，它只能打击孩子的自信心，降低孩子的自尊心。唠叨和农药一样，过度使用就会让人产生"抗药性"。当孩子听到父母说同样的话，日复一日，年复一年，他们为了保护自己，就会"选择性失聪"。于是我们经常会发现这样的现象，当父母在唠叨时，孩子其实是走神或"神游"的状态。

既然唠叨不管用，为什么还有那么多人选择用它教育孩子呢？我认为，如果有更有效的方式，父母是不会这样自讨没趣的。正是因为父母不知如何和孩子沟通，才会本能地拿起自己的经验，一遍又一遍提醒孩子。这样看来，唠叨体现了父母的一种落后和无奈，是父母无能的表现，是消极的思维方式在作怪。如果父母能够认识到这一点，积极转变态度，寻找更积极有效的沟通和教育方式，孩子也终将发生巨大的变化。

父母要理解孩子，也要让孩子理解你

理解是爱的最高层次。成年人早已远离孩子的世界，理解孩子是需要学习

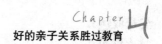

的。如果大人不能或不愿理解孩子,他们终将获得同样不能理解自己的孩子。

理解孩子是需要学习的

在亲子关系中,父母越是能够感受孩子的内心世界,孩子越是能够体会父母的良苦用心,两代人的关系就越趋于融洽。父母要具备理解力、同理心,努力去理解孩子。当然,孩子也要理解大人。理解是人与人关系里面比较难实现的一种境界,理解的爱是爱的最高层次。中国父母对孩子的爱往往不包含理解,他们爱得盲目、感性、自私,包办一切、望子成龙、干涉过多,这样的爱简言之就是"己所欲,施于人",造成很多家庭亲子关系紧张。

理解孩子是需要学习的,因为父母和孩子完全不在一个状态上面,思维方式也已经定型。成年人早已远离孩子的世界,如果要理解孩子,必须有个重温的过程,回想一下自己小时候是怎样感受这个世界的。如果全部淡忘,就必须拿起书本。

◆ 我的朋友有个两岁的小女孩,每天进家门前都要和大人抢钥匙开门。因为手劲小,她并不能把钥匙拧到位,因此根本打不开门。但她乐此不疲,反复把钥匙拔出来,插到锁孔中拧来拧去;再重新拔出来,再插进去拧,有时甚至能忙上半个钟头。朋友就在旁边等着,不催孩子,也不着急,什么时候女儿把钥匙给她,什么时候她才开门进去。

朋友告诉我,她知道女儿正在探索一个未知的世界,用所有热情和专注力

解决她感兴趣的问题。反复尝试一段时间后,有一天,她终于自己打开了门。朋友说,在那一刻,女儿就像一个凯旋的胜利者!

对于习惯急匆匆开门进屋的大人来说,自己几秒钟就能完成的动作,谁愿意等上半小时交给孩子去做?所以,有的父母用玩具哄骗孩子进了屋;有的父母不耐烦地催促孩子进了屋;有的父母则认为没必要惯着孩子,凶巴巴地拖着孩子进了屋;如果孩子不从,打滚哭闹,则很可能换来大人一顿打。父母都认为开门进屋这是小事,但在孩子眼里这是远比进屋更大的事情。他们无法理解,为什么会换来一顿打骂。这样做的父母,无疑欠缺理解孩子的能力!

理解孩子的确是件不容易的事,既要了解孩子的发展状态,又要了解孩子的心理状态。每个年龄段的孩子都有不同的特点,每个孩子的心理状态也是不同的。父母要学的东西有很多。而当成人不能理解孩子的某些做法,孩子一定要坚持时,父母一定要问个为什么,或者不妨做"听话"的父母,看看孩子到底想干什么。

别一相情愿地爱孩子

如果大人不能或不愿理解孩子,一相情愿地爱孩子、教育孩子,爱的内容就很可能和孩子的需求南辕北辙,施与受的双方都会感觉痛苦。最无助的还是孩子,因为他们没有选择。父母的代价其实也很大,他们终将获得同样不能理解自己的孩子。

那些被迫服从父母的孩子,性格被动、惰性很大,对父母的理解中总夹杂着怨气。有的孩子因为失去自我而变得冷漠扭曲,他们努力实现父母期望,也心安理得享受父母提供的一切。他们认为父母所做的一切都是应该的,甚至是欠他们的。这样的孩子永远不可能站在他人的角度考虑问题,自然也没有能力理解父母的苦心了。

Chapter 4 好的亲子关系胜过教育

◆ 几年前，在上海浦东机场，一名24岁的赴日留学生与前来接机的母亲发生争执，用水果刀将52岁的母亲连刺数刀，致其当场昏迷。这名留学生在日本5年，很少打工，买衣服都是名牌，所有生活费、学费全靠家里。而他将母亲刺伤的原因，竟是嫌母亲寄的钱少、寄钱迟了！据说，这名留学生从小成绩不错。父母离异后，他跟着母亲，母亲把所有希望都放在他身上，对他非常溺爱，有求必应、过分迁就。他中考失利后，母子之间的交流变少。为了让他有出息，母亲决定送他去日本念书，由此背上了沉重的经济负担。他在日本平均月消费3万元人民币，母亲拼命工作，四处借债。但他丝毫不关心母亲，每次打电话回家，内容只有一个，就是要钱。他根本不过问母亲的身体状况、工作和收入情况，亲子关系渐渐只剩下金钱关系。案发前，他听妈妈说家里没钱供他继续读书，愤怒使他丧失了理智，竟将刀刺向生他养他、辛苦供他念书的母亲！

这场悲剧令人欷歔！昏迷的母亲被抢救过来后，还在替儿子申辩：不希望他因此受到法律的制裁！母亲用盲目的爱、落后的教育观念，培养了一个自私冷血、失去人性的人。我很关注这件事情，看了很多报道，发现这位母亲正是"望子成龙""包办一切"的典型。继续跟踪后续报道，我才知道故事里面还有故事。原来，这个男孩到日本后，因为语言和文化的差异，一直遭到歧视和排斥。他身边又没有亲人开导和劝解，负面情绪累积久了，就患上了一种叫被害妄想型狂想症的心理疾病。因为有病，他总认为有人要害他，搬进了租金高昂但比较安全的高级公寓。因为交不起房租，他不断地向家里要钱，使国内的母亲无力承受。男孩在机场病发，以为有人害他，才将刀刺向母亲。

这场悲剧发人深省，造成这样局面的人，不是别人，正是父母自己。做母亲的虽然辛苦，却只知道给孩子物质上的需求，忽略孩子精神层面的需求。孩子心理已经不正常了，就更不可能理解父母了。

站在孩子的角度想问题

其实，要让孩子理解父母，仍然是对父母提出的要求，因为孩子是不会自觉地理解大人的，需要父母去教给他们。怎么教呢？既要用话语，又得靠行动。

父母如果在孩子的成长过程中，一直努力地去理解孩子，愿意站在孩子的角度想问题，尝试体验孩子的感受，不去压制和否定孩子。日久天长，孩子就会习得同样的思维和行为方式。随着年龄的增长，他们的理解力发展到一定程度，便会自然而然主动关怀父母。所以，要孩子理解父母，其实和父母要理解孩子是同一个命题！

◆ 我的家庭还是属于民主式的作风，每个孩子在成长过程中都获得了尊重、理解和自由。但即使如此，他们在青春期的时候，也会叛逆，较难沟通。比如我的小女儿芳芳，她在青春期时有一段时间很情绪化，什么事都要反着来，听不进我的意见，尤其是回家比较晚，着实让我担心。我尽管心里不高兴，非常想知道她晚上去了哪里，怕她交到不好的朋友，仍然很注重沟通方式。

有一天，芳芳又是很晚回来。我对她说："芳芳，你这么晚回来，妈妈真的很担心你。你没回来前，妈妈也不敢睡，心里一直挂念着你。"我说的是心里话，语气也很真诚，从始至终一句也没有埋怨她。我这样做的目的是希望她能够理解我，理解我对她的爱和担心。因为我们母女关系过去一向很好，我这样说出自己的感受，她会有内疚和不安的感觉。亲子关系其实有时候和人际关系是相通的，你给予别人理解，别人也会同样对待你。果然以后芳芳晚归的次数少了很多。

值得一提的是，父母的生活和精神状态越好，越能理解孩子。自信、开放、乐观的父母，总有能力和意愿去学习、去理解孩子；消极、封闭的父母对学习失去兴趣，对探索孩子失去兴趣，自然也谈不上理解孩子了。理解是亲子关系中比较高级的互动模式，它要求父母的爱拥有更多理性和前瞻性，要求父母懂得更多教育知识，要求父母的情绪管理更加出色。但是一切付出都是值得的，当你的孩子有一天知道体恤你的辛苦，了解你的付出，并学会了站在他人角度考虑问题，你不仅培育出一个成熟的孩子，更多了一个贴心的朋友！

孩子就是父母的镜子

孩子的错都是父母的错

孩子的错都是父母的错,有问题的孩子背后,都是有问题的父母或亲子关系。在有小孩在场的情况下,西方的成年人是比较注重自己言行的。这一点我们的意识还不太强,有的父母在孩子面前一点也不注意,以为在家什么都可以说,什么都可以做,不知不觉就给孩子做了坏榜样。

◆ 有一个小男孩在学校经常欺负女孩子,还总说:"你们女孩有什么用,将来还不是给人传宗接代。"这么无礼又无知的话引起了女生的"公愤"。老师到他家中了解,发现这个男孩的爷爷、奶奶、爸爸男权思想都特别严重,在家中经常说一些歧视女性的话。男孩的妈妈虽然不认同他们这样教孩子,却无奈一个人敌不过三个人的影响力。这个男孩就是这个家庭的镜子,照出了家庭关系中的不平等,照出了家庭成员思想中存在的问题。很难相信如果不改变,这个孩子将来会获得别人的尊重、会懂得尊重女性,说不定长大后还会在婚恋问题上栽跟头。

==孩子是天生的学习者,他们对父母讲的大道理不太留意,却会模仿他们的言行,甚至克隆父母的思维方法,将他们好的和坏的想法一并接收,化为己有==。孩子表现优秀,往往是父母的积极影响在起作用;孩子表现不佳,也要从父母身上找原因。正如我前面所说"孩子的错都是父母的错,有问题的孩子背后都是有问题的父母或亲子关系"。所以,请父母一定不要忘了,在你随心所欲地说话时,身后正有一双纯真无邪的眼睛在默默注视着你。给孩子讲道理之前,要先想想自己的行为能否达到要求。

成熟的父母具有自省能力

==教育孩子实际上就是父母自我教育的过程,父母要和孩子共同成长。成熟==

的父母具有自省能力，既了解自己对孩子的意义，又能够反省自己的行为。欠缺这个能力，总把关注的焦点放在孩子身上，揪着孩子的问题不放，治标不治本。这就好比你照镜子，看到镜子里面的你脸上有个黑点，拼命在镜子上面擦，却怎么也擦不去。

◆ 我前不久和一个朋友聊天，几年前她为照顾孩子辞去工作，开了淘宝网店在家工作，闲暇时学了不少教育理论。令我感到意外的是，她说她在处理亲子关系时困扰并不比别人少，"一碰到孩子做出格的事，我就会发火，无法控制情绪，使用那些明知道会伤害孩子的方法去处理问题，学的知识似乎全忘到了九霄云外"。

经过了解，我知道了这位朋友和她母亲的关系就不太好。她的妈妈控制欲很强，总干涉她的生活，从选择专业、择偶、找工作、买房子，什么都管。她今天的生活大半是她妈妈意志的体现，而不是她自己选择的结果。所以，她很刻意回避采用母亲那样的教育方法，害怕女儿有朝一日会责怪自己。她的亲子关系基本就是自由式的，一般比较尊重女儿的想法。但是，每当女儿的做法和她的设想不符，她就特别生气，强制女儿按她的意思办事。这其实就和她母亲对她的做法很相似了。

我对她说："孩子是父母的镜子，你就是你母亲的一面镜子。你从母亲那里习得了不好的沟通模式。你对孩子生气，其实是在对自己生气。因为你做了理智上不认可的事，内心承受着对孩子的内疚和焦虑。"她听了之后很认同。我还告诉她，孩子尚小，很多东西不知道。作为父母，该管还是要管的。管不代表不尊重，不管也不一定就是尊重，要具体问题具体分析。不能因为自己的经历就推卸责任。我建议她多和女儿沟通，设法去理解孩子，不能平时"放羊"，等孩子"做错"再去严格管教。

许多父母都认为孩子不懂规矩，实际上是自己根本没和孩子好好沟通过，解释为什么设置规矩。孩子屡屡"出格"，其实是父母没有告诉过他"格"

（规则）在哪里。当父母发现孩子出现了某些问题，或者亲子关系中总有一些问题无法解决，一定是自己有一些思想的"结"无法绕过去。这时，父母需要把停留在孩子身上的目光，撤回来放到自己身上。

伟大的思想家斯宾诺莎说过："父母的行为影响了孩子，孩子再把这种行为表现出来。"也就是说，==孩子不仅身体上有父母的DNA，心理和行为特点也会"世袭"，孩子的表现既是父母行为的反射，又是父母内在状态的投射。当父母表里不一时，孩子就比较难管教。==

就像我这位朋友的困惑，其实就源自她行为和思想的分裂，理智和行为习惯的冲突，孩子表现出来的问题，只不过是帮助她发现了自己而已。因此，停留在孩子所谓的"问题"上是无用的，父母需要审视自己、反省自身。通过调整自己，达到改善亲子关系的目的。成熟的父母不是天生的，育儿是成人的第二次成长契机，希望我们都把握好这次机会，不要给自己和孩子都留下遗憾！

亲子关系中的"残暴基因"

心理研究表明，父母如何对待我们，我们也往往会这样对待自己的孩子。如果父母给予我们的是宽容和理解，我们也倾向于这样对待孩子。但是，对那些童年有阴影的人来说，想做个"好父母"就不那么容易了。曾经的受虐者大多数都会变成今天的施暴者，今天忍受暴力的孩子明天会将巴掌落在自己后代的身上，这就是亲子关系中的"残暴基因"，它极具破坏力。

◆ 我有一个朋友非常优秀，事业发展也很好，但她总说不快乐。在孩子3岁时，她突然辞去工作，潜心研读佛经和心理学著作，这一选择令她身边的很多人都大惑不解。在一次聊天中她告诉我，她童年的经历非常不愉快，父亲性格暴躁，经常打她，母亲十分冷漠，从不关心她。她有了孩子以后，沉浸在为人母的喜悦之中。但是，她惊讶地发现，随着孩子长大，越来越难管教，她有时竟然不自觉地模仿父母当年的做法，对孩子又打又骂。有一次，她打到孩子看到她就发抖。这让她非常恐惧,因为她深知被父母虐待是多么痛苦!为了不再伤害孩子,她决定首先治愈自己的心理伤痕,连根拔除爱的"劣根性"……而这整整花了她6年时间!

亲子关系的形成是非常复杂的,每个家庭的亲子关系都像一面镜子,折射出父母两个人原生家庭的模式。孩子又是父母的镜子,暴露出父母内心真正的想法。

那些童年经历不愉快的父母,首先要宽容自己,因为曾经受过伤害,带着"心理烙印",就不能苛求自己教育孩子时尽善尽美。其次,他们需要认清自己的问题,直面性格和心理层面的不完善,真诚面对自己,这是解决问题的前提。最后,寻找正面的精神力量,释放积累多年的负面情绪,通过持续不断的努力,使自己最终摆脱"遗传基因"的控制。

夫妻有爱,家才是孩子温暖的港湾

一旦为人父母,夫妻关系就变得更为神圣且责任重大。夫妻之间的爱是一种无声而有效的家庭教育。男人要记住:要想教育好孩子,首先要真心爱自己的妻子。中国的传统文化认为,夫妇之道是家庭幸福的关键。教育孩子,夫妻的相互尊重、配合、协调非常重要。哲学家埃里希·弗罗姆在《爱的艺术》一书中,一语道破父母对构筑孩子精神世界的重大作用:"母亲就是孩子的'自然世界',父亲就是孩子的'思想世界',孩子从对母亲为中心的依附转到对父亲为中心的依附,最终与他们分离。一个成熟的人,他就是自己的父母,在自己心中同时拥有父亲和母亲两个世界,奠定灵魂健康的基础。"

孩子在场,父母不吵架

一位英国学者曾经访问了20多个国家,对1万名不同社会阶层和种族的孩子进行调查,发现他们无一例外都把"孩子在场,父母不吵架"当作对父母最重

Chapter 4 好的亲子关系胜过教育

要的要求之一。家是孩子的摇篮，是孩子心中唯一温暖的庇护所。当家庭变成战场，父母的脸上布满阴云或仇恨，孩子内心就会失去基本的安全感，眼前再明媚的世界都将变得黯淡。

然而，很多人并不知道夫妻关系对亲子关系的影响。孩子出生后，父母会有意无意忽视夫妻关系，重视亲子关系。夫妻双方都爱孩子，彼此之间的爱却日渐冷却，谁都不愿意主动去修补，任由夫妻关系变差，婚姻最后的意义只剩下为孩子存在。现实生活的压力和琐碎，日久天长的摩擦和矛盾，养育孩子的不同观念，往往会把一对原本恩爱的男女变成陌路，甚至仇人。因为彼此太过了解，夫妻之间说话可以很直接。夫妻吵架时一旦失去理智就会无所顾忌、大吵大闹，人性的丑陋暴露无遗。

夫妻吵架，孩子受到的伤害是大人想不到的。人的心灵，在孩童时期没有鉴别能力，他们的心理发育如果在美好的教育下进行，就会相信世界是美好的。如果经常感受到人与人之间残酷的一面，会对人性和未来失望。尤其当孩子听到父母用恶毒的字眼形容对方，看到父母用激烈的方式表达不满，对孩子的刺激非常大。"既然如此痛苦，为何还要在一起，为何还会生下我？！"有些孩子会认为是自己造成了父母关系的恶化，为此感到内疚，忧心忡忡。有些孩子因为担心父母离婚，总在察言观色，一有"状况"就两边救火，有的甚至身体会莫名其妙出现症状。

◆ 有一个高中男孩成绩不错，但经常生病，尤其是父母吵架时，他就病得十分厉害，好几次都要住院治疗。父母带儿子去看心理医生，医生得出的结论是：他有时是故意让自己生病，是心理引起的身体症状。原来，这个心理医生先让男孩在外面等候，他询问男孩父母一些情况，发现这两个人互相指责，数落对方，积怨很深，已经看不出还有感情了。但当他叫男孩进屋一起说话，这两个人立即调整了表情和态度，沟通也趋于和谐，他们是为了孩子在维持婚姻。但是，人不是机器，压抑久了必然要发泄情绪。每当两个人"装"不下去时，就会爆发出来，婚姻随即出现危机。这时，男孩就会病倒一次，为父母激烈的冲突"泻火"。父母看到儿子病了，注意力全都转到他的病上面，自然不再提离婚，他就可以高枕无忧一段时间。

父母吵架会让无辜的孩子遭受多么大的伤害！所以，成熟的父母不会轻易在孩子面前吵架，最多只是争论，绝不会让事态发展到失控的局面。这是因为，成熟的父母了解孩子对于家庭氛围的心理需求，重视孩子内心安全感的需要。

父母相亲相爱，孩子心灵才健康

苏联教育家苏霍姆林斯基认为，夫妻之间的爱是一种无声而有效的家庭教育。他们的爱情和信任、相互的忠诚和帮助，能为父母的智慧之树提供营养。他特别对男人提出："记住，你想教育好孩子，首先要真心喜爱自己的妻子。"

◆ 有一名俄罗斯的外科医生非常爱他的妻子，每天早晨，他是全家第一个起床的人。起床后的第一件事，就是到花园摘一枝鲜花，然后回到卧室插进花瓶里，好让妻子睁开眼就可以看到它。这个习惯他坚持了几十年，在这期间，他们的六个孩子一天天长大了。长大的孩子，在破晓时也和父亲同时起床做同样的事。于是，随着岁月流逝，卧室花瓶里的花由一枝变成了两枝，之后是三枝、四枝、五枝、六枝、七枝！终于有一天，这个外科医生去世了，但每天早晨他妻子起床，依然可以看到花瓶里面有七枝鲜花。已经长大的孩子在给年迈的母亲献上鲜花的同时，也代父亲献上了鲜花。

苏霍姆林斯基认为，父母真正地相亲相爱，教育出来的孩子心地善良、温和宁静、心灵健康、相信人性的美好，和教师的关系也非常好，能捕捉到人与人之间最微妙的美好情愫。

如何减轻离婚对孩子的伤害

当夫妻关系真的无法维系，不如选择放弃，而不是在孩子面前继续伪装。

因为这样将传递出非常不健康的信息,即"人的真实感情是不值得尊重的""为了你,我们两个人如此痛苦"。但是,离婚一定要注意几个原则:一是避开孩子的青春期。青春期的孩子比较叛逆,很难管教,如果再受到父母离婚的刺激,就很容易失控。二是一定要提前告知孩子,并选一个时间点,夫妻两人一起来到孩子面前,郑重告诉孩子,"离婚只是大人之间的事,和你没有关系,离婚了父母会像原来一样爱你,并且永远爱你!"

最重要的是,离婚后,夫妻二人都不要在孩子面前抨击对方。因为,孩子身上流淌着父母两个人的血,无论哪一方被抨击,孩子都会感到自尊受到伤害,会降低孩子的自我价值感,甚至会使孩子破罐子破摔。在这方面,奥巴马妈妈的所作所为是成熟父母的典范。

◆ 奥巴马出生在夏威夷,父亲是肯尼亚一位黑人经济学家,母亲安是美国一位白人女教师。两人婚姻很短暂,奥巴马两岁时,他们分手了。母亲带着奥巴马再嫁,由于继父工作的关系,6岁的奥巴马和母亲一起去了印度尼西亚。10岁时,母亲与继父离婚,带着他和同母异父的妹妹留在印度尼西亚。当时,奥巴马的母亲正攻读人类学博士学位,还要供奥巴马读书,生活十分困难。后来,奥巴马回到了夏威夷,和外祖父、外祖母挤在一间很小的公寓里。

种种迹象表明,奥巴马的家庭条件很普通。但他的母亲安是一位了不起的女性,与奥巴马的父亲离婚后,她边照顾儿子边求学,从未向前夫提过要赡养费。不仅如此,安对前夫非常理解,她没有表现过对老奥巴马的愤怒,也从没在儿子面前说过他的坏话。每当和儿子谈起他的父亲,安说的都是他的优点。她对奥巴马说:"你的父亲聪明、幽默、擅长乐器,有一副好嗓子……"

奥巴马童年的每一个进步,母亲都自豪地归结为他继承了父亲的智慧,沿着他父亲成功的道路在走。这种鼓励给了孩子极大的信心,奥巴马总是跟同学说:"我的生父是一个非洲王子。"童年的奥巴马把父亲想象成非洲王子,为了配得上这样的父亲,他在各方面都积极进取。这个信念是母亲给奥巴马最好的人生礼物。他的外祖父和外祖母也很好地保护住了这份礼物。他们虽然反对女儿的这桩婚事，却从未在奥巴马面前诋毁他的父亲。

安不仅让儿子以有这样一位黑人父亲而自豪，还让儿子感到作为一个黑人应该自豪。她经常带民权运动的书回家，让奥巴马相信这样的人生理念：人们虽然拥有不同肤色，但人人生而平等。一个单亲家庭的孩子，一个黑人小孩，一个家境普通的孩子，被母亲用信念和智慧带大，并一直坐上了美国总统的位置。没有这样一位胸怀宽广的伟大母亲，这个奇迹不会出现。

一旦为人父母，夫妻关系就变得更为神圣且责任重大。生命像一条河，夫妻关系像是河流的上游，亲子关系就像河流的下游。夫妻关系糟糕，亲子关系要顺畅是比较困难的。孩子出问题，往往是河流的上游就有问题。所以，尽管现代社会鼓励人们追求自由意志、追求更美好的个人幸福，但我还是要奉劝为人父母者，珍惜眼前人，努力经营婚姻；珍重爱的结晶，不要轻言离婚。

Chapter 5
让孩子在不断"试错"中成长

中国父母易犯的错误——不宽容

教育其实就是做人。教育就始于孩子使我们为难的那一刻。得不到父母宽容的孩子是难以建立自我的，不宽容的父母让他们生活在恐惧和自卑之中。

有多少苛刻的父母，就有多少受伤的孩子

"金无足赤，人无完人。""人非圣贤，孰能无过？"这样的道理尽人皆知。但是，在面对自己孩子犯错时，很多父母非常苛刻，动不动就呵斥说教、冷嘲热讽，甚至对孩子拳脚相加。我在公共场合看见过好几次父母打孩子，声色俱厉，又推又搡，丝毫不给孩子留情面。旁观的人好像对此司空见惯，几乎没什么人上去劝阻。公共场合可以如此打骂孩子，回到家关上门还不知道会有多严厉！

鲁迅说："中国人把小孩当成小大人。"这句话直到现在都能代表中国父母的传统看法。他们认为自己懂的，孩子也应该懂，不懂就是"笨"；大人教小孩做的，小孩就得跟着做，不做就是"不听话"；别的孩子能做到的，自己的孩子也应该做到，做不到就是"不努力"。在这种观念的驱使下，一旦孩子达不到要求，就会换来责难。无论哪一种不宽容，都会伤及孩子脆弱的心灵。有多少苛刻的父母，就有多少受伤的孩子。

◆ 豆瓣网有一个名为"父母皆祸害"的小组，成员将近3万多人。成员多为"80后"，通过网络交流想法和发泄情绪，控诉"50后"父母对他们人生的种种束缚及不良影响。用"祸害"这样触目惊心的字眼来定义双亲，相信会让很多父母震怒、伤心和不解。我认为，即使这些网友言过其实，他们的想法也值得我们思考，作为父母，真的需要好好反省和检讨自己的行为。

不宽容的父母使亲子关系扭曲

不宽容的父母不能包容孩子的缺点和错误，动不动就打骂和训斥孩子，使

孩子每天都提心吊胆。不宽容的父母使亲子关系扭曲、紧张，使孩子的身心受到摧残，人格受到践踏，孩子因为得不到爱和信任，看不到希望而自甘沉沦。

◆ 有一个6岁的小男孩，春节去爷爷家过年，从爷爷口袋里拿了2元钱去买鞭炮。这本是个无意识的行为，6岁的孩子还不能理解什么是"偷"。按照儿童心理的发展，7岁以内的孩子很多思维能力都没建立起来。这时父母如果单从自己对事物的理解逻辑去解释孩子的行为，自然会误解他们。男孩的父母觉得丢了脸，当着全家人的面狠狠揍了孩子一顿，把他的手都打肿了。从此以后，父母处处提防他，只要他一个人待在屋里，就会严厉警告："别犯老毛病啊，再偷东西，把你的手打断。"

为了让他不再有机会"偷钱"，父母在男孩11岁时送他读寄宿小学。让他们没想到的是，这个男孩偷钱越来越频繁。每次男孩从学校回家过周末，父母都会发现家里少了钱。质问男孩，他始终不承认。父母只好把家里的钱东藏西掖，和儿子的关系像猫和老鼠一样。最后一次，男孩谎称学校让交8 000元学费，拿出去一个星期就全部花掉了。父母头痛不已，打骂不再有效，只好带孩子去咨询心理医生。

心理医生诊断，这个男孩有十分严重的心理障碍，根源就是父母对他第一次拿爷爷钱的处理不当。他们就属于不宽容的父母，6岁的孩子做错事，而且不是有意的，完全可以好好引导，甚至不用刻意教育，这种无意识的举动就会自然而然消失。但是，他们用打骂强化了"偷"，让儿子在众人面前毫无尊严。此后，从6岁到11岁，男孩每天在父母的怀疑中生活。更糟糕的是，邻居也知道了，谁家少了什么都会怀疑到他头上。父母不宽容的行为和不信任的态度，使男孩产生严重的逆反心理，破罐子破摔，真的小偷小摸，最后养成了恶习。

不懂宽容的父母不懂尊重

家是为孩子提供食物、住所和内心安全感的地方，家是世界上最温暖的港湾，对小孩子来说，家就是唯一的去处，是孩子安身立命的地方。他们知道，一旦离开家，他们就没法生存。但是，不宽容的父母却无视这一点，有人甚至"逼死"亲生骨肉。

◆ 有一个初中女生遭人强奸，父母气愤之余让她"滚"，这个女生唯一的希望破灭了，在寒风中投河自尽。第二天一早，她的父母在门缝中发现了遗书："女儿遭人强奸，无脸见人。你们是我最亲爱的父母，本以为你们会包容我、同情我、怜爱我，用你们慈爱的心，安慰我受伤的心灵。但万万没想到，你们却认为我给你们丢了脸……我走投无路，只有一死……"

教育其实就是做人，做父母也是做人。试想，做人可以这样不容人吗？有些父母何止是没把孩子当孩子看待，简直是没把孩子当作一个完整的人看待。我们成年人之间的相处肯定不会这样，因为成年人之间是可以制衡的。我们都把对方看成和自己一样有尊严的人，做事会三思而后行，说错话要承担后果，侮辱他人更会和人结怨。可是孩子就不一样了，孩子是自己生的，一切都要依赖自己。一些父母便把孩子当成私有财产，按照自己的设想塑造孩子，达不到期望就随意鞭打、教训孩子。不宽容的父母说到底还是不懂得人性，不懂得"尊重"二字为何意。

得不到父母尊重的孩子是难以建立自我的，不宽容的父母让他们生活在恐惧和自卑之中。不宽容的父母是不成熟的，他们没能认识到犯错对于孩子的重要性。在孩子成长的道路上，每一次跌倒都是一次学习；每一次爬起都是一次锤炼。孩子有缺点并不可怕，可怕的是不能正确看待缺点，从此失去成长的机会。

教育就始于孩子使我们为难的那一刻。面对犯错的孩子，父母如何分析问题，如何对待孩子，这是作为父母最见水平的时刻，也是孩子今后行为和心理变化的拐点。孩子的心灵是稚嫩的，可能因为父母一句鼓励的话而奋发向上，也可能因为父母一个厌烦的眼神而黯然神伤，丧失信心。

Chapter 5 让孩子在不断"试错"中成长

每个孩子都有向上向善的心，都有不足或缺点，每个孩子在成长过程中都曾犯过错误，有些甚至是大错误。父母能否妥善处理孩子犯下的错误，是父母成熟与否的分水岭。只有能正确运用宽容之道的父母，才算是成熟的父母。

语言暴力的伤害堪比棍棒

长期生活在父母的冷嘲热讽和挖苦辱骂以及与其他人比较之中的孩子，阴影将伴随他的一生。孩子挨打，身体上的创伤是可以看到的，所以父母一般都比较谨慎。而责骂不会造成生理伤害，父母往往不加注意，随口就骂孩子，有人还骂得特别难听。骂完消了气，觉得事情也就过去了。事实上，责骂对人心理的影响有时要比打在身上的创伤严重得多。

童年的受虐阴影伴随孩子一生

家庭是人生的第一课堂，幸运的孩子在充满爱的家庭中感受关怀与温暖，不幸的孩子在充满恨的家庭中体会残暴与冷酷。社会发展到了今天，还有很多愚昧无知的人抱着"不打不成器"的害人观念不放，以至于每年都有一些幼小的生命被亲生父母葬送！孩子的错究其根源都是父母的错，就算孩子犯下天大的错，父母也不能使用暴力！

苏联教育家安东·马卡连柯说："用殴打来教育孩子，和类人猿教养它的后代相类似。"在棍棒下长大的孩子对人有攻击性，童年的受虐阴影常常伴随他们一生。因为个性不受欢迎，自我评价低，不懂得如何与人交往，他们很难开展正常的社交活动，经常被人排斥，倾向于在不良嗜好中得到慰藉。例如，很多吸毒者都有不愉快的家庭环境和人际关系。

体罚的危害社会上已经有了共识，至少那些施暴的父母在接受采访时会说："我也知道打人不对。"与此相对，语言暴力很少被人提及且容易被人忽略。孰不知语言伤害有时比殴打对孩子的影响更大。语言会被孩子记在心里，这种伤害不是一时的，它会在心中生根发芽，影响越来越大。有的话会一直在孩子心中盘旋，多年挥之不去。有的父母不明白为什么孩子和自己越来越生分，也许就是不经意的责怪伤透了孩子的心。

实际上，语言暴力对孩子的伤害丝毫不亚于棍棒。实验证明，语言暴力会改变大脑神经的连接，影响大脑的发展和功能。受语言暴力伤害的孩子，其小脑蚓部不正常。小脑蚓部是维持人情绪平衡的地方，它受环境的影响比基因来得大，它的异常会影响情绪的正常发展。

长期生活在父母的冷嘲热讽和挖苦辱骂之中的孩子，因为负面情绪长期积累，很容易产生精神障碍，患上抑郁症和其他心理疾病。这些孩子长大后也常会焦虑不安，有暴力倾向，低自尊，缺乏同情心。这种个性不会讨人喜欢，而被人群排斥的挫败感使其更加愤世嫉俗，甚至逐渐发展成了反社会人格。总之，童年遭受语言暴力的阴影将伴随孩子一生！

年龄越小，对外界的评价越敏感

学龄前或是小学的孩子自我意识正处在发展过程中，对外界的评价特别敏感，大人认为无所谓的一句话，对他们来说可能比天还大。

◆ 有一个男孩拿着期末考试的成绩单给妈妈，因为成绩不理想，妈妈大声斥责他。妈妈越说越生气，还当着孩子的面给他爸爸打电话说："我也不想活了，你回来给我们娘儿俩收尸吧！"这个男孩当时就受了刺激，打开窗户从五楼跳了下去。所幸被晾衣竿拦住，保住性命。

◆ 另一个品学兼优的小学生，因为拒绝给同学抄作业，两人起了摩擦，遭到老师批评。男孩觉得委屈，站在窗边哭。老师听到觉得很烦，情绪化地说了一句极不负责任的话："你是不是想跳楼啊，想跳就跳吧！"没想到这个男孩真的从三楼跳了下去，一个鲜活的生命就这样逝去了。

因为老师、家长一句刺痛的话而跳楼，这种事在成年人看来不可思议，有人还会批评孩子的脆弱。事实上，孩子的心理发展规律就是这样的：小时候大多没有自我评价意识，外界的评价他们会全盘接受。

如果父母用可爱评价孩子，孩子就会认为自己可爱；如果孩子做了错事被骂，孩子就会认为自己坏。9岁以下的孩子，还不能清晰地分辨出好事坏事和好孩子坏孩子之间的区别。所以，孩子越小，父母越要避免用简单粗暴的方式斥责他们，这会对孩子造成非常大的刺激。

在两次夏令营中，我们分别询问过140位7~17岁的孩子，问他们最不喜欢听父母说什么样的话。经过统计，我把它们分成几类。这些语言暴力，父母无不是用居高临下的态度对孩子说的。这些话都带有侮辱性质，会直接伤害孩子的自尊心。

孩子最不喜欢听父母说的话	
否定/抱怨的话	我怎么这么倒霉，生了你这么个不争气的孩子！ 你简直就是个猪脑袋，干什么都不行。
讥讽/辱骂的话	你还想当科学家呢？做梦，看看你现在的成绩。
放弃孩子的话	我也懒得管你了，你爱怎么样就怎么样吧！ 你给我滚，永远都不要回来。
恐吓孩子的话	你怎么又玩电脑？再玩，我就把电脑砸了！ 你还敢顶嘴，再顶嘴看我扇你两巴掌。
和别人比较的话	你看×××考了第一，你怎么就不能跟他学学？ 我怎么生了你这么个笨蛋，你看看×××同学，样样都比你强，她的妈妈真是有福气。

父母在教育孩子时一定不能口不择言。侮辱孩子自尊、人格的话坚决不能说；伤害孩子感情、打击孩子积极性、贬低孩子能力的话坚决不能说；威胁和恐吓的话坚决不能说；用"激将法"时一定三思而后行，不能让孩子感到挫败；警示、批评的话要挑孩子能接受的方式说，底线是不影响孩子的情绪。

和别人比较，让孩子自我感觉不好

还有一种语言暴力父母经常用却很少有人意识到，那就是不断把自己的孩子和别人进行比较，这是孩子最反感的。

其实每个人都最爱自己的孩子，父母这么说无非是出于一种天真的心理：以为孩子受到刺激就会发愤图强，有一天真的能超越自己曾赞赏的孩子！但请你想一想，如果在公司里老板也用这个方法激励你，你会不会因此更努力呢？答案显而易见，世界上没有人喜欢这种语言！每个人都认为自己是独一无二的，因为自己与众不同而应受到尊重，简单粗暴地被别人比来比去，任谁都忍受不了。跟别人比较，只会让孩子自我感觉不好，变得自卑、感到抬不起头来。心理上，孩子还会对父母的爱感到困惑，甚至无所适从。一些孩子因此产生逆反心理，反而强化自身的弱项！

在这里我建议，如果父母实在改变不了自己"比较"的思维习惯，那就改变一下比较的对象。比如，在对孩子说话时，让孩子自己跟自己比，这一次跟上一次比，今天跟昨天比。比如，孩子这一次考试成绩不理想，但是和上一次相比有一点进步，父母就应该乘胜追击，鼓励孩子说："不错，和上一次比有进步，我知道你一直在努力。再接再厉，我对你有信心！"

宽容有界，恰当的惩罚才有效

惩罚与宽容是一枚硬币的两面，它们形式不同，内涵却一样，是爱的两种不同表达方式。充满智慧的惩罚，能让孩子从中学到本领，悟出真理。宽容指的是对孩子的宽容，而不是对其错误行为的宽容。完整而负责任的家庭教育，需要以惩罚作为补充。

父母一定不要太过严厉，最起码不能让孩子的情绪太糟糕。因为在坏情绪里，孩子根本听不进父母的任何批评或建议。身为父母，就要负起管教孩子的责任。"管教的目的不是局限孩子的自由，而是在最大限度内保障他的自由。"这是因为，一个人既然要在社会中生存，就必须尊重社会对人的要求，只有经过管教、适度社会化的孩子，才具备适应社会的能力。惩罚是管教的重要手段，当孩子犯错的时候，适当的惩戒可以使其警醒，修正错误行为，改变错误观念。

好的惩罚包含宽容

惩罚是一门学问，用好了能够促进孩子的成长，用不好则使孩子产生抵触情绪，走向反面。父母惩罚孩子，是为了让他知错、改错、获得自觉纠错的能力。

◆ 英国科学家约翰·麦克劳德小时候的好奇心很强，因为想知道狗的内脏是怎样的，有一天竟然偷偷地把校长的宠物狗给杀了。校长知道后，气得七窍生烟，决定惩罚这个无法无天的学生。那么，这个校长是怎么惩罚的呢？他既没有开除约翰·麦克劳德，也没有使用暴力，更没有恶语相向，而是罚他画一幅人体骨骼图和一张人体血液循环图。

虽然是惩罚，约翰·麦克劳德却深深被校长的宽容所打动，发奋研究解剖学，最终成为一名伟大的科学巨匠。假如当时校长采用的是粗暴的惩罚手段，就根本起不到启发智慧、启迪心灵的作用，也许就没有这位未来的科学家了。

==惩罚是手段，不是目的。充满爱的惩罚，能让一个孩子心生感激，产生积极向上的力量；充满智慧的惩罚，能让孩子从中学到本领，悟出真理。==

父母成熟了，
孩子就成才

◆ 教育家陶行知在担任育才小学校长时，有一天他看到男生王友用泥块砸班上的同学，当即制止了他，并要他放学后到校长室去。放学后，陶行知回到校长室，王友已经站在那里准备挨训。

陶行知走到王友面前，出人意料地掏出一块糖递给他说："这是奖给你的，因为你很守时。"王友惊疑地接过糖果。随后，陶行知又掏出一块糖放在他手里，说："再奖给你一块，因为当我叫你别再打人时，你立即住手了，说明你很尊重我。"王友更诧异了，眼睛睁得大大的。陶行知又掏出第三块糖塞到王友手里，说："我调查过了，你打人是因为他们不守游戏规则，欺侮女生，这说明你很有正义感！"王友感动极了，他流着泪后悔地说道："陶校长，您打我两下吧！我错了，我砸的不是坏人，而是自己的同学呀！"陶行知笑了，说："最后奖励你一块糖，你已经认识到错误，咱们的谈话也结束了。"

看，陶行知对孩子的批评极具艺术性，三言两语，春风化雨；不用声色俱厉，没有引经据典，几块糖就解决了问题。我想那个学生以后应该不会随便打人了，因为他流下了眼泪，说明他内心和情感被触动了；他自己说出了错在哪里，说明观念里已经有了正确的认识。

一次成功的"惩罚"，可以让一个人受益一生，感谢一辈子。好的惩罚让孩子接受一次春风化雨的洗礼，风雨过后更加茁壮；好的惩罚里包含宽容，包含着对孩子内心世界的理解，还包含着对孩子的殷殷期望。惩罚无定法，依据不同的情境而采用不同的方法。但万变不离其宗，那就是以教育孩子向上、向善为目的。

惩罚不是越严厉越有效

我们都知道"良药苦口利于病"，但是，药太苦病人还是吃不下去的。现在药剂师在药粒外面包一层糖衣，这样做就是让病人更容易接受一些。同样的道理，父母在批评或惩罚孩子的时候，千万不要以为越严厉越有效。毕竟，父母不是为了出气才处罚孩子的，肯定是为了让孩子明白自己错在哪里，并知道如何改正，这才达到了目的。

父母处罚孩子之前应事先和孩子沟通，"动之以情、晓之以理"，情在理前面。处罚后弥补关系也很重要，父母应找机会与孩子沟通，让孩子感觉到该处罚只针对本次错误行为，并不会影响到父子或母子之间的亲密关系，父母对他的爱永远是不变的。

具体如何处罚呢？首先，在管教孩子之前，父母最好给孩子充分的肯定，找出孩子所犯错误里积极的一面。比如，孩子的行为虽然错了，但动机可能是好的。孩子只有感觉被父母接纳和理解了，才更容易接受父母的批评或处罚。其次，父母在对孩子说话的时候，态度要始终和善，不能满脸怒火。再次，父母应该清楚地告诉孩子为什么处罚他，他哪些地方做错了。最后，给孩子机会解释，不要"一言堂"。

孩子在做错事之后，一般都能悟出正确的做法是什么，父母最好让孩子自己说出对的行为，这有助于他正确观念的形成。特别需要提醒父母的是，形成的处罚方案一定要坚决执行，父母不能轻易改口。

哪些错不能惩罚？对孩子的小错误、无心之过，父母要尽量做到宽容。只有关乎品德方面的错误，例如撒谎、偷盗、暴力殴打别人、伤害别人、明知故犯、屡教不改等，父母才可以使用惩罚的手段，且一定要注意，绝不能伤害孩子的自尊心。

值得注意的是，父母千万不要因为孩子功课不好而惩罚他，因为这根本不是过错，也许孩子只是发育较慢，尚未开窍；或是学习方法不对头；或是学习状态不对，或是对这门科目没兴趣等。总之，惩罚孩子以达到提高成绩的目的，这是不公平的，也往往事与愿违。

惩罚孩子的时机和场合也是非常重要的，我国古人教子有"七不责"之说，我觉得很有道理。

中国古人教子"七不责"	
当众不责	在大庭广众下，不要责备小孩，要在众人面前给孩子以尊严。
愧悔不责	如果孩子已经为自己的过失感到惭愧，后悔了，大人就不要责备孩子了。
夜不责	晚上睡觉前不要责备孩子。此时责备孩子，孩子带着沮丧失落的情绪睡觉，要么夜不能寐，要么噩梦连连。如果此时离家出走，危险更大。
饮食不责	正在吃饭的时候不要责备孩子。这时候责备孩子，会造成脾胃虚弱。
欢庆不责	孩子特别高兴时不要责备他。人高兴时，经脉处于畅通状态，如果孩子忽然被责备，经脉就会立即憋住，对孩子的伤害非常大。
悲忧不责	孩子哭的时候不要责备他。孩子需要帮助时不但得不到同情，反而横加责备，会容易走极端。
疾病不责	孩子生病时不要责备他。生病是人体最脆弱的时候，孩子更需要父母的关心和温暖，这比任何药都有疗效。

道歉不会折损父母的"威严"

道歉只会提高父母的威信，使亲子关系更加和谐。当大人愿意为自己的行为承担责任时，孩子通常也愿意效仿大人的做法，主动承担起自己的责任。期待孩子不犯错误，那是父母在向孩子传达一个既残忍也不正确的人生信息；而竭尽全力要做完美父母，则是为自己设置了一个永远无法达到的人生目标。

孩子只想听一句"对不起"

一般来讲，当父母愿意道歉时，孩子是非常宽宏大量的。也许在前一分钟他们还在生气，但在父母道歉之后，他们几乎都会说："没关系的，妈妈（爸爸）。"其实，有时大人只需说一句简单的"对不起"，孩子就会彻底原谅父母，而且会比以前更爱父母。我朋友身上就发生过这样一件事。

我这个朋友有两个孩子，一儿一女，她非常爱他们，无微不至地照顾他俩的生活，一家人十分幸福。但是，随着年龄的增长，孩子们有了自己的个性和想法，形成了自己的审美观、价值观和消费习惯，生活上不再听她的安排，有时还会反驳她的观点。

朋友接受不了了，觉得自己辛辛苦苦照顾他们，孩子却不领情、不感恩、不听话，处处与她作对。因为她正好到了更年期，变得情绪化，常对孩子发火。乖巧的女儿逆来顺受，却越来越沉默；倔强的儿子则变得叛逆，根本没法沟通，对她的态度也越来越冷淡。朋友的亲子关系陷入紧张之中。

正在我这个朋友一筹莫展的时候，一个偶然的机会，她参加了一个父母培训学习班，才知道问题并不是出在孩子身上，而是出在自己身上。她后悔莫及，思来想去，她决定找个机会郑重地向他们道歉。

一个周末，两个孩子正面无表情地吃着早餐，家中已经很久没听到他们的欢声笑语了。朋友打破了沉默，很诚恳地对孩子们说："妈妈现在郑重和你们谈一件事。过去这段时间里，妈妈让你们吃了不少苦，是妈妈的教育方法错了，真的很对不起。妈妈以前一直站在自己的角度想问题，总认为自己是对的，想改变你们。如果站在你们的角度想想，你们的看法也不全是错的。"说完，她看着女儿说了声："对不起。"又转向儿子说："以前都是妈妈的错误观念作怪，现在向你道歉。以后妈妈少讲，多听听你们的意见。"话未讲完，女儿已经抱着妈妈哭了起来，儿子也慌忙站起来，去帮妈妈倒茶。

一团久久挥之不去的低气压，就在朋友的诚恳道歉中烟消云散了。朋友这样向孩子认错，需要很大的勇气，但是她重新赢得了孩子们的心。

父母坦承道歉，孩子承担责任

如果大人和孩子发生了矛盾，当大人愿意为自己的行为承担责任时，孩子通常也愿意效仿大人的做法，主动承担起自己的责任。这无论对大人，还是对孩子，都是一种难得的成长机会，一次珍贵的成长体验。

就比如我上面提到的那个朋友，她和孩子和解之后，惊喜地发现孩子们越来越懂事了，儿子和女儿都变得善解人意，不再叛逆。后来，当她和孩子再有分歧时，他们也愿意主动检讨自己的错误了，这真是意想不到的收获!

◆ 知名民主人士闻一多很爱自己的孩子。但有一天，他心烦打了自己的小女儿，恰好被次子闻立雕看见。立雕立刻挺身而出，批评父亲不该打小妹，并"大义凛然"地说："你自己是搞民主运动的，天天讲民主，在家里怎么能动手打人呢？"闻一多一愣，沉思片刻走到立雕面前，十分严肃地说："我错了，不该打小妹。我小时候父母就是这么管教我的，所以我也用这样的办法来对待你们。我现在知道这种方法是不对的，希望你们将来不要用这样的方法对待你们的孩子。"这样的道歉，真诚而深刻，无疑会让孩子更加佩服父亲。

其实，如果父母知错就改，主动向孩子承认错误，会让孩子觉得坦诚认错并不是可耻的事情。父母如此坦诚，孩子也会变得更坦率，更受欢迎。这样对他们在外面为人处世是很有帮助的。而当孩子要求父母给个说法，甚至直接要求道歉时，如果父母经过分析认为孩子说得有道理，能够低头认个错，就会让孩子体会到宽容别人的快乐。同时，这也间接鼓励了孩子不能盲从父母，一定要有自己的是非分辨能力。

父母强词夺理，孩子不会服气。有些父母害怕失去威信，即便感觉到自己的做法不妥，也不愿意在孩子面前承认错误；甚至在孩子指出自己错误之后，强词夺理，拒绝向孩子说声："对不起"。其实，这样做非但不能维护住自己的尊严，时间长了，父母反而会失去在孩子心中的位置。因为孩子会认为"父母说一套，做一套，做错了也不承认，他的话不听也罢"。久而久之，父母正确的教诲，他们也会置之脑后，或者只是嘴上答应，心里不服气。

父母要有向孩子认错的勇气和胸襟，认真对待孩子犯的错误，也认真对待自己犯的错误。父母与孩子之间不是谁整合谁，而是一种共同成长的关系。抱着这样的心态和孩子相处，你一定能够收获一个知书达理、大气豁达的孩子。

Chapter 6
启蒙教育是孩子成才的奠基石

孩子幼时，父母尽量亲自带

童年是孩子人格形成的成长关键期，会影响他的一生。在孩子6岁之前，特别需要与父母建立亲密的依恋情感，尤其是母亲，这是孩子一生的安全感和幸福感的重要基础。父母既然生了孩子，就一定要自己带。即使不得已需要别人帮忙，也最好以别人为辅，自己为主。父母要负担起教育孩子的责任。

现代女性重视自我价值的实现，很多孩子在幼年都被交给老人或者保姆抚养，"生养分离""隔代抚养"变成非常普遍的社会现象。但是，父母是孩子最佳的抚养人，对教育孩子具有不可推卸的责任。孩子的人生从童年就已经开始，短短几年的成长关键期，可以影响到孩子一生。希望父母少些人为设限，多些长远考虑，在孩子人生最初也是最重要的几年，尽量亲自陪伴和照顾他们！

"生养分离"对孩子很残酷

在孩子降生几个月之后，初为父母的喜悦和兴奋渐渐退去，生活中越来越多现实和理性的问题陆续提上日程。"谁来带孩子？"这差不多是每一对父母都要面临的问题。无论是交给双方的老人抚养，还是雇保姆，都是父母的选择，不是年龄尚小、无行为能力的孩子的选择。

孩子非常被动地接受了"生养分离"，这对他们来说其实是比较残酷的。幼小的心灵根本不可能明白，为什么一直照看自己的人突然离开了，换成别人来照顾自己。他们的内心很容易因为缺乏安全感而变得胆怯、敏感、封闭和多疑。

在孩子6岁之前，特别需要与父母建立起亲密的依恋情感，尤其是母亲。这是孩子一生的安全感和幸福感的重要基础。

父母在养育和教育孩子时，一定要有这样的认识：孩子的幸福快乐，全仰

Chapter 6 启蒙教育是孩子成才的奠基石

赖健全的人格和健康的身体作为基础,抛开这两样谈孩子的教育无异于建造空中楼阁。而健全人格和健康心理的核心又来自安全感,来自父母在孩子咿呀学语、蹒跚学步时的朝夕相伴和温柔呵护。

并不是女人生了孩子就变成了母亲,就能找到抚养者的角色状态。研究表明,从孩子出生到母子之间的相互熟悉,至少需要4个月的磨合期。新妈妈的产假差不多就是4个月,妈妈们往往刚找到感觉就要离开孩子回到工作岗位。有的妈妈会把重心放在家庭上面,尽量减少工作占用的精力和时间。对于很多妈妈来说,一人分饰两角显然不太现实。孩子长时间和别的抚养人在一起,情感自然会转移到别人身上,孩子和妈妈在一起反而会生分。

媒体上热议的"老漂",就是指那些离开家乡,到城里为子女带孩子的老人。老人辛苦些,却能够保证孩子每天见到父母。还有的孩子一断奶就被送回老家,由爷爷奶奶或者姥姥姥爷抚养,等到了该上学的年龄再被送回到父母身边。这样的家庭互助似乎两全其美:既让老人暮年有了绕膝之欢,又能使中间的"顶梁柱"心无旁骛地忙事业。唯独没有人从孩子的角度考虑。小小年纪就要承受两次分离之痛,一次是和亲生父母分离,一次是和情感上的"父母"(抚养者)分离。这将对孩子的内心世界产生很大的负面影响,童年没有安全的依恋感的人,长大后十之八九都会有不同程度的情绪障碍。

孩子回到父母身边,为的是接受更好的"教育"。父母想得很理想化,以为把孩子送进教学条件好的学校,就是接受好的教育。殊不知学校教育的基础在家庭,家庭教育的底子打不好,学校教育根本使不上劲。父母是孩子人生最早的老师,孩子的人生从童年就已经开始。如果父母一直处于失职状态,这样的家庭教育又从何谈起呢?

"隔代抚养"隐患多

我的看法是,父母一定要负担起教育孩子的责任。老人会尽责,但永远无法负责。"隔代抚养"的问题很多，孩子在老人的宠溺下易形成任性、自私的性格。如果把孩子长期交给老人带，孩子就不可避免地会在老人的教育观念下长大。在教育孩子的问题上，两代人的观念差距是非常大的，很容易引发矛盾和争执。孩子会利用大人的不和，维护自己的利益，形成性格的"两面性"，增加管教难度。

还有不少童年跟着爷爷奶奶、姥姥姥爷长大的孩子，再回到父母身边，和父母的矛盾很大。报纸上经常有这样的新闻：孩子和父母团聚没多久就爆发争吵。有一个孩子居然离家出走，偷父母的钱，自己坐火车回去找爷爷；还有一个女孩被父亲失手打死，只是因为父亲觉得孩子"太没规矩"。

家庭教育的关键在于亲子关系，分别几年重新在同一个屋檐下生活，父母和孩子真可以说是世界上"最亲密的陌生人"。成人和孩子的思维方式不同，父母以为，自己付出这么多，孩子本应该珍惜，好好念书考出好成绩。孩子是个活生生有思维、有感情的人，他感受的是自己被抛弃、被随意安排的无助，内心深处的尊严和安全感都受到打击，心理创伤很难平复。所以，他们在面对父母的说教和管束时，会本能地排斥和反感，甚至认为父母亏欠自己的，他们无权干涉自己。到了青春期，当孩子的自我意识更加强烈时，亲子危机就会全面爆发。

别人带大的孩子不好教

对于父母来说，请别人帮忙带孩子，表面上缓解了自己时间上的矛盾，实际上埋下了孩子日后诸多教育问题的隐患。一方面，因为和孩子相处的时间短，父母在心理上迟迟进入不了状态，不利于建立稳定良好的亲子感情。比如，有的人根本没有做父母的"样子"，自己还像个"大孩子"。高兴起来抱着孩子又亲又笑，不耐烦了任由孩子哭闹置之不理，把孩子当作小宠物一样，而不是一个有感受、有尊严、渴望父母持久情感的独立生命。

另一方面，因为错失了孩子成长的关键时期，父母根本不了解自己的孩子。因为不了解，父母管教孩子也就无从下手，要么过于宠爱，百依百顺，用钱收买；要么觉得老人把孩子惯得不像样子，一回家就呵斥孩子，把亲子关系搞得很生硬。如此，更谈不上对孩子进行有效的心智启蒙了。教育孩子不是从孩子上小学以后，而是从他们出生甚至母亲怀孕的时候起。

◆ 我的一位朋友生了两个女儿。大女儿出生4个月，产假期满，她就回单位上班了。孩子交给了婆婆带，自己很少去管，她也没想过这样做有什么不对。3年之后，她又意外怀孕了。她没有去打胎，而是交了罚款，把孩子生了下来，工作也因此丢了。小女儿出生，大女儿也上了幼儿园，她就让婆婆回老家，自己一个人单独带两个孩子，而且一带就是6年。当年大女儿的出生并没有让她意识到自己的母亲身份，因为她还是照常上班，身心都围着工作转，根本不知道孩子是怎么长大的。

抚养小女儿的过程让她体会到什么叫母女情深，什么是天伦之乐。她发现两个女儿的性格很不一样，小女儿热情外向，大女儿沉默内向。而且小女儿明显和她更亲近一些，什么话都愿意和她讲，每天回来就叽叽喳喳黏着她说个不停，幼儿园发的糖果自己舍不得吃，带回来全给她。相比妹妹，上小学的大女儿很少和她说心里话。她对我说："有了比较，我才知道母亲为什么必须亲自带孩子。"她认为，小女儿似乎是老天故意安排的，既让她重拾做母亲的责任和欢乐，又让她体会到大女儿曾经失去了什么。在这几年里，她已经尽力弥补，用一颗母亲慈爱的心温暖大女儿的冷淡，可是因为时机错过了，母女之间总隔着些什么。她现在很担心大女儿的青春期，怕到时候自己无法教育她。

父母自己带孩子虽然辛苦些，但绝对值得。且不说一天天看着孩子长大，自己能亲历他迈出人生的第一步，说出人生第一句话时的欣喜。为了孩子的教育，也必须在孩子年幼时尽到照顾责任，为良好的亲子关系打下基础。

孩子成长的关键期对于父母的一生来说十分短暂，但影响孩子的一生。如果不是实在迫于无奈，请父母一定要将孩子带在身边。如果客观条件不允许，也要尽量调整工作，让自己回家之后还有一定时间和精力，能够高质量地陪伴孩子，让孩子感受到父母的爱。

心智成熟才能做全职妈妈

不要误把孩子的人生当成自己的人生，失去自我；不要以为做了全职妈妈就一定有助于孩子的成长，只有心智足够成熟的女性，才能在管理好自我生活的前提下，以顺其自然的智慧和平和的心态教育好孩子。

不要让孩子补偿自己的"牺牲"

因为看到了"隔代抚养"的弊端，无法同时兼顾家庭和工作，近几年，全职妈妈的群体越来越庞大，不少职场女性辞掉工作，选择回归家庭。看到这一现象时，我先是为她们的孩子感到庆幸，因为这对他们的成长无疑是非常有益的。能拥有一个妈妈陪伴长大的童年，这是每一个孩子心底的愿望。研究和事实也证明，很多孩子的成才和成功，确实和妈妈的精心养育密不可分。

然而，对于这种趋势我也有隐忧。在这些全职妈妈里面，不乏学历高、有抱负的朋友，她们放弃工作投入大量精力和心思培养孩子，自然对孩子会有很高的期望值。这种高期望值对孩子无疑是一种巨大的压力。

◆ 有一个企业的女强人，35岁生了一个儿子。老公的事业也发展得不错，权衡之下，她决定放弃事业回家做全职妈妈。因为自己很成功，她对孩子寄予厚望，孩子1岁不到便开始上各种早教班，家里也定了很多规矩。由于管束过严，这个男孩从小就怯懦自卑，开口说话后发现有很严重的口吃。这让做妈妈的很难接受，总认为孩子没遗传自己和丈夫的优秀基因，十分失望。

在面临牺牲孩子的利益和牺牲自己的个人发展之间，全职妈妈选择了以孩子为重，这是伟大母爱的表现，这本来十分值得敬佩。但是，如果因此误把孩子的人生当成自己的人生，一定要让孩子的成功来补偿自己的牺牲，那就是大错特错了。如果这样，不仅失去了做全职妈妈的意义，还会因为母亲的角色而迷失自我，教育不出自信独立、有责任感、心态健全的孩子。

培养孩子要有平和的心态

叶圣陶曾说过："教育是农业，不是工业。"这句话的意思是：每个孩子都是一颗没发芽的种子，最后长成什么，不完全是父母的意志决定的，种子本身已经决定了它可能的方向。所以，培养孩子要有顺其自然的心态，过多的人为设定，反而对孩子的成长极为不利。做父母要有这个智慧，全职妈妈更要戒除不平和的心态。

◆ 我一个朋友是中国人民大学的硕士毕业生，在事业上升期，她作了一个全家人都不理解的决定：回家带孩子。在把第一个孩子送进幼儿园之后，在政策允许的情况下她又动员丈夫要了二胎。现在，她做全职妈妈已经超过6年。从她的家境来讲，养两个孩子有一点紧张。所以，丈夫一家并不支持她在家带孩子，认为这样是"浪费人力"。但她坚持一定要亲自陪孩子走过启蒙期。起初，丈夫不理解她，采用"非暴力不合作"的态度，家务几乎全是她一个人承担。她始终没有怨言，认为只要孩子开心，多受一点儿累没什么。孩子们一天天长大，两个孩子都开朗自信，知礼懂事，丈夫看到了她教育的成果，这才逐渐改变了态度。

她认为："'妈妈'是一个很重要的职业，我要给孩子我所能给的最好的东西。在他们小时候，我的陪伴比什么都重要。我不会把我的孩子交给保姆，她们也许能照顾好孩子，却不可能教育好他们。我会培养孩子自主处理问题的能力，尊重孩子的想法。就像盖房子要打地基，孩子7岁前是人生最重要的阶段，如果我和孩子建立良好的亲子关系，我就能引导他们成长，哪怕他们到了青春期，我还能提供帮助，在他们碰到问题时还会愿意找妈妈寻求帮助。"

我觉得她的心态就很健康，没有一定要把孩子培养成为天才的宏图壮志，而只想满足孩子的情感需求，让他们长大后还肯找她这个妈妈做人生的咨询。心态健康了，人就会比较坚强，就能传递给孩子正能量，这样的全职妈妈无疑是非常称职的。

不要把"全职妈妈"做成怨妇

不能忽视的是，确实有不少全职妈妈的心态比较脆弱。由于欠缺正确的自我认识和健康的自尊，在从经济自主变成了"家庭主妇"后，内心就失去安全感。再加上一天到晚围着孩子转，处理家庭琐事，人会变得非常情绪化，抱怨丈夫不够理解自己，抱怨孩子耽误了自己的人生。

有的妈妈甚至会情绪失控，打孩子出气，把全职妈妈做成了"怨妇"。这时，妈妈就不适宜再照顾孩子。孩子在这样的环境下长大，身心会遭受巨大伤害。所以，心智不太成熟、情绪管理能力比较差的女性，不如委托别人来带孩子。与其继续给孩子造成负面影响，不如早一点上班，以免让丈夫和孩子为自己的脆弱埋单。

不要以为自己做了全职妈妈就一定有助于孩子的成长，如果不学习科学育儿理念，不了解孩子精神发展的规律和需求，不能克服期望值过高、关爱过度、情绪管理能力差等弊端，光凭教育孩子的热情，结果就会走到初衷的反面。

做全职妈妈不要时间太长

很多女人选择做全职妈妈没有时间表，她们以为孩子就是自己的事业。直到有一天，孩子对她们说："为什么别的妈妈去工作，而你一天到晚都闲在家里呢？"这才让她们警醒，当初那个黏着自己的孩子已经长大，已经嫌她们不够进取了！我建议做全职妈妈的时间一定不要太长，最好在孩子3岁时即回到工作中去，如果因为家庭需要脱离不了，可以做一些兼职的工作。

孩子在弱小无依的时候，妈妈就是他们的全部：为他们提供食物（乳汁），为他们提供温暖（怀抱），为他们提供安全感（陪伴）。当他们一天天长大，身体依靠自己的双脚行走，感受能够清晰地表达，并开始有了自己的小伙伴，妈妈就不再是他们的"全部"，而是变成了"部分"。相应地，妈妈也要随着孩子对自己的需要程度调整重心，慢慢从家庭中抽离，重新回到自我实现的轨道上去。

我上面提到的那个朋友很会经营自己，她带孩子的同时还在自学英语，参加很多对将来工作有益的培训。所以，她尽管全职在家，信息并不闭塞，思维也很活跃，社交活动也很多，一点儿不愁将来出去找不到工作。她对我说："孩子有孩子的人生，我有我的追求，陪他们度过启蒙期之后，我的重心就要转移到事业上面了。孩子们也大了，他们更需要有一个工作上的榜样妈妈，而不是在家里煮饭的妈妈。"

失去自我的妈妈教育不出优秀孩子

◆ 我从网上看到一则令人惊讶的新闻：有一个全职妈妈，儿子已经13岁了，还需要她喂饭，儿子13年来从未自己吃过饭，其他事就更不会做了。这个妈妈对儿子不错的学习成绩感到很欣慰，但她现在发愁一件事：儿子要是上了高中，学校离家远不能回来吃饭，她是不是要每天端着饭送到儿子学校去喂？

我认为，这已经不是全职妈妈了，而是贴身保姆，甚至是奴仆。全职妈妈做到这个份上，真不知道该替她的儿子感到不幸，还是该替她感到担忧。溺爱孩子至如此地步，完全剥夺了孩子作为一个人的各种发展权利，影响了他正常的身心发育。一个总被满足从未付出的人，怎么可能具备感知他人、感恩父母的能力呢？难怪现实生活中会有忤逆子害死父母的事情发生。

当孩子变成了自己的"全部"，母亲角色成为女性的唯一角色时，她已经全然没有自我。教育的核心是引导孩子认识自我。一个没有自我的人，又何谈引导他人？

母亲是世界上最伟大、最重要的职业，它需要学问、坚韧、耐心和爱。全职妈妈的经历对女性来说不啻为一种完善自身的特殊渠道。孩子带给母亲的除了欢乐和满足感，还能带来学习和成熟的契机，这是很多全职妈妈的意外收获。

启蒙期孩子的自由要有边界

让孩子自由不是放任不管。给孩子建立规则也不是要限制他们自由成长，而是为了让孩子从自由走向自律，做自己真正的主人。启蒙期时，家庭教育没打好基础，青春期再去纠正就会非常困难。

好的教育须让孩子知道边界

◆ 李双江之子李某某的案件对很多人来说都是"过去式"了，但这件事对于父母进行家庭教育来说，永远具有很大的警醒意义。2013年2月，17岁的李某某涉嫌强奸被刑拘。在此之前的2011年9月，年仅15岁的他驾驶一辆无照宝马车，只因嫌前方的车辆速度太慢，竟将车中一对夫妇打伤住院。很多人追问：李某某生长在条件优越的家庭之中，为什么其道德品质却会如此之差，公然践踏法律？

好的教育是什么？知识仅是很小一方面，更重要的是帮助孩子从小建立一个完整健全的自我，有自由、守规则，能实现生命的潜力又知晓做人处事的边界，自尊又尊重他人。教育要帮助孩子了解生命的真谛，学会和自己、和别人、和这个世界友好相处，成为一个内心愉悦、有爱、有责任的人。

Chapter 6 启蒙教育是孩子成才的奠基石

由此看来，李某某的教育是有欠缺、有失误的，尤其是他的家庭教育。在人格形成最关键的启蒙期内，他的父母未能帮他建立起影响人一生的规则意识，最终触碰法律红线。

自由过度的教育毁掉孩子

自由对孩子的重要性不言而喻，没有自由就没有自我，没有自由也没有自律。我在美国生活多年，发现美国人的教育观念是建立在爱、自由、尊重、理解的基础之上的，而中国的家庭教育历来有专制的传统，父母绝对权威，对孩子严加管教，惩罚多于赏识。一代又一代的孩子在父母的意志中长大，被迫变成父母意志的一部分，很多人的身上带有严重的被控制过的痕迹。因此，那些渴望实现真实自我的人，一生都在和父母抗争。当然，近年也有很多年轻父母追捧十分尊重孩子个性、十分推崇孩子自由的教育观。

20世纪90年代以来，西方教育思想在中国的影响越来越大，那些送孩子出国的人有不少是比较认同自由教育理念的。那些反思专制教育负面影响的父母也把自由教育当作"救命稻草"，却不知不觉犯了过度放纵的错误。殊不知，过犹不及，<u>当放手演变成放任、放纵，孩子的自由变成了自私、自恋，父母的权威一去不返，孩子再也无法管教时，父母才发现自由与规则的天平完全失衡。</u>

◆ 李双江是老来得子，听到57岁的自己即将再次成为父亲，他高兴得在家中振臂高呼；害怕刚出生尚在暖箱中的儿子有闪失，他守在医院三天三夜没合眼。儿子从小就是他的骄傲，享尽宠爱的李某某从小犯错很少受罚，因为李双江舍不得打。在最重要的启蒙教育期间，只有自由，没有规则；只有表扬，没有批评；只有宽容，没有惩罚……这样的家庭教育让李某某自由过度，自我膨胀。

家庭教育是事前预防，社会教育是事后监督，两者之间还有重要的一环——学校教育。如果家庭教育有失误，学校教育可以及时纠正。但是，李某某在学校态度蛮横，总爱欺负同学，曾抢夺同学的游戏机，还曾把一名同学从楼梯上推下去。这些事情最后都不了了之，学校教育也没有发挥好应有的作用，家庭教育和学校教育"合谋"把这个孩子毁了，最后他只能被法律和社会教育，付出惨痛的代价。

李某某在15岁时，妈妈就把自己的宝马车送给了他。几乎每一个成年人都知道，这个年纪是不允许驾车的。他的妈妈这样做，既无视法律对他人生命安全的保护，也对自己儿子的生命安全不负责任。有这样的家庭教育，我们就不难理解下列现象：李某某玩到深夜一两点回家时，不仅汽车引擎声轰响，还会按喇叭，使邻居不堪其扰。李某某在第一次触犯法律时，李双江夫妇非常希望管好孩子，但这时候李某某正处于青春叛逆期，李双江则已经进入古稀之年，有心无力。最重要的，启蒙期没打好基础，青春期再去纠正就非常困难。

规则的背后是自由

事实上，规则和自由丝毫不矛盾。让孩子自由不是放任不管；给孩子建立规则也不是要限制他们自由地成长，而是为了让孩子从自由走向自律，做自己真正的主人。一个完整的人，一个自由的人，一定是个自律的人，一个能够很好进行自我管理的人。

我们都知道，世间所有的爱最终都以走向聚合为目的，唯有父母的爱，最终结果是走向分离。那么分离的条件是什么呢？就是孩子能够独立，能够自律。所以规则是不可或缺的，只给孩子自由不给孩子规则的父母应该警醒，宜早不宜迟，一定要在孩子启蒙期就给他们建立正确的行为准则。

在孩子2岁以后，父母就要给孩子一定的规则和指导，让他们以现实的、符合社会要求的方式来满足自身的需要。这时，父母需要根据孩子的理解水平，逐渐给他们立规矩。父母要通过言传身教告诉孩子，在我们生活的这个社会

Chapter 6
启蒙教育是孩子成才的奠基石

里，有些行为是值得鼓励的，有些行为是不受欢迎的，有些举动是被禁止的。这些从小建立的规则非常重要，可以让孩子受用终生。

父母具体应给孩子树立哪些规则呢？最基本要做到以下几点：不可以伤害别人，例如不能打小朋友等；不能随意打扰别人，例如不要打断别人的谈话，包括父母之间的谈话；不能妨碍公共秩序，例如遵守公共空间的秩序、在公共场所不大声喧哗等。

那么，父母应该如何把握自由和规则的尺度呢？举例来说，在美国，一般家庭都有专门的空间供孩子活动、游戏，客厅则属于大家的公共活动区域，因此必须保持干净和整洁，家中每个成员都有责任维护客厅的秩序。

所以，即使才2岁的美国孩子也知道不能把客厅的东西弄乱。而到了孩子自己的游戏室，那里简直是世界上最乱的地方，他们可以自由自在地玩，没有任何约束。让人感慨美国人真是把孩子当作孩子，他们会充分尊重孩子的天性，满足孩子对游戏的需求。这样的规则设置，就会让孩子从小具有公德心，知道哪里是自己能充分享受自由的地方，哪里是大家享受自由的地方，在大家共享的地方就要有规有矩。

◆ 在中国，我见过不少父母纵容自己的孩子在公共场所爬上爬下，摸东摸西。有一次在银行，我看见一个3岁的孩子不停地按饮水机的开关，热水哗哗地流，马上就要溢满流到地上。我赶紧提醒他妈妈说："你看着点儿他，小心会烫到他。"他的妈妈含笑说道："我就是要让他自由探索，这样才能让他形成自己的理解。如果他被烫了，自然就不敢再摸了。"我猜这位妈妈信奉的是自由的教育观。但银行是公共场合，如果要让孩子领教热水，回家放任孩子便是，不应该到这里来妨碍别人。别人想喝水，难道要等孩子玩够了不成？更重要的是，银行里人来人往，如果有人不小心碰到孩子，将他烫伤，责任又该谁来负？

3岁的孩子，一切行为选择都是从自己的需要出发。父母如果百依百顺，他们又如何能习得相应的行为规范？这位妈妈如果一直这样教育她的孩子，孩子长大后很有可能成为一个缺少公德心的人。因此，自由和规则的尺度即在于领域，在家庭私有领域、孩子专属领域、能保证孩子人身安全的领域内，孩子享有充分自由的权利，除此之外则必须遵守相应的规则。

父亲是纪律和秩序的制定者

父母担心规则会妨碍孩子的自由探索，事实上，心理学证实：10岁以内的孩子对规则不是排斥，而是渴望。因为，这个年龄段的孩子大脑发育尚未完善，逻辑思维尚未建立，明确的规则会让他们心中有安全感。

一般来讲，此时父亲在孩子心中是有绝对权威的。中国古话说得很有道理："子不教，父之过！"心理学认为：再好的母亲，在教育孩子的时候也无法代替父亲的角色，因为父教与母教是不同的，父亲的世界代表"纪律、法律和秩序的世界"。

必须注意的是，父母在给孩子树立规则时，意见一定要统一。两个人分歧再大，也要先背着孩子协商好一套统一的规则。父母各有一套规矩，孩子会无所适从，规则也失去了权威性。而且，规则一旦确立就应该严格遵守，孩子如果破坏规则，父母必须管教，不能通融，不能因心情好坏而随意更改。

比如，对2岁多孩子吃饭的问题，有的孩子经常要父母追着喂。父母可以明确告诉孩子，吃饭时间不准玩，一旦离开饭桌就意味着这顿饭已经结束，再吃只能等下一顿。这样的规则对2岁的孩子，既是能做到的，也是能理解的。如果孩子破坏规则，父母不能因为他们哭着喊饿就心软，心软一次就会让努力前功尽弃，以后管教会难上加难。

孩子是规则的学习者，家长是规则的示范者、制定者和执行者。父母在制定规则时，应该告知孩子，或让孩子参与。在执行规则时，态度不能粗暴，而应是明确而温和的。父母切忌在愤怒的时候让孩子领教训,而应该在情绪平静之后再处理。有些规则面前人人平等,家长、孩子都要遵守。比如,只有父母平时注重尊重他人,对人讲究礼仪,孩子才会注意自己的言行举止。

让孩子认识规则、了解规则并按规则行事,有时候看起来像是一种限制,实际上是对他们的一种保护。那些违法犯罪的青少年,往往因为没有规则意识,当他们的需求得不到满足时,不会调整自己,反而以身试法,才会锒铛入狱。父母给孩子的自由应该是理性的,就像高速公路一样,只有边界清晰明确,车才能跑得又快又好。一个有规则意识的孩子才能融入社会、适应社会,为这个社会所接纳,才有施展抱负的空间,才有成功的可能。

好习惯是孩子成才的"发动机"

成功的与失败的家庭教育的分水岭,就在于是否能够让孩子养成良好的习惯。小时候养成的习惯,长大后像人的天性一样自然、坚固。一个好习惯的形成仅需21天的时间。好习惯是加速器,是助人腾飞的双翼;坏习惯是枷锁,是难以挣脱的羁绊。

小时候养成的习惯等同于天性

成熟的父母从孩子小时候就培养各方面的好习惯,这不仅有助于孩子学习,更能让其受益终生。习惯分很多种,包括生活习惯、学习习惯、做人习惯、做事习惯、思维习惯……习惯就像走路,如果人们选择了一条道路,就会沿着这条路一直走下去;习惯具有顽强而巨大的力量,它可以主宰人生。因此,成功的家庭教育与失败的家庭教育的分水岭,就在于是否能够让孩子养成良好的习惯。

为什么习惯的作用如此之大?孔子认为:"少成若天性,习惯如自然。"

意思是小时候养成的习惯，就像人的天性一样自然、坚固，甚至等同于天性。

著名的"铁娘子"英国前首相撒切尔夫人曾被这样问道："您的工作如此繁忙，究竟是如何做到从容不迫的？"撒切尔回答道："秘诀在于我把90%的细节变成了习惯。当习惯成自然，我就不觉得它们是负担。"百度首席执行官李彦宏回答类似的问题也谈道："我已经形成一种思维习惯，当从一件事跳到另外一件事的时候，我能够快速调整状态，集中精神高效处理事情，绝不拖泥带水。"

习惯的培养一定要抓住关键期。古往今来的教育家都认为习惯要从小培养，最佳时期即7岁以内的幼儿期。人民教育家陶行知先生曾说："凡人生之态度、习惯、倾向，皆可在幼稚时代立下适当基础。"有这样一个公式：早期教育花一公斤的气力等于后期教育花一吨的气力。

因此，父母要特别重视孩子第一次出现的行为。比方说，当孩子第一次骂人，他可能完全不知道这是什么意思，但父母一定要告诉他这是错误的，不能骂人。如果再骂，父母就要冷淡他，或者沉下脸表示不快。孩子做事都是看大人的反应，当他看到大人这样的反应，就知道骂人不好玩，自讨没趣。而如果大人此时觉得孩子幼稚好笑，忍不住笑出来了，孩子会有第二次骂人，第三次骂人，再管教就会增加难度。

好习惯是人在神经系统中存放的资本，这个资本会不断地增长，一个人毕生都可以享用它的利息。坏习惯是道德上无法偿清的债务，这种债务能以不断增长的利息折磨人，使他最好的创举失败，并把他引到道德破产的地步。

◆ 若干年前，在几十位诺贝尔奖得主的聚会上，记者采访其中一位科学家："请问您在哪所大学学到您认为最重要的东西？"这位科学家回答："在幼儿园。""在幼儿园能学到什么？""学到把自己的东西分一半给伙伴。不是自己的东西不要拿，东西要放整齐，做错事要道歉，仔细地观察事物。"这位科学家出人意料的回答，直接说明了儿时养成的良好习惯对人一生具有决定性的意义。

Chapter 6 启蒙教育是孩子成才的奠基石

需要培养孩子哪些习惯

在伊拉克战争中，美国兵误伤英国兵的事情出现过好几次，但很少有英国兵误伤美国兵的。这跟他们的教育有一定关系。在小学时，美国老师如果问："5加1等于几？"学生如果回答是7，老师会说："差不多。"所以美国马虎的人比较多，做的马虎事也比较多。英国人比美国人要严谨，德国人就更严谨。德国的父母这样教育孩子，如果孩子心血来潮说："爸爸，我明天想去露营。"爸爸不会说"好"或"不行"，而是会问："你的计划呢？准备到哪个地方？怎么去，跟谁去，带不带午餐？"如果孩子说："我还没想好呢。"父亲就会说："想好再说。"德国人特别注重培养孩子做事的计划性，这个习惯使得德国人非常严谨。

那么，父母应该具体培养孩子哪些方面的习惯呢？

在做事方面：做事要善始善终，不管多小的事情，都要鼓励孩子做到底。时间长了，这种习惯会内化为孩子的韧性，使孩子的意志力增强。做事要严谨，要有计划。自己的事情自己做。这是人格独立的起点，重要性不言而喻。说到做到，言而有信的人才能做事成功，才能获得他人的信任，拥有真正的朋友。

在生活方面：干净整洁迎接每一天。这是很细小的事情，却能体现出自爱、自尊和对他人的尊重。经常锻炼身体。运动可以磨炼孩子的意志，是强身又强心的好习惯。用过的东西放回原处。这能提高孩子的自我管理能力，使人的思维呈有序性。有了秩序感，知道什么东西在哪里，找东西不会东翻西找，自然心情愉悦，省时高效。

在待人方面：耐心听完他人讲话。这个习惯可以使孩子备受欢迎，它体现了对他人的尊重和良好的涵养。经常面带微笑。这个简单的表情习惯，却是最美的"名片"，它使孩子兼具有礼貌、宽容、和善、友爱等美好品质，将为孩子带来一生的好运。

研究表明，学习好的孩子大多数生活品质很高，这品质不是指物质条件，而是指他们拥有良好的生活习惯。好的做事习惯，知道如何与人相处。孩子每具备一个好习惯，就距离成功和幸福更近一步。

科学家发现，一个好习惯的形成仅需21天时间。每个习惯都要经过从被动到自发，再到自觉，最后到自动的过程。拿破仑·希尔曾说过："当一种习惯由于经常反复地练习而变得容易的时候，你就会喜欢去做。你一旦喜欢去做，就愿意时常去做。"在这个过程中，父母的言传身教起到非常重要的作用。

多一个好习惯，就多一个成功的机会；多一个好习惯，就多一分享受生活的能力。如果父母希望教育好孩子，首先自己要有良好的生活习惯和做事习惯，然后培养孩子的好习惯。如果父母希望孩子成功，仍要培养孩子的好习惯，因为它是健康人格的基础，是成功人生的根本，更是成功的捷径！

Chapter 7
如何陪孩子度过青春期

青春期孩子的父母最难当

想控制青春期的孩子几乎不可能

在青春期，孩子的身心正顺应自然的规律蓬勃成长，父母即使再关心孩子，此时也要适度降温，同时谨记"三颗心"——不要太关心，不要太有好奇心，不要太热心。一定不要侵入过多，要给孩子留有一定的空间。

当一向乖巧听话的孩子，忽然以你不习惯亦不喜欢的方式跟你说话、与你相处，甚至和你顶撞时，先别急着生气，更不要一巴掌打下去。他正在用这种方式向你宣告：我，已经进入青春期了！

"青春期"这个名词很难解释，但家有青春期孩子的父母都深有体会：那个从小无比依恋你、围着你转的"跟屁虫"，会在某天突然拒绝你再拉他的手；那个总是快乐、满足、合作的小孩不见了，眼前的孩子悖逆、愤怒、沮丧……这一切都让做父母的手足无措。在青春期孩子的眼里，父母不再是父母，父母就是普通人，跟别人一样的普通人。爸爸们都说："孩子叛逆就是翅膀长硬了，想飞了，不听话了！"妈妈们则说："孩子叛逆起来良心简直像被狗吃掉了！"

青春期的孩子，生理上已经有了大人的样子，但是心理上并不成熟。他们看起来应该懂事了，但其实远远没有。他们想独立，不愿意再被过分呵护；他们想做主，穿标新立异的衣服，穿耳洞，戴耳环，甚至刺青……青春期的孩子内心张力十足，总想标榜自己的与众不同，不惧怕任何试图阻拦他们的人和事！因此，父母的过度管制对他们来说是难以忍受的，他们不会再俯首帖耳"受制于人"。

所以，父母一定要切记，对于青春期的孩子，你越想控制，他们越是不屈，越想远离你。想控制他们像控制几岁的孩子一样，几乎是不可能的！

用智慧斡旋荷尔蒙的力量

从青春期一开始，无论男孩还是女孩，他们的身心就被一股巨大的力量所占据和控制，想法和行为都将产生巨变，这股力量就是荷尔蒙。我们都不难发现，青少年的身体常常好得难以置信，他们可以在24小时内就从流行性感冒中恢复过来；每餐大快朵颐，体重却不一定增加多少。有的孩子熬夜看足球或赶作业，第二天还能精神百倍，这对我们大多数成年人来说简直难以想象。我们为此感叹：看，这就是青春！却很难将这旺盛的生命力同荷尔蒙联系起来。实际上，青春在很大程度上归因于孩子体内过剩的荷尔蒙！

荷尔蒙对孩子身体的影响是显而易见的，比如快速长高、变声，胖墩墩的小男孩会一下子变成满脸胡子楂儿的小伙子，瘦高的小女孩忽然有了婀娜多姿的女性体态。除此之外，荷尔蒙还对大脑产生复杂的影响。当荷尔蒙涌入大脑后，一场看不见的化学反应迅速发生，时间要持续好几年。

科学家发现，荷尔蒙使大脑中掌管情绪的地方（杏仁核）特别活跃，因此青少年的情绪起伏比较大。大脑最晚成熟的区域是额叶，一般要到20~25岁才成熟（因此大多数国家的法律以20岁作为成年标准）。额叶是大脑的总指挥，掌管理智、决策。人能控制自己不好的意念，使"潘多拉的盒子"总处于封闭状态，就全是额叶的功劳。而对于十几岁的孩子来说，他们的情绪被荷尔蒙折腾得阴晴不定，晚熟的额叶又不能出来控制局面，所以整个人显得冲动、不理性。

了解是荷尔蒙使孩子的心绪不稳，父母对孩子就会多一分体谅，少一分责怪，心态也能变得平和、冷静一些。比如，当孩子发脾气的时候，我们就知道那是在宣泄情绪，不是故意和父母"对着干""挑战父母底线"；他们为一点小事哭个不停的时候，我们就知道那是正常反应，不必大惊小怪、忧心忡忡；他们在发牢骚的时候，我们也能包容，不会拒绝倾听……父母更理解孩子，亲子关系就不会那么紧张，孩子的青春期就过得更顺当一些。

面对孩子的巨变，大人要调整心态

当孩子进入青春期，即使在亲子关系融洽、父母都很成熟的家庭里，青春期引发的动荡也足以降低全家人的生活质量。有些孩子的青春期相对平顺，有些孩子则特别叛逆，闹得家中鸡犬不宁、天翻地覆。这样的孩子对父母绝对是一个巨大的挑战，一旦处理不当，家庭就将进入"危机期"，面临"双输"的局面……青春期孩子的父母是最不好当的，经常"吃力不讨好"！面对孩子的巨变，大人一定要有充分的心理准备，调整自己的心态，不能孩子一不听话自己就先沉不住气。

当孩子进入了青春期，父母即使再关心孩子，也要适度降温，陪伴孩子要时刻谨记，不要太关心，不要太有好奇心，不要太热心。一定要给孩子留有一定的空间，不要干涉过多。在青春期，孩子的身心正顺应自然的规律蓬勃成长，我们大人也要改变管教的态度和方法。

孩子都希望有自己的空间，长大更是。父母太侵入，孩子就会逃避。孩子是按照一定的规律在成长，我们大人使用管教的方式也要随着调整了。就像坐在树荫下乘凉，阴影会随着阳光移动，我们就要不断地挪移我们的椅子，才不会被阳光晒到，而不是坐在那里不动，却要树移动一样。后者显然是不符合自然规律的。

不能跟青春期的孩子"太较真"

如果父母了解一些青春期孩子的特点，在心理上有所准备，在面对孩子的变化时就不会特别被动，教育孩子时也不至于"太较真"。

◆ 我有一个朋友的孩子念高中了，平常住校很少回家。一个周末，孩子带了两个朋友一起回家住，她和老公都很高兴，晚上仔细研究了菜单，计划第二天一大早就去买菜，中午做顿大餐款待孩子们。

第二天临近中午的时候，两人正在厨房忙得不亦乐乎，三个睡眼惺忪的孩子终于起来了。一看到爸妈准备饭菜，孩子就皱了眉："妈，我们不在家吃，中午约了同学去外面吃。"母亲的锅铲停在半空中，父亲赶紧接话："我们也还没吃，马上做好了，就在家吃吧！""不行！"孩子斩钉截铁地说，"我们已经迟到了，要赶紧走了，你们可以留到晚上再吃嘛！"临出门还补了一句："你们这样我们会有压力的！"说完就在同学的"谢谢"与"再见"声中出门了。夫妻俩生气又沮丧，面面相觑，说不出话来。

我这个朋友说，其实他们当时完全可以训诫孩子"你这是不懂事！"甚至可以夸大一些说"你这是不孝顺！"但出于对这个时期孩子的了解，他们选择了包容和忍耐。而且，当着同学的面批评她，会让她很没面子，影响她的好心情。说不定以后再带朋友回来，她会提前打好"预防针"，告知对方"在我爸妈面前一定要怎样……"如果那样的话，他们将面对一个虚伪的孩子。我认为这位母亲很成熟，她不"太较真"的教育方法，很值得大家借鉴。

努力与孩子站在同一阵营

面对不时向自己"宣战"的孩子，父母具体该如何管教？什么样的智慧才能"降得住"孩子？

◆ 有一个男孩在青春期时非常叛逆，不管父母和他讲什么，他永远有理由反驳。他爱听西方流行歌曲，节奏很快，这让父亲很反感。有一次，马上要考试了，他一边听着震耳欲聋的音乐，一边斜躺在沙发上看书。父亲见了，大声斥责他，叫他关掉音乐。没想到男孩不仅不听，还"砰"的一声把房门关上了。父亲气急败坏，开始打儿子，下手很重，儿子却一点不求饶，一脸倔强。父亲更生气了，没命地打儿子。母亲吓哭了，赶紧替儿子求情，父亲却毫不理会，一直打到自己累了才罢手。

当天的晚饭，父子俩都没吃。父亲一夜无眠，反思自己的教育出了什么问题，不明白儿子为什么变成这样。清晨，男孩主动来向父亲道歉。看着儿子身上的伤痕，父亲忍不住哭了，连声向儿子说"对不起"。看到个子已经超过自己的儿子，父亲内心既后悔又惭愧，决心不再拿大人的权威去压制儿子。

后来，男孩没有放弃他的音乐爱好，父亲却学会了包容和接受。他和儿子一起听那些吵闹的音乐，试着融入儿子的生活。有一次，儿子请求父亲陪同去参加歌手签唱会，父亲也同意了。在签唱会现场，他看到很多精神气质都不太积极、和儿子年龄差不多的歌迷。父亲问儿子说："你希望自己和他们一样吗？"儿子摇摇头。从那以后，儿子不再盲目崇拜那些歌手，开始收心学习，成绩节节攀升。在业余时间，他开始创作歌曲，还获了大奖。父子俩的关系再也没有出现过大的问题。做父亲的暗自庆幸：幸好及时转变了想法，改变了和儿子的相处方式，化解了亲子冲突……原来，耐心、理解和包容才是教育青春期孩子的法宝。

所以，父母要努力与孩子站在同一阵营，保持亲子沟通的通畅，这才是管教叛逆孩子屡试不爽的灵丹妙药！赢得十几岁孩子合作的最好途径，就是平等、尊重地解决问题，当大人以和善、坚定、尊重的态度对待孩子时，他们会更趋于合作，并逐渐靠拢父辈的价值观，以真正成熟和独立的姿态回归。

父母是性教育的最佳人选

教育的本质是使孩子成为一个真正的人。没有性则没有人，不懂性也不可能真正长大成人。性教育不仅是生理教育，更是情感教育、安全教育和人格教育。因此，性教育对于孩子的健康成长至关重要，是青春期教育的头等大事。

从色情网站偷来的性知识最危险

今天中国的青少年主要从哪里获取性知识呢？媒体调查的结果居然是：孩子从色情网站或游戏中知道性、了解性！那么，我们的教育者、父母、学校都到哪里去了？这么重要的教育内容，为何让位给价值取向低俗的娱乐媒介？

荷尔蒙的真正使命是帮助人类繁衍后代，从孩子十几岁时这个秘密机关启动，到孩子性能力成熟，整个筹备期有10年左右。在漫长的"性待业期"内，父母都希望孩子专注于学业，第一次性行为最好发生在18岁甚至婚后。但如何延后或转移18岁之前的孩子的性欲望和性冲动，这是父母、社会和学校必须面对的难题。

因为长期处于性禁锢的文化环境中，中国的教师和父母对于这个话题都讳莫如深、闭口不谈或浅尝辄止，最多只讲一讲月经和遗精。一方面，他们认为只要严加管束，你不说，我不说，孩子就无从知道；说了反而会让孩子好奇，想去尝试。另一方面，他们也不知道怎么说，中国人一直有"性耻感"，不好意思说；更因为知识匮乏而说不明白。结果，学校教育和家庭教育一起选择沉默。悲剧就在这种表面的"健康"和"纯洁"中悄悄发生，一个又一个孩子因为得不到正确的知识而滑向深渊！

据不完全统计，我国每年未成年女孩堕胎的人数可能达到1万人，年龄最小的只有9岁；很多女生堕胎之后直接去上课，有的甚至上体育课，完全不懂得堕胎对身体的伤害有多大！触目惊心的数字，令人担忧的现实，该受谴责的绝不是这些偷食禁果的无知孩子，而是失职的学校和渎职的父母！

==父母和老师"装作不知道"并不代表它们不存在，孩子从色情网站偷来的知识最危险，因为它们不仅缺乏道德约束，还会刺激孩子去尝试。==在学校教育缺席的情况下，父母必须负起自己的责任。从性的隐私性这个特点来讲，父母才是对孩子进行性教育的最佳人选！

性教育也是人格教育

其实，==父母对于青春期孩子的性教育不仅牵涉到生理教育，更是情感教育、安全教育和人格教育。在青春期的性教育里，传播正确的性知识是让孩子对性有正确的理解和态度，让他们懂得掌控自己，避免青春期内发生性行为，培养孩子对爱情、婚姻、家庭的责任感，免于因无知遭受身心的疾病或伤害，确立两性平等的观念，为孩子将来享有幸福的爱情、家庭而做准备。

比如性教育中的性别认同，父母应该从幼儿期就培养孩子正确的性别意识。但打开电视我们就知道，性别角色错位的人不在少数，有的男星嗲声嗲气，不仅外表缺少阳刚之气，连内在都女性化了。性取向固然有先天的因素，和后天环境也密不可分。据有些男同性恋者自述，他们就是从小被父母当作女孩养大的！有一次，一位打扮很男性化的学生在我讲完课后来问我问题。但是，直到她开口，我才知道她是个女孩！我问她为何这副打扮，她说她父亲重男轻女，为了讨好父亲，她从小就有意把自己打扮成男孩模样。

性教育中还包含品格教育，比如培养孩子对他人的尊重，对隐私的正确态度。我的儿子平平在五六岁时，有一次在卫生间里发现我使用过的卫生棉。他很奇怪上面为什么会有血。我告诉他："这叫卫生棉，女孩长大后都要用这个，男孩则用不到。女孩身体每个月会流几天血，会不太舒服，但长大后就可以生小孩，所以，做女人是有些辛苦的。平平作为男子汉，出去可不能欺负女孩子！妈妈很欣赏你不懂就问的性格，但是这属于隐私，问妈妈可以，别的女性就不能问了，懂吗？"平平长大后，对女同学特别照顾，很绅士，可能跟他小时候我对他的教育有关系。

再比如性教育中关于爱与生命的教育，幼儿园或小学的孩子常问这个问题："我是怎么来的？"孩子们的想法其实很纯洁，要的答案也很简单。父母不用把精子、卵子的结合始末说得一清二楚，也不用把两性器官一一报上名来。只要告诉孩子：老天看爸爸和妈妈很相爱，就创造了一个最优秀的孩子放到妈妈肚子里，这个孩子就是你！你越长越大，大得把妈妈的肚子都撑破了！妈妈虽然特别痛，却非常开心，因为终于能看到你长什么样子了，既像爸爸又像妈妈……

这样的答案虽然不精确，却能从科学和人文两个角度阐述生命的由来：生命因爱而来，美好而神圣；自然筛选决定最优秀的胜出；孩子体内流淌的是父母两人的血液。生命的诞生伴随着痛苦，孩子既能对自己产生自豪感，又能知道要对父母感恩，对生命敬畏——性教育的目的自然而然就达到了！

告诉孩子性与爱绝不是一回事

至于性与情感的关系，这是应该着重对孩子讲的。尤其是对"早恋"的孩子，父母一定要告诉他们：性与爱绝不是一回事！母亲要让女儿知道，男人生理结构跟女人不一样，所以女人要有自我保护意识；父亲要让儿子知道，一定要尊重女性，对女友要负责。

◆ 有一个妈妈因为害怕女儿"学坏"，一直没对她讲过任何性知识。女儿上初一时月经初潮，感到既害怕又恐慌，做妈妈的只是淡淡回应："没关系！女孩到了年龄都这样，多喝热水就好了！"既没说月经对女人的意义，也没告诉她要保护好自己。结果，女儿到了初三，和同班的一个男孩恋爱了。在男孩的要求下，懵懵懂懂地和他发生了性关系，又因为没用任何防护措施而怀孕。这件事闹得满城风雨，本来是尖子生的女儿一蹶不振，没能考上重点高中。这个妈妈无比悔恨，痛心因为自己教育的疏忽，亲手毁掉了女儿的前途和人生！

孩子早晚都要长大、成熟，教育的本质是使孩子成为一个真正的人。而没有性则没有人，不懂性也不可能真正长大成人。因此，性教育对于孩子的健康成长至关重要，是青春期教育的头等大事。

父母有责任让孩子知道：爱是一种责任，是一种给予；爱需要有担当，需要对自己和他人有全面的认识，需要建立两个人共同的目标。依靠性来检验的爱不是真爱，爱更不能仅仅是出于生理需求而产生的行为。父母要为感性主导的孩子注入理性的思想，当然教育形式是灵活的、多样化的，不能太过于说教，使孩子产生逆反情绪。

性教育不能没有价值标准

性教育开展得越早越好,一直持续到孩子成年之后。西方国家从孩子幼儿期就开始传播性知识,随着孩子年龄的增长,逐渐满足他们在不同年龄阶段对身体和性的好奇心。知识多少并没有一定之规,但必须有价值导向。父母所讲的一切都是为了加强孩子的性道德,培养孩子健康向上的世界观和人生观,没有价值标准的性教育是没有价值的教育。

◆ 有一个12岁的小男孩某天晚上遗精了,早上他妈妈看到后骂他:"这么小的年纪天天不知道想什么,也不知道害臊!"这个小男孩深感羞耻,从此晚上紧张得不敢睡觉,生怕再一次发生这种情况。还有一个初中生,因为手淫被爸爸发现后遭到痛打,居然因无地自容而挥刀自宫!

这样的"教育"是反人性的!因为性是人格中不可分割的组成部分,孩子长到十几岁就会有性欲。上述父母的做法严重伤害了孩子的身心和自尊,摧毁了孩子对自我的认知,会让孩子一辈子生活在阴影里!遗精有早有晚,手淫也不是不道德。医学专家吴阶平先生倡导的态度值得父母借鉴:"不以好奇去开始,不以发生而烦恼,已成习惯要克服,克服之后就不再担心。"父母正确的做法应该是:引导孩子认识自己的身体,创造更丰富的家庭生活环境,帮助孩子转移注意力,增强驾驭性欲的能力。

性教育在日常生活中也有体现,父母可通过自身行为告诉孩子哪些行为适宜,哪些行为不对。比如,当孩子进入青春期时,父母对自己的性别应有一定敏感度。当妈妈的不能当着儿子同学的面去摸儿子的头或脸。当男孩长大了,他会认为这是一个"女人"随便摸"男人"的身体。当儿子变成了男子汉,他与母亲的谈话,除了有母与子的含义,还包含"女人"与"男人"的含义。作为父亲,行为穿着也应谨慎。当"吾家有女初长成"时,夏天就不能只穿着内裤或光着膀子。当女儿变成婷婷少女,父亲也不能像小时候那样随意把女儿抱在怀里,或让其坐在腿上那么亲热。做爸爸的进女儿房间时,一定要记得敲门等。尤其是再婚家庭，继父与继女之间的关系，更要掌握分寸，以免引起不必要的家庭矛盾。

一定要让孩子了解"三道防火墙"

假如孩子真的不小心尝了禁果，父母应该采取什么态度？最严重的情况就是女孩子怀孕。很多父母的第一反应是劈头盖脸地打骂，在无助又恐慌的孩子伤口上再撒盐。其实，孩子发生偷尝禁果这种事父母也有错。如果已经错过了预防，父母千万不要再错过补救的机会。这可能是父母矫正教养偏差的最后机会，抓住了这个机会，孩子也能痛定思痛、重新振作；抓不住则可能彻底失去孩子的心，甚至毁灭了孩子。在这一点上，有一个农村妈妈的做法较为妥当：

一天，一个高二女生"扑通"一声跪倒在妈妈面前，号啕大哭："妈，我错了，我对不起您，我真是不应该，我怀孕了，我真后悔……"母亲一听到这话，差点晕过去，但她使劲控制情绪，让自己镇静下来，说："闺女不要怕，只要我们有勇气，什么难题都能解决！快起来，跟妈妈去医院。"

到了医院，她以自己的名字给女儿挂了号。经过检查，女儿果真怀孕了，医生建议马上做人工流产。妈妈给学校打电话说："我女儿得了急性阑尾炎，要做手术，请假20天。"

在照顾女儿的20天里，母亲一句责备也没有，对女儿关怀备至。女儿感动得热泪盈眶："妈妈，您是世界上最好的妈妈，我一定不会让您失望。"女孩很快康复了，她严格要求自己，勤奋学习，考上北京一所名校。大学即将毕业时，她又获得了3所美国大学入学通知书并申请到了全额奖学金。

这个农村妈妈没文化，但是有智慧。她果断把握住了"第三道防火墙"，而且用爱和宽容激励了女儿。

根据国内外专家的经验，青春期性教育中，父母和老师要根据不同的发育阶段，为孩子讲解"三道防火墙"。"第一道防火墙"是防止未成年人的性关系。父母要明确告诉孩子必须克制性欲望，"在春天就做春天的事"，分清主次顺序，全心应对学业。"第二道防火墙"是避孕和紧急避孕。事实证明，现在18岁以下的孩子，确实有很多会闯过"第一道防火墙"。虽然社会上有很多争议，认为教孩子使用避孕套是鼓励孩子发生性行为，但确实可以在必要时帮到孩子。"第三道防火墙"就是终止妊娠，家有女孩的父母一定要教育孩子，人工流产危害很多，必须在怀孕3个月内做手术，大月份引产会严重损伤身体。"第三道防火墙"是不得已而为之，若能在"第一道防火墙"上做好防范，是最理想的。

为了生命与健康，性教育不应存在任何禁区。父母只有教会孩子正确面对性，孩子才能避免过早发生性行为，拥有健康的自尊，安全度过青春期！

◆ 一个事业有成的爸爸，儿子高二时，有一天在儿子床下发现许多用过的避孕套！这个爸爸当时怒发冲冠，恨不得立即暴打儿子一顿，但他告诫自己要冷静，于是去找一个最信赖的朋友咨询此事。没想到，朋友听完他的控诉，竟然笑了起来。他的分析很酷，下面就是他们的对话："你儿子在床底下收藏避孕套，不是和你收藏字画一样吗？！"朋友调侃道。看到朋友还有心情开玩笑，他更加愤怒了，大声说："这是早期性行为！""癌症才有早期和晚期呢，性行为可没早期和晚期，发生了就是如期。他们年轻人营养好，性成熟的年龄都提前了，不能以我们这些生于三年自然灾害时期、身心发育不良的生理标准来判断。"朋友说。"要知道，我不是绝对反对婚前性行为。可是他才读高二，只有16岁啊。"他痛心疾首地说。"高二？高二学生也是人，而且可能是一生中性欲最强烈的时期。你要知道青少年性行为并不是一个问题，而是一个现象，是一个无法禁止但应该引导的现象。这正是我们父母要做的，我们不该自欺欺人、把头埋在沙里装作不知道。"

这个爸爸担忧地说："那学习呢？青年人的使命是学习！他还要高考

啊？""天哪，你以为把避孕套收起来他就没有荷尔蒙了？效果恰恰相反，那些用暴力限制孩子性欲诉求，以为这样就能提升学习效率的父母，实在愚蠢至极！天要下雨，娘要嫁人，说到底都是自然现象。我们做父亲的应该做的，是借此机会，积极引导孩子，让他理解爱的后果、懂得爱的麻烦、承担爱的责任，做一个对自己和他人都有益的人。"他的朋友娓娓道来。

"唉，你不觉得现在青少年性道德在堕落吗？"这个爸爸发出感慨，无限忧虑。"怎么会是堕落，我看这是一种升华，是你儿子素质优秀的表现。"朋友笑道。他刚平息的怒火又升了起来，气急败坏地说："一个明摆着是道德堕落的事情，怎么成了素质优秀的表现？"

他的朋友不急不恼，慢悠悠地说："你想想看，16岁的孩子在没有大人告诉的情况下，就已经知道使用避孕套，这说明两点：第一，他懂得如何避孕，对他人负责；第二，他知道性行为可能传染艾滋病等疾病，用避孕套防患于未然，保护自己。这么小的孩子，对人对己责任感都这么强，不是优秀是什么？我们年轻时有安全意识和安全措施吗？肯定没有啊！"这个爸爸陷入了沉思，他想起了自己18岁时做过的错事，因为对性一无所知，他曾让一个女孩怀孕，这件事使他愧疚至今。朋友乘胜追击："坦率地说，你今天的行为是侵犯了你儿子的隐私权。孩子的确需要教育，你以后找机会告诉他正确的性知识、爱的责任、道德及安全，但绝不能说你看见了他床下的东西。否则，他一辈子都不能建立个人尊严，也不会懂得要保护他人的尊严。他的隐私被侵犯，你和他的父子关系也会受到巨大影响。最严重的是，他的私生活及相关人格也可能因你而摧毁！"

"有这么严重吗？"他愣住了。"怎么没有？多少父母、学校认为的'坏品质'，其实只是少男少女纯真的感情，却被羞辱谴责、处罚定罪、精神阉割。如果是正当欲望却受到不正当的惩罚，这个社会永远不会进步！"朋友激动地说。这个爸爸心乱如麻地回到家，看见儿子正在安静地做作业。他摸摸儿子头发，欲言又止，朋友的话句句都对他产生了影响，他实在应该好好想一想如何对孩子进行正确的性教育了。

几年后，儿子长大成才，从美国留学回国，投资工作做得风生水起。关于避孕套，爸爸一个字也没提过，这件事似乎没在儿子身上留下任何痕迹。自然，他无比感谢那个及时点醒他的朋友。要不是朋友的睿智，他们父子真可能像无数家庭那样陷入自毁幸福的疯狂。

◆ 还有一个妈妈，是在中国教育模式里长大的。对比中美两国的性教育，她由衷感叹：美国的性教育真是别开生面！这是在美国一个华裔家庭中发生的事。

某一天，妈妈下了班刚进家门，就听到家中有婴儿啼哭。丈夫对她笑着说："你有'孙子'了，就在儿子房间。"她满心狐疑，不知道丈夫在说什么，因为儿子才18岁呀！打开儿子房门，她看见一个假的橡胶宝宝正躺在床上。她这才想起来儿子说过的话：在他12年级（相当于中国的高三）的时候，学校会有一门健康教育课，让学生做临时父母，领电子宝宝回家养。这些电子宝宝值不少钱，身上及"奶瓶""尿布"都装着电子芯片，随时记录它吃喝拉撒的情况，养几天之后还给学校，老师就会依照芯片上的记录来给学生打分。

"噩梦"就这样开始了。"孙子"总是哭个不停，儿子帮它又换尿布又喂奶。可"宝宝"不知为什么还是哭，儿子只好请妈妈帮忙。妈妈说："你小时候也动不动就哭个不停，有时哭得比它还厉害呢。"说完，她把"宝宝"竖着抱，帮它拍拍奶嗝。一边拍一边说："'宝宝'肚子里面有气，不舒服才会哭。"儿子学着妈妈的样子，从她手中接过"宝宝"继续拍。"宝宝"只安静了一会，又大哭起来。儿子不停地摇啊摇，因为一摇起来"宝宝"就不哭了，只要停下来他立刻就会哭。没办法，全家人轮流摇啊摇，轮流抱"宝宝"，让"宝宝"保持安静。一个机器人像真的婴儿一样，把全家弄得鸡飞狗跳，连吃饭都不得安宁。

幸好这个电子宝宝晚上的程序是休息，好歹让大家能睡个整觉。第二天一早刚过5点，"宝宝"又开始哭闹了，全家人都被吵醒了。儿子马上起床尽他"为人父"的责任，一边手忙脚乱地换尿布喂奶，一边打着哈欠和"宝宝"说话。过了几天，这门课的作业终于做完了，儿子把电子宝宝还回学校，家中也终于恢复了安静。妈妈对儿子说："你马上就要念大学了，在外面如果交女朋友要注意，千万不要真的给我抱回一个孙子来。"儿子心有余悸地说："'宝宝'烦死了，我吓都吓死了。你们放心吧，这种事不会发生！"

一个电子宝宝带回家几天，就能让孩子明白"责任"是什么，知道性行为的后果可能是什么。这个电子宝宝就能对青春萌动的少男少女们起到震慑的作用——母亲对儿子平稳度过青春期更放心了！

正确解读青春期孩子的"恋爱"

父母不能以成人的视角去揣度孩子的感情，青春期孩子的心灵都很纯洁，情感也稚嫩单纯，父母要站在孩子角度去理解他们，也要让他们理解什么才是真正的爱情，当前以学习为重。

主动和孩子讲一讲爱情

我的学生以企业家、老总居多，他们大多为人父母。在他们询问我教育方面的问题中，有一半的内容涉及孩子"早恋"的问题。青春期的孩子对爱情充满了憧憬，作为父母，不妨在适当的时候主动和孩子讲一讲爱情。

父母应该告诉孩子，爱情是美好人生中一个重要的组成部分，每个人都有选择和被选择的权利和机会。但是在年纪尚轻、尚未定型的时候，不要轻易地爱上谁或属于谁。在学习的时候应该专心学习，储备能量，让自己具备更强的实力，将来选择更优秀、更适合自己的人。

话虽这样说，现在青春期谈恋爱的孩子越来越多，也越来越早。一方面，受社会整体文化环境的影响，电视等媒介使孩子过早涉入成人的世界。另一方面，由于生活水平和食物营养的提高，孩子生理成熟和情感萌动的时间大大提前。此外，现在的孩子越来越孤独，几乎都是独生子女，到了青春期不愿意多和父母交流，而倾向和同龄人交往，"同性相斥、异性相吸"，不知不觉就和异性走得比较近。

如果发现孩子谈恋爱，父母不必惊慌失措，而应该表示理解。这说明孩子的生理和心理发育都很正常，表示孩子认识到自己的性别，对心仪的异性产生特殊感觉了。若对异性一丁点兴趣都没有反倒显得不对劲，父母反而需要反思，是不是自己的教育方式有问题，太过压制孩子了？！

事实上，有机构调查显示，中学阶段没有谈过恋爱的孩子是很少的，只不过很多是隐形的，不具备"浮出水面"的条件，比如"暗恋""单恋"。既然是一种普遍现象，父母就没有必要视孩子"恋爱"为"洪水猛兽"。孩子的精神世界我们要尊重，孩子的情感我们也要尊重。有了尊重，才可能教育孩子。

不要用成人的视角揣度孩子的感情

将心比心，父母可以回忆一下自己的初恋，那不带世俗功利的美好感觉。放在孩子这里，这种美好感觉也一样成立。

◆ 有一个妈妈发现，念初三的儿子最近有点"不正常"。他原来总是邋里邋遢的，洗澡都要催几遍，现在每天早晨都洗头发，照镜子也特别勤。她的神经一下子绷紧了，第六感告诉她："儿子谈恋爱了！"马上就要中考了，这怎么得了！于是，她和孩子聊天时话里话外旁敲侧击，可儿子就是"不接招"，和她装糊涂。无奈之下，她借着给孩子送吃的、送水的机会，站在儿子后面偷偷观察他上网。好不容易获得了他的QQ密码，趁儿子上学的时间偷偷打开了他的聊天记录。

如何陪孩子度过青春期

果然，儿子是在和同班的一个女孩谈情说爱，看样子挺认真，还用"老公""老婆"称呼对方。这个妈妈立即打电话叫丈夫下班就回家，共同商量对策，两人俨然进入"高度戒备"的状态。既不能让儿子知道自己偷看了记录，还要阻止他在这个时候谈恋爱，这实在难坏了两个大人！

没想到，两三个礼拜过去，办法没想到，儿子却一切恢复常态，又开始不修边幅了。这把做父母的都搞糊涂了，难道警报解除了？中考结束后，儿子考上了重点高中，全家人一起吃饭庆祝。趁着儿子心情特别好，她说："儿子，前两个月你可吓坏妈妈了。天天看你'臭美'，还以为你恋爱了呢！"没想到儿子坦率地说："是谈恋爱了啊，不过又分了，不合适！"

看，让父母如临大敌、不知所措的"大事件"，孩子轻描淡写说过去就过去了。我一直认为孩子虽小，却是有理性的，知道掂量轻重。所以，大人发现"情况"后不要急着立刻教育，不妨先观察一段时间，看看孩子自己怎么处理，这样也可以增进父母对孩子的了解。

==事实上，孩子恋爱和成人恋爱性质是完全不一样的。成年人具有稳定成熟的人格，恋爱的诉求是求偶，很多是为了进入婚姻的殿堂。孩子的恋爱很大程度上是为了得到异性的认可和欣赏，提高自我价值感，又或者排解学习或生活中的苦闷，得到情感上的安慰。因为人格还没定型，他们的情感大多是不稳定的，来得快，去得也快，绝大多数会不了了之，只留下一份美好的回忆。==

前几年，一部台湾电影很受欢迎，片名是《那些年，我们一起追过的女孩》。故事中，男孩和女孩相互爱慕，但因为太年轻，这段感情还未正式开始就结束了。所以，虽然孩子们叫"恋爱"，实际只是一种恋爱的尝试。父母急着打压，不仅引起孩子的反感，还会促使"小恋人"之间感情的发展，两人团结起来一致对外。这就是社会心理学中的"罗密欧与朱丽叶"效应，恋爱双方承受的外在阻力越大，双方的感情就越紧密，甚至能以死相抗。

相信孩子有把握自己的能力

父母为什么不愿意孩子谈恋爱呢？一是怕孩子过早发生性行为；二是怕耽误学习。第一点我们在前一章性教育中已经讲过了，只要孩子拥有健康向上的世界观和人生观，父母告诉了孩子正确的性知识，孩子就不会轻易越过雷池。至于恋爱耽误学习，则要分情况来看，如果父母引导得好，孩子有自制力，恋爱还可能成为孩子学习的动力。

◆ 我有一个朋友是北京人，10多年前去江苏上大学时，因为对所学专业没兴趣，学习上抱着"60分万岁"的态度，一直被老师当作不求进取的学生。没想到大二时，她遇到了一个心仪的对象，这个男生也很喜欢她，认为她性格好，人品也好。不同的是，这个男生学习非常拔尖，又是学生会主席，是老师的宠儿，学校也在劝说他留校当老师。发现他们两人谈恋爱后，老师都去做男生的工作，希望他重新考虑对象，以免被她"带坏"了。我这个朋友知道后，很不服气。男生更是给她打气，说："我知道你只是不喜欢这个专业，但是我们混到毕业也好，努力学到毕业也好，都是四年的时间，不如我们一起努力吧！"她很聪明，又有了爱情做动力，不到半年，她就名列前茅，也开始拿到奖学金，令老师、同学刮目相看。最后，这对情侣真就结合在了一起，婚后还过得很幸福。

这样的故事我们身边其实有很多。有时候，异性同学的几句鼓励，让孩子们认识到自己的价值，开始奋发向上。到了青春期，同龄人的影响力有时比父母还要大，尤其是异性的欣赏，能使孩子获得很大的自信。所以，父母一定要正确解读孩子的恋爱，相信孩子有能力把握自己，并看到恋爱有积极的一面。父母绝不能粗暴对待孩子的恋情，因为美好的事情只能以美好的态度来对待。但是，父母尊重、旁观、把权利交给孩子的态度绝不是鼓励孩子恋爱。相反，18岁以下孩子的恋爱是不被鼓励的，因为孩子尚未独立，还没做好准备，对爱也没有全面深刻的认识。

Chapter 7 如何陪孩子度过青春期

父母的爱情教育原则应该是：18岁以下以学习为主，不鼓励孩子和异性同学过多交往。孩子在集体中保持和异性的友情是可以的，但不要急于和某一个人确立恋爱关系，延迟爱情发生的时间（可以放在大学后）。尤其不能与异性发生性关系。其实，孩子多与异性交往有很多好处：大方、从容地交往，有助于培养孩子健康的自尊，并使孩子了解异性看问题的角度，弥补自身思维方式的不足，有助于将来孩子和异性发展爱情的关系。

亲子关系好，孩子早恋少

事实证明，在亲子感情好、亲子关系融洽的家庭中，青春期会相对平顺，孩子更容易听从父母的建议，延迟谈恋爱的时间，早恋的比例会减小。如果孩子有喜欢的人，多会等到大学期间再去发展。这是因为，亲子感情好，孩子的情绪能得到及时排解，心理状态好，不至于对他人提供的情感需求过大。此外，因为理解父母，孩子还会特别顾及父母的感受，不愿看到父母担心失望。

那些和父母关系紧张的孩子正好相反，因为心理压力大，在家里找不到温暖和理解，自然就会到外面世界找出口。所以，发现孩子早恋，父母首先要想想亲子关系是不是出问题了，反省自己的教育方式，找到孩子恋爱的原因。一定要多和孩子沟通，不要因为孩子不愿交流就放弃，带孩子去看一场爱情电影，讲一个励志的爱情故事，都是打开孩子心灵的突破口。

◆ 我有一位美籍华人朋友，他的儿子在刚进大学时认识了一位女孩，彼此喜欢。但是从族裔、外形等各方面条件，他都觉得女孩并不适合自己的儿子。但我这个朋友很理性，他知道青少年容易叛逆，如果摆明立场反对，可能促进这对年轻人的感情。

于是，他不动声色地安排孩子暑期回中国台湾，参加华侨子弟夏令营，途经东京返回美国。这一路上孩子认识了很多同龄朋友，玩得不亦乐乎！孩子看到世界这么大，眼界开阔了不少。再加上途中父子之间愉快地沟通和交流，回美国后，孩子不用父母说，自己就明白和对方没有未来，果断结束了这段尚不成熟的感情。

值得注意的是，如果发现孩子"坠入爱河"，深深地喜欢上了某个异性，并因为这段感情严重影响了学习和生活，父母就要高度重视。这时可请求老师的配合，站在孩子的角度，帮他分析如何能使这样的关系健康、持续地维持下去，还能圆满地完成学生的主要任务。

学习和恋爱这两件事都是孩子自己的事，当爱情影响学习的时候，孩子内心就会产生很大的压力，只不过缺乏自制力，或不知道怎么办才好。父母帮孩子梳理的过程，其实就是引导孩子思索人生的过程。即使他们当时转不过弯来，过一段时间也会发现父母真的为自己着想，提高自控力，安排好学习和恋爱的主次顺序。

总之，如果感觉孩子恋爱了，父母不要慌乱，更不要急着点破，而应站在孩子的角度去理解他们。孩子的恋爱和大人不同，他们只是通过这种方式获得成长的动力。理解并不代表接受，如果发现孩子恋爱，父母可直接或间接地让孩子理解什么才是真正的爱情，什么又是一时的好感或暂时的情愫。教育孩子以学习为重，可发展与异性的友谊，通过学习如何与异性相处，为明天的爱情做准备！

"同伴压力"的影响超出父母想象

在青春期，孩子们更看重亲身体验，而非父母的间接经验，更愿意自己寻找答案，更需要朋友而不是向导。父母要教导孩子学会如何选择朋友，给孩子提供一个良好的家庭环境，使孩子在情感上始终与父母最亲近。

如何陪孩子度过青春期

父母不再那么重要

进入青春期的少男少女，人际交往和儿童期大不相同，家庭外的力量开始与父母的影响力抗衡。在这一时期，父母不再那么重要，在孩子心中的威信开始下降。孩子更愿意和同龄人待在一起，为了被同伴认可和接受，他们会做很多以前不会做的事，包括做那些自己根本不喜欢的事。

◆ 有个妈妈知道儿子在学校足球队学会了抽烟，屡次管教，收效甚微。在一次年轻人的聚会中，一位从国外回来的朋友说到美国公共场合不允许抽烟，以及抽烟对身体的伤害等，儿子听到后自己就把烟戒了。还有一个妈妈，女儿超重特别多。原来她挖空心思给女儿控制饮食都无济于事，没想到女儿一上初中就自动减肥了，因为同学说她瘦了更好看。现在女儿每餐只吃七分饱，体形变化很大……这些妈妈都感到奇怪，孩子到了青春期说变就变，父母的话不管用，倒是同学的话、同辈人的话影响特别大！

这就是同伴压力的作用。有调查显示，同伴对青少年的重要性甚至超过了父母。他们渴望独立、摆脱父母的束缚，建立自己的社交圈子。他们急切地盼望被社会认同，而同伴，就是青少年的社会。父母对此不必感到失落，因为这是孩子走向独立的必然过程。正确的态度是顺其自然接受这一变化，鼓励孩子广交朋友，并教孩子学会如何选择朋友。

孩子最怕被同伴孤立

父母都觉得自己最了解、最关心孩子，也最有能力帮助孩子。其实，青春期的孩子更需要朋友而不是向导。此外，父母一般只关注孩子的学习成绩，至于孩子在学校有没有朋友、受不受欢迎、开不开心则很少关心。事实上，青春期的孩子最怕被同学和朋友孤立，父母如果不了解这一点，就很难真正理解孩子的行为，甚至作出错误的选择。

◆ 我一个朋友有个表姐，她不用上班，在家专门照顾儿子。她的儿子从小性格就很内向，个子也不高，总是班里最矮的男生。因为听老师话、听父母话，学习成绩很不错。一般中学里总会有一些不爱学习但爱捉弄人的孩子，这个老实的男孩成了这些顽皮孩子捉弄的对象。为此，她动不动就到儿子学校向老师投诉，甚至直接盘问和警告儿子的同学，生怕儿子再被欺负。

现在的老师都怕父母。她每找一回老师，那些孩子就要遭一次殃。后来，她的儿子再也不和她说学校的事了。她想这下太平了，再没人敢欺负儿子了。但是，她发现儿子越来越不开心，对她的态度也越来越不好。原来，因为她总去找老师，儿子的同学都取笑他，说他"没断奶"。那些欺负他的孩子不敢理他，原来和他一起玩的同学也疏远他，儿子被孤立了。

她开始没当一回事，觉得小孩子闹情绪，过几天就好。少和同学玩也没什么，还能把精力全放在学习上。没想到，儿子的成绩开始下滑，总说上学没意思，后来竟提出要转学。转学不成，他的成绩急转直下，最后竟没能考取大学，母子关系因此变得紧张。原本成绩很好的一个孩子，由于母亲在孩子与同伴相处问题上的失误，前途受到了很大的影响。

所以，父母应当注意：当孩子遭到同学捉弄，找老师寻求帮助是没问题的，但要注意方法和态度，不能给老师施压。因为，这样的压力很可能最终转嫁到自己孩子的头上。父母要尊重孩子的同学和朋友，像上面那位妈妈直接盘问和警告孩子的同学，实在是不可取。

青春期的孩子一定要有好朋友

青春期的孩子处于心理上的"断奶期"，这个时期的他们又动荡又矛盾，既有成年人的特点，又稚气未脱，迫切需要确定自我，寻求新的"认同"。同龄伙伴好像是一个暂时性的替代"哺乳室"，可以帮助孩子顺利度过从家庭走向社会的苦难时期。所以，青春期的孩子一定要有关系密切的朋友，能够一同分享内心的情感，一起分担成长中的烦恼和酸甜苦辣。

美国社会心理学家亚伯拉罕·马斯洛认为人有五层需求，同伴群体至少可以满足其中三项内容：第一是安全感的需求；第二是社交和情感的需求；第三是归属感及尊重的需求。

国内现在的孩子大多是独生子女，父母普遍工作较忙，孤独感很强烈。他们没有机会体会到手足之情，同伴之间的友情能够很大程度上弥补这一缺憾。而青少年之间总会形成自己的文化和价值观念，比如流行的语言、服饰、爱好，还有共同喜欢的明星……大人看起来孩子无非是想标新立异、"耍酷"，但对孩子来说，这些都能给他们提供归属感和安全感。

尊重和归属感是人内心深处最渴望得到的东西。与父母和孩子之间的关系不同，==同伴之间是完全平等的关系，很容易做到尊重。大家都处在相同的压力下，因此更能互相理解、互相安慰，有时候同伴间的三言两语就能胜过父母的长篇大论。==

多交益友，孩子变优秀

了解了青春期孩子受到的同伴压力，父母就应该明白，这个时期自己对孩子的教育作用是有限的，必须发挥同伴群体对孩子的积极作用，帮助孩子在青春期里顺利成长。

==同伴压力的积极作用有很多，如促使孩子提升自己，增强身份认同感、判断力、责任感、自尊心和自信心，提高孩子的人际交往能力。==比如那个主动减肥的女孩，就是同伴压力使她产生了减肥的动力。有的孩子本来不爱学英语，但认识了喜欢英语的同学之后就改变了。有的孩子原本不擅长在公共场合说话，但经常和落落大方的同学相处，慢慢也能消除紧张、变得从容了。

"近朱者赤",如果想让自己的孩子变得优秀,父母就要鼓励他们多接触优秀的同龄人,多交益友。当然,父母不要把这个"优秀"误解为成绩好。在帮助孩子选择好朋友时,家教、品格、习惯等才是最值得考察的。在朋友的选择上,父母一定要尊重孩子的意愿,并且要尊重孩子所选择的朋友。

同伴压力的消极作用也不容忽视。我看过这样一个新闻:一个16岁的男孩打群架,一时冲动捡起路边的砖头,失手把人给砸死了。警察问他和死者有什么过节,他竟然说自己不认识那个人!而打架的原因,就是为了帮"大哥"教训"仇人"。所谓"大哥",不过是同校的一个"孩子王"。这样出事的孩子不在少数,他们冒着被打伤的危险,也不惜去伤害陌生人,就是怕被朋友认为自己胆子小,不够义气。

据调查,在诱使青少年吸毒的原因中,最重要的原因也是同伴影响。有三分之二的吸毒者第一次接触毒品都是受朋友诱导,尤其是熟悉的朋友。在吸毒的未成年人中,又有三分之二的人一开始就知道这是违法的。但在朋友的劝说下,禁不住就开始吸了。怎么诱导呢?很多青少年进入一些娱乐场所,就会被朋友问:"你敢不敢玩'刺激'?""你玩还是不玩?"在这样的压力下,他们只有迅速做出肯定的回答,才能被朋友看得起,才能得到群体认同。同伴压力及好奇心,直接把他们推进了深渊。这就是说,对青少年来讲,孤立、被排斥、不合群带给他们的恐惧,远比毒品带给他们的恐惧还要大!

==同伴的拒绝和羞辱,对孩子来说,有时候比死亡更令他们焦虑。==马加爵杀害四名室友,也与他长期被同学排斥,没有一个朋友,内心极度压抑有密切联系。这种心理大人可能很难理解,但对于心理发育还不够成熟的孩子来说,却是真实的存在。

所以,父母一定要知道自己的孩子都在接触什么人,和朋友在外面做什么。工作再忙,也要找机会认识一下孩子的朋友,观察孩子和朋友怎么互动,判断是否获得了进步和成长。如果发现孩子在同伴关系中有不良情绪或有害的行为，一定要及时干预，避免孩子越陷越深。事实上，在孩子青春期开始前，父母就要告诉孩子交友之道：友情和爱情有相似之处，都有一定的规范和原则，比如坦诚、互助、善良、尊重、妥协等。

缺少温暖的孩子易结损友

一般来讲，拥有健康家庭关系的孩子，更容易获得良好的同伴关系。因为这样家庭的父母比较尊重孩子，孩子自身的行为习惯比较好，也比较有主见，不会人云亦云，即使结交了损友，也能很快抽身。而那些父母离异或感情不好、缺少温暖的孩子，在个性上会存在一些缺陷，对友情也有不理性的需求，比如更加害怕孤独或更急于证明自己。他们更容易屈从于同伴压力，迷失自我，容易放弃内心的原则。

因此，父母一定要给孩子提供一个良好的家庭环境，让孩子在情感上保持对家庭较大的依赖性。即使他们渴望独立，也能随时接受父母教诲；在外面认识再多人，最亲最近的依然是父母。只有这样，孩子对不良事物的免疫力才会增强。

但是，在孩子进入青春期时，有很多母亲正好进入更年期。当青春期遭遇更年期，家庭就容易"爆发战争"。孩子叛逆，母亲情绪化，做父亲的就要起到力挽狂澜的作用，避免母子之间形成严重的冲突。做母亲的要尽力调整自己，学会情绪管理，使自己愉快、稳定地度过更年期，也为孩子提供一个良好的家庭环境。

当孩子进入青春期，一般家庭夫妻的婚龄都在十几年到二十年。在这个阶段，婚姻正处于平淡期，做妻子的注意力一般都在孩子身上；做丈夫的事业可能小有成就，经济条件相对较好，再加上社会风气不好，抵挡不了诱惑的可能性就比较大。有些夫妻感情恶化，会出现大吵大闹、恶语相向甚至兵戎相见的情况。青春期的孩子本来就情绪化，要是再生活在这样恶劣的家庭环境里，很容易愤世嫉俗，人格扭曲。我见过很多这样的家庭，孩子都成长得非常不好。

父母一定要理性处理这类事情，在孩子面前不能诋毁对方，尽量背着孩子解决两个人的感情矛盾，采取协商的态度。即使夫妻真的再不可能和好，也要文明离婚，离婚的时间最好放在孩子上了大学之后。这样才能最大限度地保护孩子，不会在孩子人生最关键的时候对他造成难以挽回的后果。

从校园霸凌回看家庭教育

教育错了的孩子比未受教育的孩子离智慧更远，校园霸凌的背后是家庭教育的缺失。在失败的家庭教育面前，学校教育显得苍白无力。

哪些孩子易成为霸凌者或被霸凌者？

2016年12月，一篇家长写的自己孩子在学校受同学欺凌的微信在朋友圈广为流传，而且还发生在北京一所知名小学，这引发了人们对校园霸凌问题的再次关注。当校园霸凌成为社会热点，霸凌现象背后所折射出的家庭教育问题，以及青春期孩子的教育问题，也逐渐引起人们的反思。如何保护孩子免受校园霸凌，如何尽可能消除校园霸凌萌生的土壤，父母的角色认知和教育至关重要。

"校园霸凌"是挪威心理学家丹·欧维斯最早提出的。他将一般意义上的"校园霸凌"定义为："由一个或多个学生直接针对另一个无力抵抗的学生重复进行的不怀好意、有害的行为。""校园霸凌"行为不仅限于肢体的侵犯，还包括言语恶意中伤、团体排挤导致人际关系对立、以手机或网络散播谣言等攻击行为。

意大利心理学家吉安·卡普拉拉研究发现，易怒、沉思型以及情绪敏感的人比其他人倾向于爆发更多的攻击性行为。青春期青少年身心发育不完全，荷尔蒙激增，加之大脑中掌管理智的前额叶还不成熟，导致情绪不稳定、容易暴躁失控、自我调节能力差。这是导致青少年暴力行为多发的一个重要原因。

除去生理因素，青少年所处的家庭、周围环境和社会风气等也成为校园霸凌的重要因素。许多施暴的孩子有着相似的家庭背景：有些孩子家境优越，父母对孩子过度娇惯和放纵，孩子缺少规则意识和自我约束力；有些家庭是父母强势管教下，孩子被粗暴对待，心中充满不满和怨恨，青春期后抗拒父母的管教；有些家庭亲子关系差，父母与子女缺乏顺畅沟通和交流的渠道；也有部分孩子缺少父母的陪伴，或单亲家庭，或留守儿童，由于爱的缺失及疏于管教，孩子接触游戏或网络，从暴力游戏或影视中受到不良影响等。总之，有问题的孩子都是有问题的家庭培养出来的。

被欺凌者，他们往往性格内向、害羞、怕事，在同学间不受重视，朋友较少，在学校中十分孤单，缺乏与同辈相处的社交技巧，容易引起同学的不满和反感。有身体障碍或智力障碍者，性格或行为上有异于他人者，也易成为被欺凌者。还有些是个性善良，学习成绩好，经常被老师表扬和称赞的学生，自己不善于表达友情，遭到同学嫉妒而成为霸凌对象。

校园霸凌的背后是家庭教育的缺失

家庭是孩子教育的起点，孩子的成长与父母的教育和陪伴有着密切关系。一般来讲，亲子关系好的家庭，孩子人格更健全，性格积极向上，不易受校园霸凌事件困扰。那些从小缺少父母陪伴，亲情联结太少的孩子内心无安全感、自卑、孤独、狭隘、焦虑、急躁、易怒，容易不合群或因性格上的缺陷而成为校园霸凌者或者被霸凌。

◆ 2016年，浙江温州少女霸凌事件引起舆论和媒体广泛关注。温州某职业高中5名女生，伙同3名社会无业人员，对看不顺眼的女生进行任意欺凌。扇耳光、用水淋、非法拘禁、强迫下跪甚至让同龄女孩脱光上衣跳舞拍视频……这些残忍的施暴行为竟然出自一群未成年少女之手。

法官在审理这起案件时发现，6名施暴女孩来自单亲家庭，缺乏家庭关爱和教育。在母爱缺失的单亲家庭中，青春期女儿对于父母尤其是母亲的仇恨会越发强烈，转而将情绪转嫁到同龄女性身上，通过一些极端的行为来达到情绪宣泄的目的。施暴者组建的微信群名称"伐木累"是英语"家庭"一词的音译。也许在她们心中，这个用来"施暴"的微信群反而让她们找到了家的感觉，她们内心所缺少的正是家庭的教育和温暖。

警惕家庭教育中的过度溺爱和纵容

二胎政策放开之前，每家每户基本都是一个孩子，形成了"4+2+1"家庭模式，很多父母和老人对孩子过度溺爱，使孩子以自我为中心，缺乏对他人的同情和关爱，同理心、同情心的缺失，使部分孩子走向校园霸凌。

◆ 我有一位学生在一所小学里当班主任。她告诉我，她带六年级班的时候，班内有一个叫"F4"的小团体，小团体中一名强势暴躁的男孩欺凌另三位学生近一个学期。这个小团体联系非常紧密，老师、父母千方百计试图拆散，均未成功。

老师在调查中发现他们的共同特点：父母对孩子过度溺爱，孩子自私自利、唯我独尊、没有爱心、不懂规则、没有约束，父母对孩子缺乏应有的管教。这四名孩子无视学校纪律，无视老师管理，我行我素，迷恋电子游戏，志趣相投让他们稳固地联系在一起。这个小团体中的霸凌者，其父母对孩子过度纵容，不辨是非，让孩子是非不明，道理不清。孩子从低年级开始就欺负其他孩子，未引起父母重视，仅仅觉得孩子调皮。小学五年级，霸凌者变本加厉，开始向其他孩子索要金钱。六年级时，霸凌者便自称"大哥"，对其他同学进行控制。被霸凌者其中一人如果不听"大哥"指挥，霸凌者就会指使另两名同学群起而攻之，用"互殴"方式控制被霸凌者听从命令。迫于这种肢体的暴力，三名被霸凌学生无奈乖乖听话。

霸凌者的父亲工作稳定，母亲没有工作，在家中处于弱势地位，家庭地位的不对等，父亲对母亲粗暴和轻视，也对霸凌者的成长产生不良影响。霸凌者脾气暴躁，体格健壮，对被欺凌者进行言语恐吓，甚至用拳头"说话"，令被霸凌者内心惧怕、恐慌、焦虑、胆怯，受到欺凌却隐瞒真相，甚至在父母和老师面前为霸凌者辩护。

三名被欺负的同学中，一名同学学习优秀但身材矮小，因不爱守规则和纪律误入小团体，被霸凌后学习成绩直线下降，无奈之下只好转学。另外两名被霸凌者，为引起大家关注，傍上"大哥"，原来是被欺凌者，现在又去欺负其他同学。最后转到别的班级后，小团体才土崩瓦解，这起校园霸凌事件得以告终。升入初中后，霸凌者是否还会拉帮结派，欺负弱小，他们的老师都捏着一把汗。在失败的家庭教育面前，学校教育显得苍白无力。

上述案例，霸凌者父母对孩子教育过于宽松，发现孩子欺负弱小，没能及时制止，教育变成了一种纵容。学习中困难重重，相比之下沉浸在网络和游戏之中更简单快乐，霸凌者无形中模仿网络游戏中的暴力视频。由于学习成绩和品行不佳，他很难引起同学们重视和尊重。为引起他人重视，霸凌者便通过拉帮结派搞恶作剧引起关注，致使校园霸凌最终发生。

关注孩子成长中的人格构建

关注校园霸凌，不仅要关注事件和现象，更要关注导致霸凌事件的心理根源，关注青少年成长中的人格构建。科学研究证明，==对孩子人格正面影响最重要的场所就是温馨的家庭，最佳营养就是安全感、父母的陪伴、以身作则的引导和爱的滋养。==

当今社会，经济和社会转型，父母忙工作、忙事业、忙赚钱，心力交瘁，无暇顾及对子女的教育。有些父母存在教育观念的误区，他们认为，把孩子送到学校就行了，教育孩子是学校的事；有的父母坚持"树大自直"，对孩子放任自流，顺其自然，过问不多；有的父母认为家庭教育就是学习，做作业，上各种课外班，所以不惜花费重金，给孩子请家教，报各种价格昂贵的课外班，甚至花巨资把孩子送出国留学。这些父母表面上是对子女教育的关心，实则是家庭教育的缺失，用金钱或物质来寻找一些心理上的弥补。

父母是孩子的第一任老师，也是最重要的老师，家庭教育就是潜移默化、耳濡目染。知识可以在课外班学到，可是与孩子成长、成功和成才密切关联的尊重他人、礼仪规范、自律、感恩等非智力因素和人格教育，需要父母在生活中言传身教，并在温馨的家庭氛围中熏陶而成。

◆ 2015年，中国留学生在美国校园霸凌案，引起海内外华人的广泛关注。中国留学生翟某某、杨某某、张某某等因"争风吃醋"，对受害人刘某某施以扒光衣服、用烟头烫伤乳头、用打火机点燃头发、强迫受害人趴在地上吃沙子等方式进行欺凌。受害人刘某某受到身体和心理双重伤害。依据美国当地法律，参与校园霸凌案的留学生翟某某、杨某某、张某某分别被判13年、10年和6年监禁，刑满后将被永远驱逐出美国。

涉案的几名留学生，在国内基本上都是父母和老师眼中的好孩子：乖巧可人、学习上进。可到了美国，他们如此没有理性地欺凌他人，令人深感沉痛和惋惜。这部分留学生在美国被称为"降落伞少年"。"降落伞少年"指父母还在中国，只身赴美读高中的孩子们。中国父母满怀对孩子成才的期待，将孩子送到千里之外。孩子没有监护，又有太多自由，不懂得自我约束和自我管理，是造成这起校园霸凌事件的原因之一。这起案件的主犯翟某某在法庭的忏悔信中说："父母把我送到美国，让我接受更好的教育，过上自由的生活。这种自由让我一下子不适应。在中国，我是个听话的孩子，父母常陪伴我。到了美国，我变得孤独、迷失。但我不想告诉父母我真实的感受，不想让他们为我担心。我决定一个人扛下所有的挑战。我想是失控的情绪导致我伤害了他人。"

有了孩子成为父母，但成为父母不等于就是合格的父母，上面所讲的均是不合格的父母造成的可悲又可叹的社会现象。家庭教育，本应是爱的教育，但在中国许多孩子感受不到父母的爱，都是因为父母错误的教育理念与教育方式。这让我们更深刻体会到前人所说的：==教育错了的孩子比未受教育的孩子离智慧更远。"孩子给予我们第二次成长的契机，我们在教育孩子的同时，自己也需要不断地学习与成长。==

父母要教孩子学会正确处理情绪

◆ 有一个小男孩，脾气非常暴躁。他父亲给了他一袋钉子，告诉他，每次发脾气或者跟人吵架的时候，就在院子的篱笆上钉一根钉子。第一天，男孩钉了37根钉子。后面的几天他学会了控制自己的脾气，每天钉的钉子也逐渐减少了。他发现，控制自己的脾气，实际上比钉钉子要容易得多。终于有一天，他一根钉子都没有钉，他高兴地把这件事告诉了父亲。

父亲说："从今以后，如果你一天都没有发脾气，就可以在这天拔掉一根钉子。"日子一天天过去，最后，钉子全被拔光了。父亲带他来到篱笆边上，对他说："你做得很好，我的好孩子。但是看看那些围栏上的洞。这些围栏将永远不能回复到从前的样子。你生气的时候说的话就像这些钉子一样留下疤痕。如果你拿刀子捅别人一刀，不管你说了多少次对不起，那个伤口将永远存在。话语的伤痛就像真实的伤痛一样令人无法承受。"听了父亲的话，小男孩的眼泪夺眶而出，从此他不再乱发脾气，学会了尊重别人。

真爱表达是需要学习的，爱是艺术，它需要知识与方法；爱是能力，它需要思考和智慧。父母对孩子的爱，不是以父母付出的多少来衡量，而是以孩子的真实感受和能接受多少来衡量。

父母在日常生活中让孩子感受到爱,使孩子也能释放这种爱,懂得去关爱他人,学会感恩,对生命充满敬畏。还要透过可操作的规则教育、行为教育、心理教育加以言传身教,帮助孩子树立起底线意识、法律意识、对自己的行为负责,从而形成健全的人格。一个从小就被正确的爱滋养的孩子,绝不会任意践踏他人尊严和欺凌他人。

Chapter 8
孩子的品行比成绩更重要

品格培养是教育永远的核心

教导孩子好好做人,是家庭教育最重要、最根本的任务。青少年时期是一个人价值观形成的关键时期,孩子的品格通过父母言行的潜移默化形成。父母要培养和帮助孩子树立积极正确的价值观。

智力填补不了道德的缺陷

现代人的价值观是多元的,有人认为金钱是万能的,越多越好;有人觉得钱够用就好,多了徒增烦愁。有人认为讨老婆要找年轻貌美的;有人认为容貌不重要,个性好、顺眼就好。有人交友注重精神交流;有人专爱攀龙附凤……拥有不同价值观的人,会以不同的方式活着,通过不同的路径追求自己定义的幸福。

价值观对孩子的人生影响重大:如果孩子的价值观积极向上,他就会抱着乐观的心态面对生活,努力做一个对社会有用的人;如果孩子的价值观消极阴暗,他就会抱着悲观的心态生活,不会相信世界上存在美好的事物,也很难获得真正的幸福和快乐,他的精神世界也将逐渐空虚荒芜。

青少年时期是一个人价值观形成的关键时期,父母绝不能在孩子的品格培养中缺席。理想的价值观既能调动人丰富的经验与认知,又是人内心真实的感受,能够支配人追求真实、美好、高尚的生活。身教大于言传,父母的一言一行都能影响孩子的价值观,孩子的品格即通过父母的潜移默化形成。

如今一个孩子仅凭学习成绩好,便可以得到父母的赞许、师长的表扬。而与智育相比,更为重要的德育被人忽略。放眼看看我们周围,打开新闻看看社会上,很少有人特别重视孩子的人格和品德教育。无论是"穷爸爸",还是"富爸爸",无一例外都忙着赚钱,为孩子的教育投入大量金钱和精力。盼星星盼月亮,盼着孩子学有所长,将来谋个安稳职业、出人头地,对孩子的品行无暇顾及。

Chapter 8 孩子的品行比成绩更重要

在家庭教育中这种功利价值观主导下,在社会普遍拜金的价值取向影响下,现在很多孩子的价值观都出现了大的偏差,不可思议的事层出不穷。一名初中女生,因为父母不给零花钱,就在网上天天约不同的男孩一夜情,赚来的钱竟然全买了零食。一个名牌大学的高才生,为了享受豪华舒适的生活,竟然甘心给富豪当二奶。一个女孩为买名牌皮包,到处借钱骗钱。一个年仅17岁的高中生,为了买苹果手机,竟背着父母把肾卖了一个。

教孩子好好做人

孩子错误价值观的源头是父母,孩子对外界的判定也很大程度上依赖父母的观念。如果父母追求物质和享乐,孩子多半也如此。如果父母从一开始灌输给孩子的就是错误的观念,再纠正需要花更大的力气,而且不一定能扭转得过来。父母功利价值观的源头是社会,但社会就是由个体组成,个体必须有正确的取向,社会才能健康地发展。所以,父母不要将责任都推到外界上,而应该更多地反省自我,寻求自我的完善。

"只要考出好成绩,什么要求都答应,什么愿望都满足,其他的一切都不重要。"父母这种教育方式是大错特错的。正确的方式是什么呢?孩子读书很认真,父母应了解孩子的动机。如果他是为了兴趣而学,有远大的理想和目标,或者抱着"父母在努力工作,我不能辜负父母的期望"的心态在学,那么父母可以放心了。但如果孩子的学习动机是"我一定要考好,这样爸妈才会给我奖励",父母就要检讨自己的教育方法了。金钱奖励换来的常常是短期效应,一旦奖励消失,正确行为也会消失。

孩子如果为了奖励而学习,就体会不到真实的学习乐趣,很难养成好的学习习惯,价值观也会出问题。孩子考试考差了,只要是真实成绩,父母就应该鼓励,因为诚实比成绩更重要。孩子拿别人东西了,哪怕是很小的文具,父母也要惩罚,要让孩子知道父母对这种错误比成绩更加重视。孩子在背后议论同学,父母要用心听,看看孩子究竟是怎样看待问题的。如果孩子心态不健康,父母一定要正确引导，让他多看到同学（哪怕是所谓的差生）的长处，消除孩子的忌妒、虚荣、冷漠之心，滋养孩子的谦卑、善良、友爱之心。

教导孩子好好做人，这是家庭教育最重要、最根本的任务。世界十大首富之一、香港首富李嘉诚教育出了两个优秀的儿子。他说："在儿子小的时候，99%的教育是教给他们做人的道理。即使他们现在长大了，三分之二的教育也应该是教他们如何做人，三分之一的教育是教他们如何做生意。因为，做人是根本，德行是根本，好好做人是第一要务。"

成熟的父母要学着做个好的播种者，在孩子心里播下正确价值观的种子，它自己就会生根发芽，指引孩子走向与人为善、与己为善的道路。具体说来，正确的价值观至少包括以下六颗心：责任心、自信心、上进心、爱心、公德心（同理心）、感恩惜福心。

教育不等于说教。教育不是说出来的，而是做出来的。父母的身教对于孩子的成长影响深远，尤其是在幼儿阶段，孩子就像父母的镜子一样，父母怎样做，孩子就会怎样学！

身教大于言教

很多父母向我诉苦："我都说了一百遍了孩子就是不听。"我说："说一百遍孩子不听，说一百零一遍，难道孩子就会听吗？孩子不听你还说，那不是做无用功吗？"正确的做法是：父母应该闭上嘴，想想问题出在哪里，是自己说的话不对，还是要求孩子做到的事情自己也做不到。如果复印件出错了，我们不应更改复印件，而应该去更改原件，否则下一次复印还是会出错的！

孩子不会记住父母说的话，却会模仿父母做的事。父母做了什么，往往比他们对孩子说了什么更重要。父母不经意的一个行为，便可能在孩子身上投下影子。所以，教育不等于说教，教育不是说出来的，而是做出来的。

Chapter 8
孩子的品行比成绩更重要

我有个朋友是老师，她有两个孩子，女孩5岁，男孩2岁。朋友笃信佛学，每晚哄孩子睡觉时，她不是像其他妈妈那样讲睡前故事，而是低吟梵音，轻唱七字箴言。孩子在她轻柔的歌声中，总会很快进入梦乡。这个习惯，她坚持了好几年。

后来有一天晚上，小儿子哭闹，迟迟不肯睡觉，而她忙着批改作业，没时间哄他，决定放任他哭闹一阵。没想到，过了没一会儿，儿子的哭闹声就停止了，家中一片安静。她很奇怪孩子怎么这么快就安静下来了。于是，她放下作业走进卧房查看，眼前的场景让她既惊讶又感动。只见5岁的女儿正学着她的姿势，伏在床边，一边轻抚着弟弟的小脸，一边轻轻吟唱七字箴言。

父母的身教对孩子的成长影响深远。尤其是在幼儿阶段，孩子就像父母的镜子一样，父母怎样做，孩子就会怎样学！这种不知不觉的、悄悄地、一点一滴渗透的教育才是最厉害的教育。

孩子跟着父母有样学样

父母是孩子的第一任老师，孩子善于模仿，模仿产生的效果好坏，完全取决于他所模仿的对象是怎样的。因此，做父母的平时必须注重自己的言谈举止。"如果一个孩子生活在批评之中，他就学会了谴责。如果一个孩子生活在敌意之中，他就学会了争斗。如果一个孩子生活在恐惧之中，他就学会了忧虑。如果一个孩子生活在讽刺之中，他就学会了自卑。"

孩子将我们的一切都看在眼里，今天我们如何对待自己的父母，明天孩子就会如何对待我们。我们做得对，孩子就模仿对的做法；我们做错了，孩子也会跟着错下去。

有一户美国家庭，家里有男女主人、一个3岁的孩子和丈夫的老父亲。老先生70多岁了，手开始有些抖了，所以在吃饭的时候，时常会把餐具搞出噪音。

美国人吃饭用的是盘子和刀叉,他们从小就被教导吃饭时的礼仪,使用刀叉时不能发出声音,否则就是不礼貌。看到老人在餐桌上老是这么叮叮当当的,还常常将饭洒在桌上,男女主人心里都觉得不习惯,也不舒服。最后他们想了一个办法,在餐桌旁边摆一个小桌子,让老人坐到那边去吃。他们还准备了一个木碗给老人用,如此一来,老人吃饭时就不会发出噪音了。

过了几天,两个大人发现孩子总是敲敲打打的,就问他道:"你在干什么?"孩子说:"我正在做一个木碗,等你们老的时候,我就给你们。"童言无忌,夫妻两人对视了一眼,明白这是自己对待老人的态度被孩子看在了眼里。他们觉得很惭愧,立刻把小桌子给撤了,把木碗也收起来了,重新请老人回餐桌用餐。

古人云:"欲教子先正其身",父母包括与孩子一起生活的其他人,都要努力提高自身修养。尤其是母亲,可以说是一个家庭的精神领袖,不仅个人的喜好偏爱会影响到家人(母亲不爱吃的食物,孩子可能连尝的机会都很少),对生命意义的看法和观念也会影响全家人,直接关系到孩子未来人格的发展。

从前,有一户人家很穷。某天深夜,父亲带着儿子趁月色去偷人家的萝卜。到了地里,见四下无人,做父亲的赶紧蹲下身拔萝卜。才拔了两棵萝卜,只听后面的儿子突然叫了一声:"爸,有人在看你!"穷人吓了一跳,连忙转

身问:"谁在看我?"小孩指着天空说:"月亮在看你!"穷人抬头,果然看见天空有一轮明月,真的好似在盯着他。做父亲的立即丢下萝卜,牵着孩子回家了。其实,穷人并非因为月亮看他才放弃偷人家的萝卜,而是因为在孩子面前做了错误的示范心生愧疚,担心教坏了孩子。

一念之间，这位父亲放弃了偷盗的行为，既不至做出让自己后悔的举动，也不会使孩子上行下效，将来走上歧途。父母的德行就像是风，孩子的德行就像是草，风往哪边吹，草就往哪边倒。"风行草偃"，这是亘古不变的道理！父母不一定要有很高的学识，但一定要有德行，才能培育出品德好的孩子！

好心态教出好孩子

平常心看似波澜不惊，却成熟而深刻。父母拥有平常心是孩子的福分。孩子能根据内心找到自己认同的价值观，指导自己一生做人和做事。

平常心就是正能量

父母的价值观对孩子具有很大的影响力。如果父母想把价值观强加给孩子，会引起孩子的反感。这是因为，每一代人所处的社会环境、时代特点都不同，孩子的人生体验与父母也不一样。父母要想帮助孩子培养起正确的价值观，需要有一颗平常心。只有心态对了，身教才对，才会传递给孩子正能量。

有这样一个家庭，在40多年时间里，两代人共有13名成员考进清华大学，总共占到清华大学毕业生人数的近万分之一。清华大学100年来，总共培养了17万名学生。这个家庭的成员现在分别居住在北京和美国的几个城市。听说过他们的人都惊叹不已，他们却自认平凡。

在这个聂姓家庭里，父母均是清华大学毕业生，他们的3个子女先后考上清华大学，儿媳、女婿恰巧也是清华大学毕业的。到了他们的孙辈考大学的时候，6个人中有5个考上了清华大学，唯一没选择清华大学的，最终读到哈佛大学医学院博士后出站。

怎么才能上清华？无数人问过他们这个问题。得到的答案很简单，那就是认真、上进,再加一颗平常心。

聂家人普遍学习环境轻松。中间一代的老清华毕业后都是单位骨干,工作都非常忙,"没有太多时间管子女的学习"。几个小清华也没上过什么课外班,小时候聚在一起也是玩,打扑克,从不交流学习。"清华家庭"里的气氛很宽松,做父母的都会给予子女充分的信任。对严厉的"虎妈"教育理念,聂家人表示不理解,"天天盯着孩子没用,学习得孩子自己体会。"

聂家人无一例外都反对"不能输在起跑线上"和"报课外班"等教育方式。他们觉得"孩子应该有好的生活习惯,有健康的心态,对自己有要求,没必要给他们设立什么目标"。换作寻常家庭,考出一个清华生都会大放鞭炮、大宴宾朋,而这个家庭的每一个人都非常淡定,觉得自己没有什么了不起。比如中间一代的大姐聂皎如说:"我们都是很普通的人,毕业后认真工作几十年,然后退休,真的没什么可说的。"

看,这个家庭拥有一种淡定的处世态度,平常心看似波澜不惊,却成熟而深刻。有平常心的父母懂得适度的艺术:他们对孩子有期许,但期许不会过高,这就不会对孩子造成太大压力。爱孩子,但不过分,不会宠坏孩子。重视家庭教育,但不强加于孩子,这就给了孩子自我教育的空间。和孩子的距离适度,不把孩子一切过错揽在自己身上,也不把孩子一切优秀归功在自己身上,这就给了孩子自由……只有父母的心足够淡定,才能给孩子提供宽松的环境,给孩子爱与自由,孩子的身心才能健全发展。

父母拥有平常心是孩子的福分

平常心有哪些内涵呢?诚信做人,认真做事,不骄不躁,既不自视甚高,也不妄自菲薄;明智从容,既要积极主动,尽力而为,又顺其自然,不苛求事事完美……其实,父母努力追求心智的成熟,即是修得一颗平常心。

Chapter 8 孩子的品行比成绩更重要

平常心说起来容易，做起来却很难，需要个人修养比较高，对自己、对人性、对世事都有相当的了解和把握。父母教育孩子的压力，说到底还是这个物质社会人与人之间竞争的压力。过于看重成败得失的人，不能接受做普通人的人，认为成功才是幸福的人，往往很难拥有一颗平常心。

如果父母没有平常心，患得患失，孩子将直接从父母那里感受到这种不稳定、不甘落后的心态，内心对竞争会特别在意，渴望获得外界的认可，看重外部评价而忽视自己内在的需求和感受。所以，父母拥有平常心是孩子的福分，孩子能根据内心找到自己认同的价值观，指导自己一生做人和做事。

因为总被人问起家教的秘诀，比尔·盖茨的父亲写了一本书《为生活出席》。他在书里说："这就是我写这本书的原因，这真是一个天大的秘密呀。因为到底是什么使比尔这么出色，连我自己都不知道。"他的意思就是说，他的家教其实没有什么秘诀，就是用平常心对待孩子。

老盖茨在书中简单介绍了一些自己的家教方法，但都没什么出奇，简简单单，穿插在书中和家教完全没关系的各个章节里。这就不像国内有些父母写的家教书，理论和实践都非常多，把教育的功能提到相当的高度，似乎孩子的优秀和成功完全是他们努力教育的结果。由此也可以看出，老盖茨确实对盖茨的教育没太高的预设，是无心插柳柳成荫的结果。

虽是无心插柳，但老盖茨的平常心教育对盖茨还是影响甚大。比如，他采取的是鼓励式教育，从不贬低孩子。由此看出他不是一个妄自菲薄的人，只有低自尊的人才更习惯贬低自己的孩子。他经常带盖茨去图书馆，因此盖茨养成了爱读书的习惯，相信老盖茨一定也是一个爱读书的人。美国人都很自我，如果光陪孩子读自己不读，不合常理。呵护盖茨的好奇心，让好奇心引导盖茨去发现真理，这就是父母不过度教育孩子，而是给予孩子自我教育的机会。

老盖茨在书中描写了他们家族的文化、家族中的一些人，每个人都有一些独特的品质。这么写看似脱离主题，实际上这正是教育的一部分，即每个人都是平等的、值得尊敬的，家庭关系、家庭中的每个人都会对孩子成长起到一定的作用。老盖茨还提到了自己良好的社会关系，并利用这些关系，组织家庭活动，培养孩子的社会活动能力。

盖茨非常成功，但老盖茨同样为自己的另外两个孩子感到骄傲——盖茨的姐姐是一位出色的会计师，妹妹是优秀的运动员。三个孩子走上了截然不同的道路，都很成功，生活都很愉快。由此可以推断，盖茨绝对是父亲放手的结果，不是刻意培养出来的，这正应了老盖茨所说的平常心。

事实上，古今中外，成熟的父母，培养出优秀人才的父母，几乎都有一颗平常心。例如，建筑大师贝聿铭，他的父母对他的期望就是顺其自然，择长项发展，其家教观与老盖茨有着异曲同工之妙。

责任心是孩子安身立命之本

如果孩子不需要为自己负责，不需要付出努力就可以得到一切，他就体会不到自我的价值，很难为自己的未来付出心血。没有责任心是严重的人格缺陷，父母一定要尽早帮孩子建立起责任心，这才是真的爱孩子。一个从小没有责任心的孩子，长大后在职场上不可能获得独当一面的机会，在事业上难有出色的表现，在家庭中也不可能获得幸福。

"现代管理学之父"彼得·德鲁克说："这个世纪最重要的事不是技术或者网络的革新，而是人类生存状况的重大改变。人将拥有更多的选择，他们必须积极地管理自己。"每个孩子都要独自面对社会，决定自己的命运、自己的行业、自己的未来……每天都会面临各种选择。孩子需要有很强的独立性和责任感，才能在这充满竞争的社会中生存、竞争。

Chapter 8
孩子的品行比成绩更重要

一个人知识上的缺陷并不一定影响他的一生，而人格上的缺陷将贻害他一辈子。一个人的学识、能力、才华很重要，但缺乏责任感、责任意识、责任心，就不堪大用；即使小用，也令人担心。这是因为，责任感是一个完整而独立的人必须具备的素质之一，是一个人日后能够立足于社会、获得事业成功与家庭幸福至关重要的人格品质。一位成功的企业家也曾说过，一个人必须有责任感，不管你做什么，都要做一天就得做好一天，这就是一个人的本分。也许有一天它会在以后的路上给你什么样的帮助。

责任感就是教孩子做人要本分

我小时候比较贪玩，不太爱念书，父母就哄我说："就当是为我们念吧！"结果我真的就照做了，为他们念了好多年书。后来，每当我回忆起这段往事，就奇怪当时的自己怎么那么听话？现在想明白了，那是一种责任心的表现。父母那么辛苦地工作，还要天天照顾我，我没有什么好报答的，他们希望我好好读书，我就努力读书。看到他们开心，我读书就更用功了。

我小时候曾向父母追问过人生的意义。十几年前，我13岁的儿子也问过我同样的问题："妈妈，人生到底有什么意义？"我这样告诉他："人生好像没有什么意义，但是责任赋予了你人生一定的意义。当你为人子、为人女的时候，你就有为人子、为人女的责任。当你为人妻、为人夫的时候，你就有为人妻、为人夫的责任。当你成了老板或者领导，你对员工或下级就有了责任，对企业或集体也有了责任。无论你是会计师、律师还是教师等，这些职业和职务都赋予你人生一定的意义。责任是做好本职工作、做人本分的表现。有责任感的人才有担当，才有主动性，才懂得自律，将来才可能为工作、为家庭、为社会作出一定的贡献。"

专横父母"吓跑"孩子责任心

有一种父母不溺爱孩子，但走到了溺爱的反面，就是专横、严厉、不宽容。他们倒是不把孩子当"小皇帝",却把孩子当下级甚至附属品,认为自己提供了一切,安排好了路线,设定好了目标,孩子就应该服从和完成。碰到这样的父母,孩子一般都胆小怕事,因为一旦做错事就会挨骂受罚。他们不爱"揽事",一犯错先推卸责任。

有时候父母一生气,说的话特别难听,让孩子十分痛苦,直接"谋杀"了孩子的责任心,比如使用难听的字眼。

"谋杀"孩子责任心的说话方式	
侮辱	傻瓜!废物!不中用的东西!你简直是个饭桶!
非难	叫你不要做,你还要做,真是不可救药!
压制	不要强词夺理,我不会听你狡辩!
强迫	我说不行就不行!还敢顶嘴!
威胁	你再不学好,妈妈就不要你了!滚出去!
贿赂	只要这次考90分以上,爸爸就给买新手机!
挖苦	就你还想当画家,做梦吧!

专横父母培养出来的孩子也不会有责任心,因为父母总利用权威打压孩子。孩子内心真实的需求与感受都被压下去了,一切选择都是被动的。既然被动就不需要承担责任。

没有责任心的孩子感受不到幸福

没有责任心的人有很严重的人格缺陷,他们害怕承担责任,斤斤计较,不愿付出,这样的人在职场上很难独当一面,事业上不会有出色的表现。在婚姻中不懂相处,也很难享受到家庭幸福。

◆ 我有一个40多岁的男学生,两年前与妻子离婚了。他对我说,他不是一个坏男人,也没有喜新厌旧,选择离婚,完全是出于无奈。原来,他的前妻根本不愿尽到一个做妻子、做母亲的责任。她不做家务,家里总是乱成一团,害得他从不敢带朋友到家中做客。她喜欢打麻将,经常忘记做饭,对孩子也疏于照顾。前妻和他父母的关系很不好,一点不懂得尊重老人……反复沟通没有改善之后,他只好选择了离婚这条路。

◆ 我还有一个女学生,几年前嫁了一个富二代。婆婆是一家房地产公司的董事长,出手十分阔绰。她结婚时,婆婆给小两口又是送别墅,又是送宝马、奔驰豪华车,所有人都羡慕她的生活。但好景不长,她结婚不到两年,生完孩子之后,老公就以有应酬、要发展事业为由,经常不回家,对她和孩子的所有事都不闻不问。通过在一起生活,她了解到,原来老公这么不负责任,和她婆婆有直接的关系。就是因为婆婆从小到大宠溺他,对他有求必应,才让他不懂得为自己和他人负责。即使结了婚有了孩子,也无法承担起一个男人照顾家庭的责任。

上面讲的两个没有责任心的成年人,都曾经是没有责任心的孩子,都是父母疏忽责任心教育的结果。所以,我在这里给天下的父母提个醒,一定要尽早帮自己的孩子建立起责任感,只有这样才是真正爱孩子,才是真的帮助孩子成长!

有一个叫龙龙的中学生,成绩非常好,奥数比赛屡屡夺冠,是学校重点培养的尖子生。可是,他生活自理能力实在太差,连起床穿衣都要父母帮忙;吃饭还要爷爷给盛饭。他有个习惯,碗放左边代表吃饱了,碗放右边代表还要添一些。爷爷要是饭上得慢了,龙龙还会发脾气。

龙龙母亲说,过去他们一家人都望子成龙,认为孩子只要成绩好就行,对龙龙有求必应,从小他什么委屈都没受过,家务活也没干过。然而,令人困惑的是,他们付出越多,龙龙越不领情。龙龙开始顶撞父母,有时一连几天都不搭理他们。"有一回我发高烧,龙龙连一杯水都没端给我,一句关心的话也没有。"龙龙母亲觉得这样下去不行,就去咨询心理医生,结论是龙龙有"人格缺陷"。忧心忡忡的龙龙父母听从了专家的建议,送他到美国参加国际学生培训项目,寄住在一个叫帕克的人家中,通过这位美国临时家长的"美式"教育,教会孩子如何与人相处,培养他健全的人格。

这个帕克已经"培训"过好几个中国孩子,对"改造"龙龙这样的孩子很有信心。他说,中国孩子聪明好学,基础知识扎实。但他们普遍缺乏团队精神,心理承受能力差,不会尊重他人,不知道感恩。

龙龙刚到帕克家时,极其反感做家务。当其他孩子高高兴兴地帮厨时,龙龙要么傻站在一旁,要么把自己关在房间里。有一次,帕克让龙龙倒垃圾。龙龙说:"我还没学会呢。"帕克说:"如果你今天不把垃圾倒了,就别想吃晚饭。"龙龙性子倔,宁可饿着肚子忍受香喷喷的烤鸡腿的诱惑,也不肯服软。当天晚上,他给妈妈打越洋电话,张口就大骂:"你这个浑蛋的猪妈妈,为什么送我到这个鬼地方?那个美国老头让我倒垃圾,不倒就不让我吃饭。他比恐怖分子还坏。我什么时候干过这么下贱的事情,我命令你赶快把我接回去。"

龙龙的父母和帕克一直保持着沟通,他们一边对龙龙做着心理辅导,一边重申不妥协。坚持到半夜,龙龙终于"屈尊"倒了垃圾,如愿吃到了烤鸡腿。突破这一关,事情有了转机,从那以后,每天倒垃圾成了龙龙的"必修课"。他还学会了为自己准备中餐,经常在厨房帮忙,参加社区的志愿者活动,并获得了当地颁发的志愿者贡献奖。

一年后,龙龙从美国回来了。他做了三件出乎父母意料的事情,一是给妈妈洗脚;二是背着卧病在床的父亲去了医院;三是到已去世的爷爷墓前烧香祭拜。龙龙说,他要为过去的不孝"赎罪"。母亲十分感动,逢人便说:"这跟我以前的龙儿多不一样呀!"

我20岁出头去美国,在那里生活了30多年,对中西方家庭教育的差异有切身体会。国内很多父母只生一个孩子,对孩子百依百顺,不知道什么时候该说"不"。西方的父母一般不太溺爱孩子,知道适时拒绝孩子。事实上,娇生惯养很容易造成人格缺陷。一个人的人格缺陷只是个人问题,如果很多人都有人格缺陷,则成了社会问题。最可怕的是,这种人格缺陷如果代代相传,将会是民族的问题。一想到会有这么严重的后果,简直让人不寒而栗。

Chapter 8 孩子的品行比成绩更重要

如何培养孩子的责任心？父母必须记住一个原则：只要孩子能自己做的，父母就不要帮他们做。父母帮孩子做得越多，孩子越不懂得感恩。让孩子有机会独立把事情做完。就算没有成功，他也能学到经验。

教育孩子自己的事情自己做

现在的孩子为什么都容易发脾气？因为父母帮他们做的事太多了。父母帮孩子做得越多，孩子越不懂感恩。因为他们会觉得父母为自己付出是理所当然的，别人没做好时，他的脾气马上就来了。

责任感必须从小培养，当孩子开始发展独立意识和自我意识时，就是父母培养孩子责任心的最佳时机。要培养孩子的责任心，就要锻炼孩子独立做事的能力。父母须记住一个原则：只要孩子能自己做的，父母就不要再帮他们做。从自己洗手、自己穿袜子、自己收拾玩具这些小事开始，一直到孩子自己决定上哪所中学，暑期报什么课外班，大学报考什么专业……父母都要逐渐放手，让孩子学会对自己负责，做自己生活、情绪、时间、空间的管理者。当孩子遇到困难，父母可给予指导和建议，但不能替代，尽量尊重孩子的独立意志。

鼓励孩子参与家务事

真正的教育来自于生活，家长让孩子帮忙做家务，是培养孩子家庭责任感的第一步。美国哈佛大学心理学家韦朗特曾经追踪研究一组青少年达数十年，发现在童年时期参与家务比较多的人，比参与家务少的人，成年后在人际关系方面表现更好，获得高薪工作的机会也高4倍，失业的可能性则低15倍。此外，前者比较乐观、有充实感，后者犯罪的可能性比前者高。

以前，每当家里的打印机出故障、需要搜集英文资料或出差前要先打出登机牌，我就会喊女儿帮忙。每当家里新添家具，我的先生就会喊儿子平平帮忙组装，因为他从小就做这些事。平平16岁左右时，家里再买新家具，他自己就能一边看说明,一边完成组装了。孩子参与了家里的事情,会感到自己为家庭作了贡献,一种归属感和向心力会在心中油然而生。心中油然而生一种归属感和向心力。

孩子终究是孩子,意志和思维都达不到大人的水平,有的事也很难做得尽善尽美。有的妈妈向我抱怨:"让孩子做?她做10分钟,我要用20分钟去收拾她的烂摊子。"的确,孩子都是三分钟热度,刚才还信心十足地拍胸脯保证能做完,没一会就厌烦了,玩别的去了。

责任心是一点点培养起来的,父母要对孩子有耐心,更要讲究方法。让孩子做一件事,并不是父母吩咐之后就不管了,而是要提供具体的指导,确保孩子做的事情是他力所能及的,逐步让孩子摸索和掌握技巧,这样才能减少"虎头蛇尾""越帮越忙"的状况。

比如,父母可以先让孩子"认养"一件家务事,洗碗、整理房间、倒垃圾、浇花都可以。父母定好"制度"之后,就要严格执行,赏罚分明。孩子想推诿或退缩时,父母应该坚定立场,让孩子明白,分内的事应该负责到底。自己的"王国"要靠自己管理。这样,他们就不会认为,把用过的东西放回原处是减轻妈妈的负担,这是在减轻自己的负担,因为下次再用时,就会非常方便地找到。如果孩子没有完成分内事,父母要根据事先定好的"制度"惩罚孩子,比如扣除零用钱。孩子也许一开始不习惯这样,但只要坚持,习惯就会慢慢养成。而一旦习惯成自然,孩子的责任心就内化在他们的心中了。

在孩子参与做家务的过程中,无论做得好与不好,父母都要承认这是孩子努力的成果。虽然真实的情况是孩子越帮越忙:洗个碗,桌上地下全是水;拖个地,像在地上写大字……但父母依然要肯定孩子的付出,赞赏孩子为家庭所作的奉献,让孩子心生"幸好有我帮忙"的快乐感。

如果哪一天,你的孩子自告奋勇做了一道菜,即使并不好吃,做父母的你也必须做出吃得很开心的样子。这不是虚伪,而是对孩子的一种鼓励、一种肯定。你不妨这样说："这菜味道真不错,如果盐放少一点儿味道会更好。"孩子听你这样说,就会很认真地想下次怎么改进。但如果你说:"这么咸让我怎么吃啊!"孩子就很可能失去尝试的兴趣了。记住,父母一定要让孩子心中有"再做一次"的渴望。只有这样,孩子的责任心才会被不断巩固。

让孩子自己去承担"后果"

如果孩子做错事或做得不太好,哪怕事情再小,父母都应让孩子负起责任,让他们学会自己承担后果。比如,若孩子上学忘了带课本,父母不要急着帮他送到学校,要让他体验到自己失误带来的后果。孩子不小心打碎邻居玻璃、撞坏邻居花盆,父母肯定要出钱赔给人家,但钱是父母代付的,孩子并没有为错误付出代价。正确的做法是,父母需要和孩子讨论一个双方认可的方案,或者孩子同意每个月少拿一部分零花钱,或者多承担一些家务(比如刷一个月马桶)。

为什么必须这样做呢?因为,如果每一次父母都出钱帮孩子解决问题,却不要求孩子负责,孩子就会认为:反正爸妈会帮我解决,我做错也没有关系。有了这样的态度,孩子肯定还会犯同样的错,责任感很难建立起来。

一旦孩子面临处罚,父母应鼓励孩子坦然接受与面对,不能因为害怕责罚而逃避、说谎。孩子承担责任是需要一定勇气的,勇气来自于孩子对父母的信任。也有父母认为孩子还小,犯点错不需要负责,自己帮忙善后。他们这样貌似爱孩子,实际是把孩子的责任揽到自己身上,让孩子无法从错误中吸取教训。这样的孩子长大后会习惯性地推诿责任,为自己找借口,很难受他人欢迎。

自信的孩子离成才更近

自信心是一种积极的心理品质,是引导人走向成功的阶梯。自信心强的人,内心对自我是充分肯定的。他们具有强大的精神力量,常常表现出很强的适应性，无论在熟悉还是陌生的领域，无论生活在顺境还是困境当中，都会积极乐观地面对，集中智慧解决遇到的问题。

缺乏自信是孩子的一大悲哀

信心是命运的主宰，因为自信，又盲又聋又哑的海伦·凯勒创造了人类史上的奇迹。这位美国19世纪的女作家、教育家、慈善家和社会活动家，从19个月起就再也看不到任何东西、听不到任何声音，也说不出任何话语。但是，她以顽强的毅力，掌握了英、法、德等五国语言，甚至学会了书面语言、说话乃至演讲，和那些耳聪目明的正常女孩一起，从世界顶尖的哈佛大学毕业。马克·吐温曾评价说："19世纪有两个了不起的人物，一个是拿破仑，一个就是海伦·凯勒。"支撑海伦·凯勒创造这样伟大人生的力量，正是信心！

没有信心的人往往一事无成。缺乏自信是人生的一大悲哀，一个看不起自己、不认可自己的人，还能指望获得他人的认可和尊敬吗？生活中我们常发现，一些孩子非常聪明，却因为缺乏自信，在学习和生活中稍微遇到一点困难就垂头丧气，止步不前。而一些资质平平的孩子通过不懈努力却可以取得优异的成绩，他们凭的就是自信心，相信自己能克服困难、不断超越。

父母的态度影响孩子的自信程度

谁能够影响一个孩子的自信程度呢？是父母采取的教育方法。在人之初，在孩子的自我意识形成之际，家庭教育能赋予孩子对自己的信心、对未来的信念、对他人的信任，也能够左右一个孩子的心态是否乐观，是否积极。父母对孩子有怎样的评价和态度，往往能决定孩子对自己的认知程度和认知态度。之后是学校教育、社会教育以及孩子长大后的自我教育，后三者都建立在家庭教育的基础之上。

作为父母，你也许不能给孩子十分富足的物质生活，不能给孩子英俊或美丽的外貌，但你肯定能给孩子由衷的赞扬和鼓励，让他们因为你的认可而自信。在孩子很小的时候，父母便要积极肯定他们的价值，称赞他们付出努力的行为和态度，不能随意打击、嘲笑孩子。培养信心更好的途径是放手，让孩子做力所能及的事，在小事上不断锻炼他们。只要孩子自己能一个又一个地解决问题，自信心自然而然就高涨起来了。

接下来我给大家讲个故事。

他是个黑人，1963年出生于纽约布鲁克林贫民区，从小就生活在贫穷与歧视中。他有四个兄弟姐妹，父亲那点微薄的工资根本无法维持家用。对于未来，他看不到任何希望。

13岁那年，有一天，父亲递给他一件旧衣服，并问他："你觉得这件衣服能值多少钱？""大概1美元。"他回答。"能卖到2美元吗？要是你卖掉了，就算帮了我和你妈妈。""我可以试一试，但不一定能卖掉。"他答应了。

他小心地把衣服洗净，没有熨斗，就用刷子把衣服刷平，然后铺在一块平板上晾干。第二天，他带着这件衣服来到人流密集的地铁站，经过6个多小时的叫卖，他终于以2美元的价格卖出了这件衣服。紧紧攥着2美元，他开心地一路奔回家。

打那以后，他开始热衷从垃圾堆里找旧衣服，打理好后再去闹市卖。过了10多天，父亲又递给他一件旧衣服，像上一次那样问他："你想想，这件衣服怎样才能卖到20美元？""怎么可能？它顶多值2美元。"他耸耸肩。"为什么不试一试？总会有办法的。"父亲放下衣服走了。

终于，他想到了一个办法。他请表哥在衣服上画了一只可爱的唐老鸭和一只顽皮的米老鼠，衣服看起来漂亮多了。之后，他在一个贵族子弟学校门口摆摊叫卖。没多久，一个坐在车里等待少爷放学的管家买下了这件衣服，还给了他5美元小费。25美元，这无疑是一笔巨款。相当于他父亲一个月的工资！

没想到，回到家后，父亲又递给他一件旧衣服，这次问他："你能把它卖到200美元吗?"父亲的眼里闪着光。这一回,他没有犹豫,沉静地接过了衣服。

两个月后,红极一时的电影《霹雳娇娃》的女主演拉弗西来纽约做宣传。记者招待会结束后,他推开身边的保安,扑到拉弗西身边,举着旧衣服请她签名。拉弗西看到是一个纯真的孩子索要签名,便痛快地签上了自己的名字。他激动得欢呼起来:"拉弗西小姐亲笔签名的运动衫,售价200美元!"经过现场竞价,一名商人以1200美元的高价收购了这件运动衫。回到家里,一家人禁不住狂欢……父亲感动得泪水横流:"没想到你真的做到了!我的孩子,你真的很棒!"

这天晚上,父亲与他抵足而眠。父亲问:"孩子,在卖这三件衣服的过程中,你明白了什么?"他说:"只要开动脑筋,办法总会有的。"父亲点点头,又摇摇头:"你说得不错,但这不是我的初衷。我只想告诉你,一件只值1美元的旧衣服,都有办法高贵起来,何况我们这些活生生的人呢?我们只不过黑一点,穷一点,可这又有什么关系呢?"

父亲的话像一轮灿烂的朝阳,刹那间将他的心照亮。是啊,连一件旧衣服都有办法高贵,我又有什么理由妄自菲薄?从此,他努力学习,严格刻苦地训练,对未来充满着希望!

20年后,他的名字传遍了世界的每一个角落。他,就是美国NBA职业篮球明星——迈克尔·乔丹。

乔丹是一个从美国底层社会打拼成功的典型代表,他的父亲则是他富足精神的缔造者。老乔丹曾这样教育乔丹:"重要的不是你的肤色,也不是你的富有,而是你的人格。"

他对儿子的教育不仅是口头上的,更存在于生活的点点滴滴。就像卖衣服这件小事,他不断地激励乔丹相信自己、开动脑筋、创造价值。采取循序渐进、正确的心理暗示等方式引导孩子,最终点燃了乔丹内心的火把,成就了乔丹辉煌的一生。

Chapter 8
孩子的品行比成绩更重要

自信源于积极的心理暗示。父母要擅用积极的心理暗示，多向孩子传递正面的能量和评价。孩子的自信心是打开他潜能的钥匙，只有孩子的自信心巩固了，才能通过精神和智慧的力量，自觉将深藏的潜能迸发出来。

睿智的父母培植孩子的自信心

睿智的父母懂得用欣赏、夸奖、鼓励、暗示等方法培养孩子的自信，他们明白，自信心是打开孩子潜能的钥匙，只有孩子的自信心巩固了，才能通过精神和智慧的力量，自觉地将深藏的潜能激发出来。

◆ 有一个男孩十分优秀，美中不足的是他左脸有一片十分醒目的胎记，从眼角一直延伸到嘴角，颜色是青紫色，猛然一看十分吓人。但这个男孩显然没有因此自惭形秽，他总面带笑容，安之若素，自信谦和，老师同学都喜欢和他交往。相貌上的缺陷对一个人的影响是巨大的，有的人一生都走不出自卑的阴霾。这个男孩的一个好朋友有一天忍不住问他："为什么胎记没有给你带来阴影呢？"这也说明了男孩的心态很健康，否则他的朋友也不敢当面问如此敏感的问题。

男孩这样回答："怎么会呢？从小，父亲就告诉我，在我没有出生前，他向上天祈祷，希望上帝赐给他们一个有特殊才能、与众不同的孩子。上帝听到了他的祈祷，在我出生时，让天使吻了吻我的左脸，做了个标记。这样，他才能在众多婴儿、茫茫人海中准确地把我送给我的父母。我的脸上留下了天使的吻痕，这是幸运的标记。我父亲是这样告诉我的，所以，我从小对自己的好运气深信不疑。每当陌生人第一次见到我，脸上都会流露出惊讶的表情，我都把它解读为羡慕。我是上帝送给父母的最独特的孩子，所以，我从小就特别努力，生怕浪费了上帝赐给我的特殊才能。这么多年下来，我感觉自己一直受到命运的垂青，这证明父亲当年一点也没有骗我。"

看！这个男孩拥有一位多么爱他、多么智慧的父亲啊！本来是一个不那么幸运的孩子，因为父亲成功的心理暗示，他成了一个健康、自信、优秀的孩子。这位父亲才是孩子生命中真正的天使！

皮格马利翁效应

事实上，自信就是一种积极的心理暗示，心理学原理叫作皮格马利翁效应，由美国著名心理学家罗森塔尔和雅各布森在小学教学上验证提出。皮格马利翁是古希腊神话中一位年轻的国王，他很喜欢雕塑。有一天，他雕了一尊美丽的少女雕像，并爱上了她，像对活人一样天天对她说话。奇迹出现了，少女真的拥有了生命，变成了美丽的少女，并成为国王的王后。这是一个神话，反映的是一种真实的心理效应，心理学家都叫它"皮格马利翁效应"。

◆ 1968年，这两位心理学家来到一所小学，随意挑选了18个学生，将他们的名字写在一张表格上，郑重交给校长，极为认真地说："这18名学生经过科学测定，是你们学校最有发展前途的学生。"时隔8个月，两位心理学家又来到该校，发现这18名学生的确超过一般学生，进步很大。后来，他们进入社会，在不同的岗位上也都表现非凡。

其实，这只是心理学家所做的一个期望心理实验：18个学生的名单完全是随机产生的，并未经过科学测验。但是，这个"谎言"对教师产生了暗示。因为相信了权威专家的判断，教师对这18个学生另眼相看。在和这些学生交谈时，教师们情不自禁地通过自己的情绪、语言和行为，把内心对学生的积极认可和评价传递给了他们。比如，教师对名单上的学生难掩内心的热情；注视对方时，眼神充满欣赏和信任；语调亲切、鼓舞人心；笑容也变得更加温暖、亲切，透露出由衷赞赏的意味。教师的表现对这18个学生产生了显著的影响，他们变得更自信、更自觉，努力学习，积极向上，很快成绩就突飞猛进，进步很大。

为人父母者都能从"皮格马利翁效应"中得到启示，用于对自己孩子的教育上：父母对孩子的赞美、信任和期待，会促进孩子提升自我价值，变得自信、自尊，获得一种积极向上的动力。孩子会努力学习，做事情，约束自己的行为，不辜负父母的期待。相反，如果父母给孩子传递负面信息，孩子就会降低自我评价，丧失信心，陷入自卑和不安。

敏感的孩子更需要父母的认可

很多人都读过《撒哈拉的故事》，为作家三毛的文笔和才情所折服。但是，外表洒脱阳光的三毛却有着敏感细腻的情感和心理。她的童年很不快乐，内心一直背负着对父母的歉疚，因为让父母失望而难以释怀。

三毛上小学时，语文很好，显露出很强的文学天赋，但她数学太差，数学老师就不喜欢她。有一回，三毛数学考试又没及格。这位极不负责的数学老师用毛笔蘸墨，把她的脸画成了大熊猫，还让她在校园里走一圈，受尽老师和同学的围观、嘲笑。这件事使三毛内心受到极大的伤害，从此她拒绝再去上学。身为知识分子的父亲尽管为孩子的教育着急，也无计可施，只好请家教让她在家中学习。虽然父亲没说什么，但是天性敏感的三毛还是因为父亲不经意的流露而深陷自卑。在《一生的战役》中三毛写道：

> 这一生，自从小时候休学以来，我一直很怕你，怕你下班时看我一眼之后，那口必然的叹气。也因为当年是那么的怕，怕得听到你回家来的声音，我便老鼠似的窜到睡房去，再也不敢出来。那些年，吃饭是妈妈托盘端进来给我单独吃的，因为我不敢面对你。强迫我站在你面前背古文观止、唐诗宋词和英文小说是逃不掉的，也被你强迫弹钢琴，你再累，也坐在一旁打拍子，我怕你，一面弹'哈诺'一面掉眼泪，最后又是一声叹气，父女不欢而散。
>
> 爸爸，你一生没有打过我，一次也没有。可是小时候，你的忍耐，就像一层洗也洗不掉的阴影，浸在我的皮肤里，天天告诉我，你这个教父亲伤心透顶的孩子，你是有罪的。不听你的话，是我反抗人生最直接而又最容易的方式。它，就代表了你，只因你是我的源头，那个生命的源……你

一向很注意我，从小到大，我逃不过你的那声叹气，逃不掉你不说、而我知道的失望，更永远逃不开你对我用念力的那种遥控，天涯海角，也逃不出……我一生的悲哀，并不是要赚得全世界，而是要请你欣赏我！

你留的信，很快地读了一遍，再慢读了一遍，眼泪夺眶而出。爸爸，那一刹那，心里只有一个马上就死掉的念头，只因为，在这封信里，是你，你对我说——爸爸深以为有这样一枝小草而骄傲。这一生，你写了无数的信给我，一如慈爱的妈妈，可是这一封今天的……你这一句话，等了一生一世，只等你——我的父亲，亲口说出来，肯定了我在这个家庭里一辈子消除不掉的自卑和心虚。

父亲的一句肯定，竟然在已经成年的三毛心中掀起如此大的波澜。可见，孩子对于父母的评价多么在意，甚至父亲一个不经意的叹息，都能让孩子恐惧得不敢面对。三毛于1991年48岁时因为抑郁症而自杀身亡，我想这与她儿时的内心伤痕是有一定关系的。如果时间能够重来，相信三毛的父亲不会再吝啬赞扬与微笑，他会在女儿尚小时，尽力发挥一位父亲对女儿所能起到的积极作用，为柔弱又自卑的三毛加油打气，让她摆脱失败的阴影，鼓足勇气面对困境，重拾生活下去的信心！

过度表扬对孩子有害无利

父母利用赏识教育培养孩子的自信心，要注意不要动不动就表扬孩子，一天到晚让孩子生活在赞扬之中，产生盲目的自信，使孩子走向自负。儿童教育专家玛莉琳·古特曼认为，那些小时候总是受到父母过度表扬的孩子，在他们步入社会后很可能遇到更多的失望。这是因为，有些父母为了鼓励孩子，总是不按客观事实，夸大其词。过分赏识会使孩子飘飘然，从而失去对自我价值的客观判断。

每对父母的心中，都有一个对孩子的期望目标，但这个目标开始不能定得太高。如果孩子实际能力达不到，连连失败，就容易产生挫败感，丧失信心，不愿再去努力。但越是不努力，就越做不好；越是做不好，就越会不自信，形成恶性循环。但也不能把目标定得太低，孩子完成得轻而易举，父母大力赞扬，孩子就变得轻率和骄傲。因此，父母应根据孩子的发展特点和个体差异，量身定做，为孩子确定一个适合其水平的目标，让他们在不断的成功中获得自信。

==父母要擅于运用积极的心理暗示，多向孩子传递正面的能量和评价，这将对孩子的一生都起到重要的影响！== 同时，父母要培养孩子的自信心，就要让孩子不断地获得成功的体验。所以，协助孩子建立每一阶段适合他的目标，是每一对父母不可推卸的责任！

上进心来自父母的肯定。父母只要提供了宽松的环境，不去压制孩子内心的感受，孩子天生都是不甘落后的。上进心是孩子必备的非智力因素。求知欲和上进心强的孩子，往往都会积极主动地学习；而缺乏上进心的孩子，父母就是整天跟在屁股后面催促也无济于事。经常会有父母问我，为什么我的孩子对考试失败或者排名靠后无动于衷呢？怎么才能让孩子有一点上进心呢？

上进心是人内在的动机和愿望

其实，上进心和求知欲是人内在的动机和愿望。为什么树往上长，花往上开？这是自然规律！因为植物有向光性，为了争取阳光，每株植物都会向上生长。为什么人要上进，为什么说"人往高处走"？这也是自然规律！因为人是自然的一部分，每个人都希望被尊重、被敬仰。什么人会被人尊重、被人敬仰呢？有学识的人、有社会地位的人、有成就的人、德行高尚的人、认真工作的人、乐于助人的人、自强不息的人……这些道理并不复杂，孩子其实自己就能从社会生活中观察出来，自己就能悟出道理。

既然孩子天生就渴求进取、就有上进的动机，父母就不要把催促孩子上进当成自己的工作。父母一定要认清自己的角色。==如果把孩子的人生比喻成一场马拉松==，人生的跑道上，跑步的只是孩子一个人，父母只要在旁边呐喊助威就好。加油声不能喊得过于热烈，因为有时孩子需要调整和休息。一味加油让孩子开足马力奔跑，只会让他们感到身心俱疲，难以跑远。

父母既不能代替孩子跑，更不能站在一旁给孩子泄气。孩子已经跑得气喘吁吁了，父母还指着别人冲孩子大喊："你为什么这么不上进，快看啊，别人已经超过你了！"有些父母嫌孩子跑得太慢了，甚至直接上去踹孩子一脚。想想看，那些体罚孩子的父母，所做的事不就是这样（恶劣）吗？现实中，这样的父母太多了，他们不断提要求、不断指责和否定孩子，给孩子泄劲。父母这样做，孩子只会感到孤单和愤怒，认为父母根本不理解自己，无论怎么拼命，父母都不满意，哪里还会有动力奋起直追呢？

读书时认真读书，玩时放开玩

我很庆幸自己生在一个环境宽松、充满爱的家庭，我从小就是在没有压力的情况下开始学习的，非但没有压力，父母对我都是鼓励和赞扬。我是家中最小的孩子，哥哥和姐姐都比我大十几岁。所以，小时候家中是没人陪我玩的。我性格很活泼，希望能找到小伙伴一起玩，就吵着要父母送我去幼儿园。

父母把3岁的我送进了幼儿园读小班，4岁读大班，5岁进了小学一年级，虽然还没有到入学的年龄，父母还是把我送进学校了。第一学期下来，班上50位同学，我考试排到第38名。成绩单拿回家，父母竖起大拇指夸奖我："哎呀，真棒啊，拿了38名！"因为父母认为我在班上年龄最小，预计我大概要考最后一名，没想到我比他们预期的好很多。

第二学期下来，我考进了20名以内。成绩单拿回家，等待我的当然又是大拇指。父母夸我道："女儿，你又进步了！"到初中时，我就考到了前10名，到高中时又进步到前5名。纵观我的整个学习生涯，从小学到高中，成绩一直在不断地进步中，最后考上了中国台湾地区最好的大学——台湾大学。我的父母一直没有过度要求我，我就是一边学一边玩，把书念完的。

我的上进心就是这样自然而然产生的：父母对我的肯定让我首先产生了责任心，不能辜负父母的期望；我努力读书、希望能再考好一些，让父母更高兴，这就产生了进取之心。父母总对我说："读书时认真读书，玩时也放开玩。"在读书之余，他们也鼓励我多参加课外活动，所以我随性发展，喜欢运动、唱歌、跳舞，这些爱好培养了我积极向上、乐观进取的个性，又使我更加开朗、合群和乐于助人。也可能因为这些品质和个性，我能在读大学时被选为台湾大学学生会的第一位女主席。

柏拉图说："玩是一切知识的原动力！"我的亲身经历就是这样的，所以我很赞同这句话。尤其在孩子小的时候，就应该在玩中学、学中玩，劳逸结合才使身心受益，玩的过程又促进了人的心智成长……所以，我一直坚信这一点：孩子天生都是不甘落后的，父母不用过多地给孩子外界的刺激，不要去压制孩子内心的感受，只需提供一个充满爱和信任的环境，孩子内心自然而然就能迸发出不服输、不甘落后的上进心来。

协助孩子规划未来的方向

人有理想，才有前进的方向和实现目标的动力。父母不能直接为孩子设定目标，要用孩子自己的梦想去激励他们，协助他规划出人生未来的发展方向。

与其说教，不如做表率

理想会催生进取心，成功者的心中都珍藏着某种理想，而人只有心怀目标时，才有前进的方向，才有实现目标的动力。所以，目标对一个人的发展具有非常重要的作用。父母要激励孩子的上进心，就要帮助孩子从小树立理想。当然，这里所说的理想并不是指某一特定职业，毕竟孩子还小，未来充满不确定性，只是一个大概的方向，是具有辐射性的，职业可能是模糊的，方向应该是清晰的。只有将方向弄清楚了，孩子和父母才能合力找到通往它的路径。

父母在孩子面前，应始终保持积极向上、奋斗不息的精神，给孩子树立好榜样。父母要用自己对事业的进取精神去影响孩子，让孩子知道工作就是一个需要认真对待、不断努力追求卓越的过程。在孩子小的时候，一言一行大部分是模仿父母得来的。所以，父母与其说教，不如做出个表率来。

犹太人非常重视孩子的教育。在孩子念中学时，学校会让学生参观父母所在的企业或工厂，让孩子亲眼看看父母如何工作。通过亲身感受父母在工作中的勤奋、积极、认真和努力，让孩子受到教育，从而珍惜父母为自己所做的一切，树立良好的学习态度。

孩子往往不愿听从父母嘴中讲出的道理，却愿从真实的生活体验中接受教育。通常来讲，在一个幸福温暖的家庭中，父母如果恪尽职守，男孩就会把父亲当作榜样，女孩就会把母亲当作榜样。而假使如果没有这样的条件，孩子也会在学习生活中寻找自己的榜样。

◆ 美国前总统比尔·克林顿是个遗腹子，出生前4个月，他的父亲在一次车祸中丧生。母亲改嫁他人，克林顿就跟外公、外婆以及舅舅一起生活。克林顿后来说，他从外公那里学会了平等和宽容待人，从舅舅那学到了男子汉气概。7岁后，母亲接克林顿和自己同住。新生活并不愉快，继父酗酒，和母亲经常起冲突，而且经常训斥克林顿，这使幼小的他心灵蒙上阴影。坎坷的童年经历，使克林顿形成了尽力表现自己，讨别人喜欢的性格。

中学时代的克林顿异常活跃。1963年，克林顿16岁，他在"中学模拟政府"竞选中被选为"参议员"，并应邀参观美国首都华盛顿。在参观白宫时，克林顿受到了时任总统肯尼迪的接见，还与肯尼迪握手，合影留念。这使得克林顿深受激励，并从此把肯尼迪总统作为学习榜样。而在此之前，克林顿的目标是当牧师、音乐家或者记者；在此之后，他把目标转向了从政。有了目标就有了努力的方向；在上大学期间，克林顿先读外交，后学法律，不断积累政治家需要的知识素养。在后来的30年间，克林顿矢志不渝，用坚强的毅力克服从政路上的一道又一道难关，最后终于达成目标。

借孩子的远大梦想激励他

在孩子还小的时候，字典里根本没有"未来"二字，更不用说去规划未来了。但是，他可能会"初生牛犊不怕虎"，凭借天真之气说，"我将来要当总统！""我要当百万富翁！"这样的言语是孩子对未来懵懂的认知，他们自己不知道是否能达到目标，以及如何达到目标。做父母的不能因为孩子的梦想太远大就打趣孩子，而应该借此激励孩子，协助他规划出人生未来的发展方向，这也是所有父母的责任。

这在美国人的家庭教育中，是很重要的一环。美国前国务卿赖斯说："我的父母是教育的福音传播者！"

◆ 赖斯是位黑人女性，她1954年出生于种族隔离非常严重的城市伯明翰。在那里，黑人的地位低下，尊严和权利经常受到白人的践踏。作为黑人小孩，她不能在公共游泳池里和白人小孩一起游泳；饮水机都是分开使用的；"儿童乐园"一年只有一天才对黑人小孩开放！这些事情都深深地刺伤了她。9岁那年，父亲带她去华盛顿游玩，并在白宫总统办公桌前拍照留念。赖斯对父亲说："总有一天我会在这里面工作！"父亲没有把她的话当成是孩子气，而是趁机激励她："爸爸支持你的梦想！但是，你只有比白人小孩双倍的优秀，才能跟他们站在同一起跑线上；只有比他们三倍的优秀，才能脱颖而出！"赖斯默默记在心里，更加严格要求自己，付出了多出几倍于普通孩子的勤奋和努力，拿到博士学位，并最终成为美国历史上首位黑人女国务卿！

莫把自己的期望强加给孩子

父母帮助孩子树立远大理想，要牢记不可把自己的期望强加在孩子头上。在这一点上，我有过亲身经历。

◆ 我的大女儿元元在读高中的时候，有一次我和她一起看电视，正好是新闻频道一位知名女主播在主持节目，那位主播是位土生土长的美籍华人，跟我女儿的背景很相似。于是我就对大女儿表示，希望她将来也能成为一位出色的新闻记者或电视主持人。在中国家庭，母亲表达对女儿的未来期望，通常是一件很平常的事。但元元从小就接受美国价值观的影响，是典型的美国孩子。她听我这样讲，严肃地对我说："妈妈，将来我要成为什么由我自己决定。生命属于我，选择也属于我，你不可以把你的主观意识强加于我，或让你年轻时未完成的梦想，期待在我身上实现，这对我是不公平的。"

我听后大吃一惊，也了解到孩子的心理，于是，我马上向孩子道歉，并解释说这只是我对她的一种期待，并无强加于她的意思。我把这段故事讲出来，就是想告诉读者朋友，每个孩子内心都有自己的选择和定位，做父母的要激励、唤醒和鼓舞，让他们迸发进取心，而不能直接为他们设定目标。过于明确的目标容易遭到孩子的抗拒！

有上进心的人，一定是比较勤奋、有毅力的人。不够勤奋、缺乏毅力，孩子的天赋再突出也不可能成才。父母要让孩子知道：那些成功的运动员、歌唱家、舞蹈家、钢琴家等，每一个都是付出常人不可想象的汗水和努力，才取得了瞩目的成就。生命是一种积累，天下没有免费的午餐，在人生这场马拉松中，谁能坚持，谁才能笑到最后。而真正能坚持下来、逐渐脱颖而出的，都是将整段路程分成无数小段，每段路程设置具体目标，并逐一将它们实现的人。父母比孩子更懂得知易行难的道理，比孩子更明白进取心的重要性。而进取心只能是孩子自己心底油然而生的动力，如果孩子没有进取心，父母一定要检讨自己的教育方式。

你的孩子适合出国留学吗

送孩子出国留学是一件大事，父母的一个决定，改变的是孩子的一生。低龄出国留学的弊端远远大于益处。如果孩子热爱学习，在合适的年龄出国留学,并且选对了学校,那么拥有一段留学经历,将会提高他的综合素质和整体竞争力。

不断有学生或朋友向我咨询:"李老师,我想送孩子到美国留学,孩子多大送出去最合适?""李老师,我的孩子叛逆不听话,不爱学习,我们实在拿他没办法,只有送他出国受教育了……国外教育理念先进,总有办法教好他!"这样的问题很多,几乎每次讲完课都有人来问我。我在美国生活三四十年,对美国的情况比较了解,所以我就以美国为例,说说孩子出国留学的事情。

众所周知,美国大学在全球高等教育中优势明显,在世界大学前100强排名中,美国的大学占到一半以上,这也是美国科技领先于世界的重要原因。中国已经成为世界第二大经济体,具有经济实力的中国家庭越来越多,客观上降低了留学美国的门槛。留学美国,已经从之前学术精英们的专属,变成了中国有经济实力的普通大众也可能享受到的教育机会。中国现在的多数家庭只有一个孩子,很多父母认为,花上半个房子的钱送子女出去留学是不错的"投资"选择。

但是,经济只是外部因素,出国留学最重要的因素是孩子和家庭等内部因素。如果在孩子身上的"投资"失败了,所损失的不仅仅是金钱,更重要的是浪费了孩子的大好青春,甚至是让他们美丽的梦想破灭,那是任何东西都无法弥补的。如果你的孩子根本就不适合出国留学,父母一定要送出去,对孩子会产生非常负面的影响。有的家庭也不适合送孩子出国,家庭教育出了问题,只能通过家庭成员的努力在家庭内部解决。不是把孩子送到"先进"的地方,家庭教育方面的问题就可以消弭于无形!

心理准备比资金筹备更重要

◆ 有一个男孩从小到大都非常优秀,像很多中国的尖子生一样,他除了学习,没有其他的兴趣爱好。高中一毕业,他就被父母送到美国读本科。刚出去的前半年里,他经常给家里打电话,抱怨学习压力大,周边都是优秀的同学,自己没有朋友,感觉很孤单,还经常失眠。他在电话里和父母商量:能不能回国读大学?父母坚决不同意,钱已经花了,亲戚朋友同事都知道自己的儿子刚去美国,怎么能说回来就回来?夫妻两个人轮流给孩子做思想工作,希望他坚持下去。但没过几个月,这个孩子还是自作主张回来了。回来之后,家人发现这个孩子完全变了:双眼无神、反应迟钝,不再像以前那样活泼开朗,整个人变得非常消沉。带他去看精神科,才发现这个男孩得了抑郁症,而且是重度抑郁,医生要求必须住院治疗。

原来,这个男孩虽然在国内成绩很好,却很难适应美国的学习环境,学习非常吃力。首先,语言关就很难过,上课听不懂,课后需要花大量的时间和精力听老师的录音。其次,也是最重要的,中国学生已经习惯"标准化"的测试,美国老师则鼓励原创的解决方案和独立思考。这一点让很多中国学生无所适从,这个男孩也不例外。最后,大学是个性尽情展现的舞台,很多美国本土学生不仅学习努力,还擅长体育、社交、公益,个个光芒四射。相比之下,这个男孩唯一的优势是曾经的"好成绩"。如今这个优势不复存在,男孩的心理支柱一下子坍塌了,整夜整夜地失眠,没多久精神就崩溃了。

这是一个真实的案例,这样的例子每年都层出不穷,心理疾病尤其容易找上那些年龄小的留学生。有的父母虚荣心太强,倾尽全力将孩子送进美国非常好的学校,但像哈佛、斯坦福等这些一流大学,竞争是非常残酷的。有些孩子在国内是顶尖的学生,在国外却跟不上学校的进度,这造成了他们心理压力很大。有的孩子因此得了抑郁症,甚至想不开自杀,令人惋惜。

所以,留学对于只身前往异国他乡求学的学子而言,不仅是生活和学习的挑战,更是严峻的心理考验。不少父母以为把孩子送出国就完成了一个重要目标,接下来只要不断给孩子汇钱就可以了。其实还差得很远——孩子出国,仅仅是一个开始。父母自己要做好心理准备,更要引导孩子做好心理准备。从熟悉的国内环境转换到一个文化、语言、历史、风俗、学习氛围等完全陌生的环境里，没有较高的情商、心理素质不够好是很难顺利熬过过渡期的。

准备出国留学，要过这几关

如何判断自己的孩子适不适合留学呢？父母要从以下几点考量。

第一，孩子应具备一定的自控能力，有辨别是非和约束自我的能力。因为现在中国的家庭多是"4+2+1"的结构，孩子无论学习还是生活都有人监管或照顾，在学校有老师来管理和约束，回家后有家人督促。然而到了国外，学校的管理比较松散，基本上依靠学生的自我管理。就像一根弹簧，孩子在国内受到父母和学校的约束，处于一种压缩状态。一旦到了国外，突然身边没有任何人管束，处于极度的伸张状态。反差之下，如果孩子不够自律，不会合理安排自己的时间和生活，就容易出现各类问题。特别是年龄小的学生，有的根本没有学习目标，每天除了上课，其他时间都在玩。有的孩子沉迷于电子游戏，越玩越上瘾。更有甚者，通过网络接触到大量不健康的东西。由于抵御能力差，容易走上歧途，最后无法自拔。

第二，孩子要有一定的自学动力，懂得自我激励。能够很好地表达自己，乐于接受挑战，且具有一定的沟通能力。中国很多父母对美国的教育不太了解，认为美国的孩子学习很轻松，有的父母甚至就为了不让孩子在国内受学业的煎熬而将其送出国，这种看法是非常片面的。美国教育实行的是"宽进严出"，如果想在毕业时有一个良好的成绩，学生在校期间就需要不断地学习和自我激励。所以，尽管美国的大学对学生上课没有严格的考勤制度，管理显得很松散，但每门课都作业繁多、考试不断。那些已经习惯了死记硬背，缺乏自主学习能力的学生，很难较快地转换思维方式和学习方法，如果这样的孩子出国，他们适应的时间明显要更长一些。

情商高的孩子无疑更适应各种充满挑战的生活。在国外学习和生活，每个人都不可避免会碰到很多困难。因此，乐于表达、懂得沟通是非常重要的素质。能够真诚和准确地表达自己，处理好人际关系，能够与老师、同学友好相处的学生，会更快建立自信心，交到朋友，这些都有助于孩子在异国他乡顺利地开展学习生活。

第三，孩子必须具备一定的生活能力。中国现在的家庭很多都是独生子女，很多父母对孩子照顾得无微不至，主动为孩子做得太多，有的家庭还请了保姆。太多人为一个孩子提供精心的照顾和服务。在这种环境下，孩子就没有机会参与家务劳动，得不到生活的磨砺和锻炼。久而久之，他们就会失去生活自理的能力。有的孩子甚至在什么天气该穿多少衣服都不知道。这种现象也可以用一种"凹凸理论"来解释。根据中文"凹"和"凸"的字形，我们在这里用"凹"表示被动、退缩之意；与其相对应，用"凸"表示主动、积极之意。即父母太过主动，有时不见得是什么好事。大人越是积极，孩子就越发被动，被剥夺了在某些方面得到锻炼的机会。所以我建议中国的父母，无论你的孩子将来是出国留学，还是选择在国内受教育，平时都要注意培养孩子的自理能力。在孩子不同的年龄阶段，叫他们做力所能及的家务事。这样，将来他们独自生活时，才不会因离开父母而寸步难行。

举一个吃饭的例子，美国大多数学校食堂里的食物虽然很丰盛，但口味上还是不太适合中国人，比如油炸食品较多，蔬菜基本上是生吃等。有的学生最开始时会出现肠胃不适。如果一个孩子完全不会做饭，就只能忍受这些。别小看吃饭这件事，事实上，正是这些生活上一点一滴的小事累积起来，才让身处异国他乡的游子内心充满乡愁。如果做饭难不倒一个孩子，他就可以"自己动手，丰衣足食"，不必对着汉堡包暗自想家了。

孩子身心不成熟，留学风险大

送孩子出国留学是一件大事，父母的一个决定，改变的是孩子的一生。近年来，中国学生到国外留学持续升温，留学美国的人数增长速度更是惊人。据报道，2009—2010年度，美国在校中国留学生总数为12.8万人；到2011—2012年度，被美国高等教育机构录取的中国学生达到19.4万名；2012—2013年度，美国在校中国留学生总数达23.52万人，2014—2015年度的数字为30.4万人。中国已经连续第四年成为向美国输送留学生最多的国家。除此之外，留学美国的学生呈现出低龄化的趋势。以前去美国留学的学生，大多是在国内读完了本科，再到美国读硕读博。而现在选择在本科就把孩子送出去的家庭居多，本科留美学生的人数已经连续两年超过硕博留学人数。一些父母甚至在孩子读中学、小学时就将孩子送了出去。

如果你希望孩子将来留在美国发展，甚至计划全家移民，那么想早一点送孩子出去的想法是可以理解的。前提是孩子在国外一定能得到很好的照顾，孩子不能少了家庭的温暖。如果父母都不陪读，就让孩子一个人在大洋彼岸生活，将他寄宿在一个非亲非故的美国家庭里，或者叫他上寄宿学校，这样的安排真的很冒险。==孩子在成长期最需要父母的陪伴，这是任何所谓"先进的教育"都替代不了的。==

人的心理年龄和身体年龄是协调同步发展的。十几岁的孩子，在生理没有发育成熟的同时，其心理承受力、阅历、思维方式、心智等也不成熟。他们在家中被照顾得很好，一点儿风雨都没经受过，生活自理能力和应付复杂局面的能力明显不足。突然背井离乡、远离父母亲人，被置于一个完全陌生的境地，生活和学习上的难题一个个接踵而至，他们心理上是非常脆弱无助的。这种勉强"被留学"的结局往往不尽如人意：轻则使留学初衷不能实现；重则会导致孩子走上歧路。

◆ 2014年6月19日，密歇根州立大学大二学生张某某倒毙宿舍，被发现时已死亡多日。经过为期两个月的调查，警方得出结论，张某某是由于吸毒过量致死。根据对其毛发的鉴定——这个女孩吸毒已经有一段时间了。一波未平一波又起。仅仅是两个月后，还是密歇根州立大学，刚刚考入该校、尚未开始上课的19岁北京女孩戴某某被发现猝死在学生公寓。经警方调查，戴某某是死于饮酒过量。而再早前的2013年12月，19岁的中国留学生邓某某在参加勃鲁克学院某兄弟会宣誓仪式的时候，在名为"玻璃天花板"的游戏中不幸重伤殒命。

父母需要了解自己的孩子是否加入了"兄弟会"或"姐妹会"。美国很多大学都有类似的社团组织，通称"希腊社团"。它是美国高校特有的一种文化，由学生自发组织形成。每个社团均有自己一些不成文的规定，成员需要认同并且遵守这些规定。"兄弟会"和"姐妹会"一般是由高年级的学生来带低年级的学生，帮助新生熟悉校园环境，适应大学生活。这种社团的好处是有助于学生之间相互增进友情，认识与自己志同道合的朋友，在专业学习或未来发展中相互提携，锻炼个人在社团中的交往及活动能力，日后走向社会后也能相互关照。弊端是个别"兄弟会""姐妹会"组织活动的有些内容不太健康和积极，一些成员经常聚在一起狂欢作乐，彻夜饮酒甚至吸毒。

以前去美国留学的中国学生数量少，几乎没人加入这种以白人为主的社交群体。现在中国留学生越来越多，且年龄偏小，非常渴望抱团取暖，就把加入"兄弟会""姐妹会"当成了进入美国一些社交圈子的捷径。因为判断力不够，一旦进入个别不太适合自己的社团组织，难免受里面一些负面行为的影响，染上一些坏习气，行为出现偏差，有的孩子身心都备受伤害。

有的家庭选择由母亲陪读，一方面孩子在国外的起居有人照顾；另一方面也是为申请美国的永久居留权做些准备，父亲一个人留在国内做经济后盾。这样的安排看似不错，但许多家庭先后出了问题。一家人长期无法团聚，一年到头见不了两面。时间长了，在国内的男人耐不住寂寞，出轨的概率比较高。不要轻易拿时间和空间的距离来考验一个男人的意志。男性虽然刚强，却普遍禁不住孤独的侵蚀，他们害怕寂寞，身边习惯有女人照顾和陪伴。"纸包不住火"，一旦远在大洋彼岸的妻子知道真相，一场家庭内部的轩然大波就无法避免。聚少离多，再加上第三者介入，一些感情原本不错的夫妻走到了缘分的尽头，好好的家就这样散了，真的十分可惜。孩子出国留学本是件好事，但成本若是一家人好几年时间天各一方，且冒着失去婚姻的风险，这样付出到底值不值得？这个问题值得大家深思。

Chapter 8 孩子的品行比成绩更重要

若希望孩子回国发展，本科念完再出去不迟

现在的家庭几乎都是一个孩子，大多数父母都希望孩子学成后回国发展。如果是这样的诉求，我认为孩子念完大学再出去深造最为合适。从人的生理发育特点来看，20岁以后，人脑的"总指挥"额叶才逐渐成熟，这是大脑最晚成熟的部分，主管理智、决策。这个时候的年轻人褪去了青春期的冲动、迷茫和情绪化，心理趋于成熟稳健，同时脑力达到最高峰值，且这种峰值将持续五年之久，正是在学业上做出成绩的好时候。从一个社会人的发展角度来讲，大学毕业生出国留学，他的主要朋友圈子还是国内的同学，文化归属还是中国的传统文化。在有计划地实现留学目标，比如读完硕博后再回国发展，和国内基本不会有太大的脱节。

一个孩子如果在初中就被送到美国，此时，他的中文基础尚不扎实，中文读写能力还比较弱，那他今后最主要的语言将是英语，思维方式也是美国的，最重要的朋友圈子也在美国。这是很好理解的，想一想我们成年人自己的发展轨迹就知道，小时候懵懵懂懂，不太懂友情；高中、大学阶段，人逐渐定性，那些与自己一起学习长大、分享和品味成长中的酸甜苦辣、携手共同走入社会的朋友，往往最为真实和亲密，这样的友情也最为稳固和牢靠。被美国文化驯化长大的中国孩子，他们更适应、更了解的其实是美国而不是中国。到时候如果回国来工作和生活，必然面临许多困境。首先，中文功底薄弱，尤其是中文书面表达能力较弱，会很限制他们未来的事业发展。无论做什么职业，要想更进一步，这都将是一道无形的壁垒。

因为不了解国情，这些孩子在文化上也有隔阂，他们与本土长大的同龄人没法进行深入沟通，很难交到朋友，更奢谈建立人脉。有的人会因沟通障碍而畏惧和人沟通，心理上产生自卑感。在这样的心理背景下，工作不容易打开局面；他们甚至也难觅知音，找不到特别合适的伴侣。这些都是非常现实的问题。我就认识这种情况的一些孩子，他们在中国过得不开心，最终还是又回美国去找机会。若能留在美国当然很好，但事实上，美国在经历2008年的金融危

机后，虽然到目前为止，经济开始逐步复苏，但特朗普当选美国总统后对移民政策的改变，贸易保护主义和对外国留学生的加强管理及入学资格的审核等，都会对到美国留学造成一定影响，将来就业难度也会增加。这些需要父母在送孩子出国之前先了解清楚。

中国在20世纪曾经历过四次留学潮。有专家对这四次留学潮进行系统研究后发现：留学的最佳年龄为22~27岁，19岁以下被视为不适合留学的年龄。事实也证明，历史上留学成功、回国有所建树的人士，绝大多数都是19岁以后才出国的，低于此年纪的留学生身心尚未发育成熟，实难应付远大于他们荷载的压力。我想告诉父母朋友的是，你们不要那么焦虑，不要为了英语而把孩子过早送出去。中文是中国孩子的母语，首先要让你的孩子学好汉语。如果说20世纪是英文的世纪，那么21世纪便是中文的世纪。现在世界上大多数经济发达的国家都在开设汉语课，全世界的商家、生意人都想在中国占领市场。为什么？就是因为中国在崛起，中国的市场巨大，机会非常多，世界各国都要与中国打交道，都需要懂中文的人才。作为一个中国人却用不好中文，那他将来如何能在中国有用武之地？

还是那句话：如果你只有一个孩子，如果你不希望和孩子之间有太大的文化差异，那么就不要太早送孩子出国。因为孩子留学越早，身上的中国元素越少。让孩子踏踏实实在国内读完本科，多了解中国文化，然后再出去看一看，深造几年，再回到中国来施展拳脚。英文开始差一些没什么，大学读完再出去学完全来得及。既然孩子未来的"主场"是中国，就让他在大本营里成熟长大吧。

父母不要把留学想得太理想化

◆ 一个企业的董事长事业有成，因为生孩子比较晚，又是独生女儿，他和妻子非常宠爱孩子，读了高中的姑娘连衣服都不会洗，生活自理能力很差。小女孩还拖拉懒散、不思进取、缺乏时间观念、爱发脾气……他和妻子心里也知道，如果继续这样下去，这孩子恐怕难有出息，甚至嫁不出去。周围朋友纷纷

Chapter 8
孩子的品行比成绩更重要

把孩子送出国读书,他们于是也动了这个念头。他们心想:出国至少对孩子的毅力和独立生活能力是极好的锻炼,能培养孩子的吃苦精神,出国吃几年苦,也许能让孩子拥有一辈子的顽强品质……在国外拿到洋文凭,有了真本事,将来再遇到背景差不多的优秀男孩,女儿未来的生活肯定既富裕又有高品位!

虽然已是成熟的中年人,现实生活中和这对夫妇一样对留学抱有理想化想法的人不在少数。很快,他们的女儿出国了,去了加拿大,16岁的女孩开始了独自一人在外语学校补习英语的生活。当初,中介满口许诺,孩子的衣食住行都会被安排好,结果事实与承诺出入很大,住宿和学习条件都不理想。这个孩子不适应,想家,每天都往家里打电话,每次打电话都哭。孩子在电话那边哭,孩子的妈妈就在电话这边哭……

这位董事长坦言:自从女儿去留学,他夜里没睡过一个踏实觉,不放心那么小的女儿一个人在异国。夜深人静时,他在心里暗暗后悔:要教育孩子也应该把孩子留在自己身边教育……就是因为自己平时太过宠溺孩子,从没想过好好教育她,等到孩子大了,发现根本管不了了,又把她独自送到那么远的地方,叫生活去教育她。其实,孩子能有什么错?真正犯错误的是做父母的啊!

这是一个真实的案例,像这样的父母,我这些年见过太多了。他们年轻时忙事业,天天加班、应酬,没时间陪伴孩子,也照顾不到孩子的感受。这种家庭教育对孩子是一种放养,父母对孩子的精神和情感世界漠不关心,至于孩子的未来要怎么发展,做父母的也没有一个清晰的想法和规划。还有的父母只重视孩子的成绩,不关注孩子的心灵。他们不是给孩子报了很多课外班,就是花钱请家教,孩子在这样的过度教育下很压抑。

而当孩子慢慢长大,到了青春期,他们便开始有了自己的想法。那些迫于父母压力认真读书的乖孩子变得叛逆,有的厌倦学习,有的和父母顶撞,一直被放养的孩子更是很难将心收回来……眼看着孩子呈现出一种不上进的状态,自己又无计可施,焦虑的父母们开始寄希望于国外的教育。

正如上面这个案例中的父亲，当女儿一个人在异国他乡痛哭想家的时候，他才终于反思并承认：造成今天的局面全是父母的问题，且他们又把留学想象得太过美好了，孩子们在国外过的真实的生活，往往让他们触目惊心。

◆ 我有一个企业家学生就是因为轻信了中介的忽悠，自己因工作忙、没花太多精力去管这个事情，结果，他的儿子到美国上的是一家黑人学生为主的学校，寄宿家庭也是黑人家庭。我当然不是歧视黑人，但是在美国，黑人文化是亚文化，不属于主流文化。黑人中很多人讲话是有口音的。黑人较为集中的社区或学校，治安和环境相对较差。如果是一个成年人，他对自己进入的文化会加以判断并选择，但孩子的特质是全然开放的，他们对外界信息的吸收力非常强。如果成长期内有好几年的时间都待在同一个环境里，他无疑会深受这一文化的影响。我这个学生自然担心孩子的行为会受到亚文化的影响，更教他接受不了的是，他的孩子所寄宿的家庭已经有了4个孩子，男主人还酗酒，这样的家庭能照顾自己的儿子吗？长期生活在这样的人身边，儿子的身心能健康吗？

能教育孩子的恰恰是父母自己

根据我这么多年的观察和了解，低龄出国留学的弊端远远大于益处。除人身安全不能保证，还特别影响父母和子女的感情。亲子关系不够顺畅的家庭，当务之急应该是改善亲子关系。亡羊补牢，还不算太晚，父母应想办法多陪伴孩子，了解孩子的心声，真诚地去与孩子去沟通，而不是将孩子送出国。

孩子一个人出国，如果父母以前很少教导他做人做事的规矩，他又不了解外国的文化风俗和一些禁忌，那么他在外面会经常碰壁，不被人接纳、被排斥。长此以往，他们将形成低自尊的人格，影响会是一辈子。有些孩子会通过炫富的方式去寻求别人的接纳、尊重和关注。

在美国，公共交通不是太发达，私家车很普遍，所以留学生们一到美国，首先就是买一辆汽车。有媒体报道，在美国一些大学里，最豪华的汽车几乎都是中国学生开着的。我的先生和儿子现在都在美国，有时候，我们打电话，他们也会提到，在纽约、芝加哥，他们经常会看到华人子弟开着很酷的豪车兜风，开车的人年龄都很小。

◆ 2014年2月，中国一个刚满18岁的留学生周某以时速196.3公里在美国超速驾驶被捕。当时，周某开着宝马车带女朋友兜风，因为超速被警察发现，一辆警车就亮起警灯跟着他的车。在美国是这样的，如果有警车在你的车后面亮起了灯跟着你，你就必须要停下来。但周某并不知道这个规矩，见到警车跟着自己，很害怕，不断地加速。随后，警方共出动至少5辆警车对他展开追逐。40多分钟后，周某的宝马才被警方以围堵的方式逼停。这件事在中美两国"名声大噪"。令人惊讶的是，这个孩子竟完全不知自己的行为是违法的。9月，因被起诉未到庭，他又被法官以10万美元悬赏通缉。10月，周某更想飞回中国一走了之，结果在洛杉矶国际机场再次被捕，面临更重的刑罚。

错事虽然是孩子做的，但父母难逃罪责。作为父母，将孩子送出国而不教给他规矩、礼仪，孩子不懂得遵守当地的法律、不懂得尊重当地人的文化和风俗，这样的父母难道不是失职吗？只给孩子提供金钱，却没教会孩子如何管理金钱，孩子无力掌控金钱，反而会被物质绑架，将美好的青春用在享乐和挥霍上。

有媒体调查，那些低龄出国的孩子，只有不到三分之一最终能拿回一张洋大学的文凭，绝大多数家庭的梦想都泡汤了。我身边很多的家庭都是这样的结局。所以，我还是奉劝广大父母朋友，尤其是那些认为孩子"没出息"、寄希望于美国教育的父母，如果你的孩子缺乏自控力、生活自理能力较差，自主学习能力也比较弱，对学习根本没什么兴趣，那么，他并不适合出国留学。一定要出国留学，也必须提前做好充分的准备，等他年龄大一些、思想更成熟些，具备了一定的承受和应变能力再说。

当然，如果父母本身就非常了解美国教育，比如自己年轻时就曾有过在美国留学的经历，对孩子从小到大又都实行的是西式教育，家庭氛围较为开放、民主，孩子自身也向往去美国留学，自控力、自学力和自理能力都较强的话，那么，父母早一些把孩子送出国留学是完全可行的。但在具体操作上也要注意两点：一是父母尽量多陪伴孩子，让孩子在异国他乡也能感受家庭的温暖。如果父母不能陪同，当地也要有关系亲近的朋友或亲戚，能代替父母履行监护人的职责；二是在正式留学前，需要提前带孩子到美国旅行或游学一段时间，教他对异域文化有所了解，从语言、心理和文化等方面都做好充分的准备。

事实上，作为从中国台湾赴美国的第一代移民、并且受益于高等教育的自己，我对于美国高校那种单纯又充实的学术环境是非常推崇的。我自己的三个孩子也分别毕业于美国三所不同的大学，大学时代的美好生活对他们的影响是非常积极和深远的。希望有意愿、有条件的中国孩子都能有机会去美国深造，相信一个热爱学习的孩子，如果在合适的年龄出国留学，并且选对了学校，那么拥有一段留学美国的经历，无疑会提高他的综合素质和整体竞争力！

培养孩子的爱心和同理心

孩子的爱心是从家庭教养中熏陶出来的。孩子的爱心，就是通过模仿父母，自然而然、潜移默化逐渐形成的。父母如果希望自己的孩子有朝一日能承担更大的责任，首先要培养他们的爱心。父母要从孩子很小的时候就教他们爱别人：爱父母、爱兄弟姐妹、爱同学、爱朋友……"爱"这个东西很奇妙，一个人越是付出爱，越会得到爱；付出的爱越多，他爱的能力就越强，还会感染其他人一起付出爱。

父母要赋予孩子爱的能力

父母培养孩子的爱心，首先要让孩子有感知爱的能力。许多父母向我抱怨：自己对孩子疼爱有加，孩子却一点也不懂得关心父母、孝敬父母。我认为这不是孩子的错，"人之初，性本善"，一定是父母的教育出了问题。父母或者过于溺爱孩子，或者对孩子缺乏爱的教育，甚至本身就是缺乏爱心的人，这可能是问题的根源。

现在的孩子因为多是独生子女，集万千宠爱于一身，客观上决定了他们习惯于接受爱，没有机会付出爱，这样，孩子怎能拥有爱的能力呢？要教会孩子爱父母，爱他人，还是靠父母的教育。

◆ 在普吉岛的一个"儿童俱乐部"里，聚集了几十个从澳洲来的小朋友，他们的年龄都在四五岁，每天由俱乐部的老师带出去活动，晚上再一起回酒店休息。这一天，孩子们被带到了网球场活动，玩得十分尽兴。傍晚，一名工作人员负责召集孩子们归队，因为疏忽，她漏数了一个小女孩，把她单独留在了网球场。而且，直到大家都回到酒店了，才发现少了一个孩子。

这一下，俱乐部的人都慌了神，小女孩的妈妈也焦急万分。大家一起赶回网球场，幸好，小女孩还在那里，但她显然十分恐惧，一个人在那里哭得精疲力竭。妈妈上前安慰女儿，犯错误的工作人员十分紧张，站在旁边不知所措。令她意外的是，等待她的不是责骂，而是安慰！只见这位妈妈对情绪好转的女儿说："你去抱一抱阿姨吧，她不是故意的，阿姨也担心死了。"4岁的小女孩很听妈妈的话，她走上前，轻轻地抱住那个工作人员，在她耳边说："不用怕，已经没事了。"

这位澳洲妈妈用爱的教育同时安抚了两颗心灵：女儿因为原谅和安慰别人，自己获得了积极的情绪，学到了爱和宽容；那个犯错的工作人员，也因为被原谅而充满感激。相信她会特别珍惜这份宽容和理解，在今后的工作里把这份爱再传递给别人。

爱的力量使财富逊色

爱心的力量有时远远大过财富和物质。现在有很多人去做志愿者，他们不是为了钱财，而是出于信念、良知、同情心和责任感，自愿为改进社会而出力，贡献自己的时间、才能及精神。比如说志愿者到养老院、孤儿院去照顾老人或者照顾小孩，帮老人端药端饭，帮他们换衣服、搓澡等。每当养老院有老人去世，义工们也会非常伤心、失落。虽然彼此没有血缘关系，但是通过相处，人与人之间已经产生情感。爱心，是人性光辉中最美丽、最暖人的一缕。没有爱心，人类就不可能进步，社会就没有灵魂。

◆ 有一位英国的孤寡老人，无儿无女又体弱多病。当他意识到自己已经不能照顾自己了，就决定搬到养老院去住。老人宣布出售他漂亮的住宅，购买者闻讯蜂拥而至。住宅底价8万英镑，但购买者很快把它炒到了10万英镑，价钱还在不断攀升。老人深陷在沙发里，满目忧郁。是的，要不是健康状况问题，他是绝不会卖掉这栋陪他度过大半生的住宅的。

这时，一位衣着朴素的年轻人来到老人眼前，弯下腰真诚地说："先生，我也好想买这栋住宅，可我只有1万英镑。如果您把住宅卖给我，我保证会让您依旧生活在这里，和我一起喝茶、读报、散步，天天都快快乐乐的。相信我，我会用整颗心来照顾您！"老人颔首微笑，以1万英镑的价钱把住宅卖给了他。这件事的发生必定是在一个讲诚信的社会，人与人之间的交往是以互信诚实为基础的。这位有爱心的年轻人，言行一致，在拥有这栋住宅后，履行承诺，让老人晚年多了一位亲人，老有所终，过上了幸福的生活。年轻人也以自己的爱心提前拥有了一栋房子，并赢得美好人生的开始。

家庭是爱心的培育基地

孩子的爱心受家庭熏陶，是通过模仿父母潜移默化形成的。家庭是重要的爱心培育基地，父母是最直接的爱心传播者。孩子有爱心，往往是因为看到了父母的爱心。

◆ 我平时乐于助人，所以，我的几个孩子也都很热心。10多年前，我曾带着芳芳、平平在中国香港住过几年时间。他们那时还小，过马路时我总要提醒他们："绿灯时要快点走，否则变红灯了就很危险。"有一天，我正带着他俩在公园玩，一位老先生向我们走来，指着平平夸道："这是你的儿子吧，他好懂事，那天扶我过马路。"原来，平平看到老先生挂着拐杖，走路很慢，生怕绿灯变红灯，赶紧跑过去扶他一起过马路。

我的先生也是个爱心的人。有一次，在高速公路上，他看到前方路边停着一辆车，看样子好像是抛锚了，便慢慢减速，驶到这辆车的后面停住。那辆车的旁边站着一对老夫妇，正对着无法启动的车子发愁呢。美国的高速公路不像中国车这么多，那时候又没有手机，不像现在这么方便，所以，老夫妇特别着急，不知道该怎么办。我先生说他会修车。他帮他们仔细检查了车辆，发现有一根管子老化了，在简单地做了处理之后，车子能开动了。这对老夫妇千恩万谢，顺着我先生指的方向，去找修理厂更换管线了。

我在美国加州的时候，曾当过台湾大学北加州校友会的会长，帮助了很多校友。比如每逢有校友刚到加州，交通生活都不熟悉，向我咨询，我总热心帮忙，甚至开车带校友去买菜。校友夫妻闹矛盾、校友儿女找工作遇到困难，甚至校友生孩子遇到困难，都会打电话找我咨询。我先生总开玩笑说："哇，你一个人管八家子的事情，管得可真多啊！"我觉得被人需要是件很荣幸的事，虽然会占用自己的时间和精力，但看到别人由于我的一些努力，生活得到一些改善或方便，我也由衷地感到快乐！我的孩子们均热心助人，我想这与他们从父母的行为中受到感染有一定的关系吧！

有爱心的孩子更容易成为领袖人物

如果一个人的心里只装着自己，总考虑自己的得失，没有多余的爱分给其他人，那么，他的世界会很小，不会有多余的力量去帮助别人、承担更多的责任。只有心中有大爱的人，才能有容量去包容别人，才能被赋予引领他人甚至历史的使命，才能具备当领导人最基本的素质。

父母成熟了，
孩子就成才

◆ 2010年年底卸任的巴西前总统卢拉出生于一个农民家庭。因为家里穷，他在小学时常去街上擦鞋，一同擦鞋的还有另外两个小伙伴。一天，一家洗染铺的老板来擦鞋，三个小孩都围上去。老板看着三个孩子渴求的目光，十分为难。最后，他拿出两枚硬币说："谁最缺钱，我的鞋子就让他擦，并付他两元钱。"

"我从早上到现在都没吃东西，如果再没钱买吃的，我可能会饿死。"一个小伙伴说。"我家里已经断粮三天，妈妈又生病了，我必须给家人买吃的回去……"另一个小伙伴说。轮到卢拉了，他说："如果这两元钱真的让我挣，我会分给他们一人一元钱！"他的话让在场的人都很意外，卢拉接着说："他俩是我最好的朋友，已经饿了一天了。而我至少中午还吃了点东西，有力气擦鞋。您让我擦吧，我一定让您满意。"

老板被卢拉感动了，他决定让卢拉擦鞋，并真的付了两元钱，卢拉则把钱分给了两个小伙伴。几天后，老板找到男孩，让男孩每天放学后到他的洗染铺当学徒工，工资虽然很低，但比擦鞋强多了。卢拉知道，这是因为他向比自己更窘困的人伸出援手，才有了改变命运的机会。从此，只要有能力，他都会去帮助那些生活比自己困难的人。这种信念一直伴随他始终，并直接决定他从政后可以赢得越来越多选民的支持和爱戴，并最终竞选总统成功，带领巴西从"草食恐龙"变成了"美洲雄狮"，一跃成为全球第十大经济体。

除了卢拉，世界上还有很多领导人都是极富爱心的人。他们都曾经是很有爱心的孩子，都是从默默无闻一步步走到万人瞩目。父母如果希望自己的孩子有朝一日能承担更大的责任，首先要培养他们的爱心，让他们拥有更宽广的胸怀，支持他们种种爱的举动，放下"小我"利益去帮助更多的人。

孩子献爱心需父母成全

◆ 辛迪是一个聪明乖巧的9岁女孩。有一天，辛迪去外面玩，回到家一直闷闷不乐，晚上也不肯吃饭。爸爸哄她吃饭，辛迪流着眼泪说："爸爸，要是我把晚饭吃了，你可以答应我一个小小的请求吗？"爸爸看她那么难过，就答应了。吃完饭，爸爸想知道辛迪为什么伤心，就问："到底什么请求？"辛迪说："我要剃光头。"爸爸吓了一跳，妈妈听后从厨房里跑出来，坚决不同意。最后还是爸爸妥协了，他说："我已经答应了孩子，如果反悔，以后怎么让孩子相信我？"

第二天，父亲开车把理了光头的辛迪送到学校门口，正碰见一个母亲也送自己儿子上学。令他诧异的是：这个男孩也剃了光头！这时，男孩的母亲走过来对他说："先生，感谢你的女儿！我的儿子哈里得了白血病，因为化疗，头发都掉光了！学校里同学们都嘲笑他，所以，哈里已经整整一个月不敢来学校了。昨天，你的女儿到我家看望哈里，要哈里答应她一定来上学。为了不让哈里被学生们嘲笑，她竟把自己那么美丽的长发剃掉了！先生，你有这样好的女儿，是上帝恩赐给你们的！"辛迪的爸爸听完她说的话，眼圈红了，他深深为女儿感到骄傲，并暗暗庆幸自己同意了女儿的请求，满足了她关爱同学的心愿，成全了孩子的爱心。

==真正幸福的人，不是只为自己活着的人，而是心中有爱，乐于帮助别人、关心别人的人。==每个人的一生，大部分时间在为自己及孩子打拼，但如果我们留一点时间及金钱，为那些我们不认识的人打拼或奉献，这样生命才更圆满、才更有意义。当孩子看到了我们的善举，也会受到影响，将爱的薪火传递下去。

同理心是人际交往的基础，是个人发展与成功的基石。如果孩子能够运用同理心，他就善于体察别人的意愿，能理解他人，真诚地同他人沟通、交往。同理心会使孩子走向自我教育的道路。

有同理心的孩子情商高

注重家教的父母一定会培养孩子的同理心，这既是今天社会对人才的要求，又是孩子人生路上必备的素养。什么是同理心？简单地说，就是将心比心，换位思考，站在别人的角度考虑问题。不能总考虑自己的利益，也要想一想他人的利益；不能总强调自己的观点，也要考虑一下他人的想法。其实，早在两千多年以前，孔子就说过"己所不欲，勿施于人"，这与后来西方心理学界提出的"同理心"异曲同工。

同理心是人际交往的基础，是个人发展与成功的基石。如果孩子能够运用同理心，他就善于体察别人的意愿，能够理解他人，真诚地同他人沟通、交往。这是一种很强的能力，拥有同理心的人很容易受到他人的欢迎和信任。这是因为，你怎么对待别人，别人就会怎样对待你，对他人付出真诚，自己也会得到别人真心地对待。同理心会使孩子走向自我教育的道路，自觉提高自己的道德水准和行为标准，所以，同理心强的人往往也是情商比较高的人。

同理心最典型的体现是公德心，即在公共场合不妨碍别人、不损害别人的利益。公德心是现代人最基本的道德修养，遗憾的是，很多孩子缺乏公德心。

◆ 我在新闻里看过这样一个20岁的年轻人，他在路上接了一张广告单，他随手一撕，把碎片扔在地上，结果被风吹得满地都是。他旁边有一个40多岁的女性，看到后就提醒他："你怎么这么没有公德心？"男孩掏出一把刀捅向她："关你什么事？！"结果把她捅成重伤。这种行为让人不齿。

当"9·11"事件发生后，有关部门最初预计死亡人数可能达到2万人，但实际数字是3000多人，而且有600名是消防队员。为什么会有这么大的统计误差呢？在第一架飞机撞上世贸大厦时，很多人都不知道发生了什么，以为是地震。美国民众应对灾难训练有素，知道地震时不能乘电梯，所以，大家纷纷走楼梯。而且，所有人下楼梯时都靠右边走，把左边留给救援人员上去。他们在楼梯中间还留有一定空当，以便救援人员可以抬着抢救到的伤员优先下楼。整个撤退井然有序，没有慌乱，没有喊叫，没有争先恐后，更没有出现踩踏事故，因此伤亡的人员大大少于预期。这主要得益于美国人的公德心。

我也曾亲眼目睹过一些不讲公德心的现象。在车站，只要公交车进站，候

Chapter 8
孩子的品行比成绩更重要

车人群就会一窝蜂往上挤，把车门口堵得严严实实的。在饭店，人声鼎沸，热闹喧天，大家说话基本靠喊，每个人高声谈笑如入无人之地。在地铁，有人手机响了，讲电话的人声音大到全车厢的人都听得见。在电梯口，垃圾桶上一般都铺有小石子或者碎沙，这本来是方便吸烟人士熄灭香烟再进电梯的，但我经常看到有人在上面吐痰。你把痰吐在碎石子上，别人再去熄烟，手就容易粘到痰上，这就是缺乏公德心。在公共场合，任何时候吐痰都应该吐到纸巾上，包起来，再丢到垃圾桶里。有的人对公共物品从不爱惜，图书馆借来的书，喜欢哪一页随便就撕了，完全没想到还有别人要看！有的人在大街上碰见熟人，两人亲热地站在路中间聊天，其他人只好从旁边绕过去。

我们的孩子将来都要成为社会独立的一员，如果没有公德心，就难以赢得别人的尊重。如果不能用同理心和他周围的人相处，就不具备换位思考的能力和意识，很可能因为固执己见而遭到误解。所以，公德心和同理心是非常重要的，没有它们，孩子的心智无法成熟、发展会受到局限。

只有父母的行为考虑到公共利益，才可能影响孩子成为一个有公德心的人。要培养孩子的同理心，父母首先自己对孩子就要有同理心，应当站在孩子的角度去看世界，这样，你会发现，孩子是那样的天真可爱，朝气蓬勃！

家庭内部也要讲公德

家庭内部也分公共和私有领域，父母培养孩子的公德心，应先从家庭生活开始。从小让孩子尊重家里其他人的利益，考虑别人的感受，在大家共享的空间里要遵守共同的规则。

父母应该告诉孩子，除了在自己房间里可以随意活动，进入其他人的房间都要尊重主人的生活习惯。比如，在进父母房间之前，孩子必须先敲门；动用别人用品前，一定要征求意见；用完马桶一定要冲水；在自己房间听音乐声音不能太大，以免干扰到别人；洗完澡后地板要顺手擦干，以免下一个人进卫生间会滑倒……如果孩子从小就能养成这些良好的行为习惯，他的心中就会有别人，懂得为别人着想。这样的孩子从家中进入学校、走向社会后，会成为一个受人欢迎、行为得体的人。

在孩子还没有接触外面的世界之前，他们的言行几乎都是模仿父母，就像一张张白纸，上面所有的色彩和痕迹，都是父母留下的。父母的所作所为，孩子都做了精准的记录，并通过自己的言行或早或晚复制出来。

比如，如果父母带孩子外出乘车，每次都遵守秩序，排队候车，从不插队，孩子就知道这是乘坐公共交通工具的规矩，他将来独自乘车时也会如此。如果父母从不随手丢弃垃圾，孩子就知道，即使是小小的一张纸巾，用完也要扔进垃圾桶里。如果父母带孩子去餐馆吃饭，彼此说话时都注意压低声音，以免影响到他人，孩子就知道在外面和在家里是不同的，不能高谈阔论随意喧哗……只有父母的行为考虑到公共利益，才可能影响孩子成为有公德心的人。

父母要用同理心理解孩子

父母培养孩子的同理心，首先自己对孩子就要有同理心，不能靠口头的教导："你要谅解别人，为别人着想……"光说不练，孩子既不会照做，也难以真正理解同理心为何意。真正能够改变孩子的，是他自己常有"被理解"的体验，只有孩子经常被父母理解和支持，才能滋生出理解他人的能力。如果父母和孩子谈话向来是从上至下地灌输、说教，就很难触碰到孩子的内心感受。孩子感受不到父母的理解，自然也不会主动去理解父母。

当孩子主动向父母表达感受或情绪时，父母一定要珍惜这样的机会，认真倾听，不评价，不急于批判、纠正或给出建议。父母应让孩子自由表达想法，自己梳理情绪，自己分析原因，可以适当地说一些描述性的语言。比如，"你现在一定很生气""谁遇到那种状况，都会像你一样难过"等描述性语言，而非评价性语言，可以让孩子产生"爸妈真了解我"的感受。

对于青春期的孩子，父母需要有更大的包容性、更强的同理心，才能减少对立的场面，缓和言语上的摩擦。而仔细分析父母和孩子之间的矛盾，多半是因为双方都不具备同理心引起的。

父母与孩子之间的矛盾

父母经常这样说	孩子经常这样答
我这么苦口婆心地讲，你为什么总是这种态度？	我最不喜欢的事情就是你不停地唠叨，不信我唠叨你试一试？！
你和同学讲话就有说有笑，为什么一看到我就一句话都没有了？	朋友是世界上最重要的人！
要考试了，为什么成天还想往外跑？	考试、考试，就知道考试！出了门，只有外面的世界才能让我放松！
你这放的什么呀，鬼哭狼嚎的！	这是让我灵魂颤动的音乐！

其实，时光倒转30年，想一想我们当年的青春岁月，不正是孩子这副模样？所以，父母要培养孩子的同理心，首先要强化自己对孩子的同理心，站在孩子的角度去看世界。

懂得感恩，才会更惜福

在这个世界上，有这样一件东西，它能让我们的内心安定祥和，能让我们在顺境不狂妄，逆境不气馁，能让我们在负面事件面前瞬间改变态度，用正面的思维去思考——这，就是感恩之心。感恩之心的有无，对人生意义巨大。有感恩之心的人常常积极乐观，内心安定；没有感恩之心的人患得患失。长期下来，两种人生截然不同。父母在孩子小时候就要把感恩之心植入他们心里。

感恩之心只能靠后天培养

孩子不会天生就有感恩之心，它是父母培养出来的。父母在孩子小时候把感恩之心植入他们心里，等于给了孩子一盏幸福之灯。擎着这盏幸福之灯，在孩子今后漫长的人生里，当他们独自面对人生风雨，也能够以平和之心待之，以感激之心待之，即使遇到再大的阻碍，也能够积极豁达地对待。

◆ 几年前，我在清华大学上"资本运作"课的时候，有个苦闷的男学生找到我。他是做房地产投资的，几个月前拿到一块很好的地，但没想到别人通过更好的关系把地抢走了！这件事让他愤懑不平，气了好几个月。他问我："李老师，如果这件事发生在你身上，你会怎么看待？"我说："这件事是负面的，也是不愉快的，但负面的事情可以正面思考。你有没有一颗感恩的心？我们每个人赤条条地来到这个世界上，又将赤条条地离开这个世界，人生的一切都是上天赐予的。面对上天的赐予，我们不能只接受好的事情，不好的东西也要照单全收啊！"

我问他："这些年，你的事业这么顺，你有没有感谢过你的父母、妻子和员工，有没有感谢过那些给你帮助的人呢？中国有句俗语叫'树大招风'，当狂风吹来，只有根基深稳的大树才不会被风吹倒。人生中，挫折和失败是长根的时候，成功是长叶的时候。过去你的事业发展得很顺很好，象征你这棵事业之树已经枝繁叶茂了，上天可能在利用这件负面的事情，让你扎根扎得更深，为未来把事业做大奠定基础。如果带着感恩的态度去思考，也许你会好过些。"

懂得感恩的孩子更快乐

现在中国的孩子尤其是家境富裕的孩子，要什么有什么，使他们渐渐形成以自我为中心的思维方式。如果父母不在孩子小时候就给他们植入一颗感恩之心，他们会很自然地认为别人的付出是应该的，当然也不知道感谢别人的善意和帮助。因为没有感恩之心，他们感觉不到快乐；又因为不快乐，他们对什么都提不起兴趣。这对孩子来说是不健康的生活和心理状态。只有孩子懂得感恩，他们才懂得珍惜自己所拥有的一切，内心产生幸福感，活得健康快乐。

◆ "9·11"事件发生之后，美国为防止恐怖分子混在留学生中进入美国，之后连续几年，美国严格控制到美国留学的学生签证。签证很重要，外国学生即使有美国学校的入学许可或者奖学金，但如果拿不到签证，仍然无法去美国留学。当时，我一个朋友就在大陆办了一个"签证培训班"，他也是美籍华人，专门研究美国移民法。我听说报名培训的学生蛮多的，就好奇地问他："签证有什么好培训的？"

他告诉我这样一件事。从第一堂课开始，他就会跟学生讲："你们要答应我一件事情，每天晚上睡觉前，花几分钟时间祷告感恩。不管你信不信宗教，不管你信基督教、佛教还是天主教，也不管你以什么方式，只要能做到每天祷告感恩，就可以来上我的课。否则，现在就可以离开。"尽管不明原因，学生们还是答应了。

20天的培训结束后，他的一个女学员去美国领事馆办签证。填完表格，美国领事一看女孩的出生日期就说："哎呀，真巧，今天是你的生日！"女孩脱口而出："感谢父母赐予我生命！"签证官听见了，后来就把签证给她了。这个女孩奇怪地问道："请问你没问我什么问题，怎么就把签证给我了呢？"签证官说："美国欢迎有感恩之心的人！"原来，女孩每天祷告感恩已经养成习惯了，所以她才会脱口说出："感谢父母赐予我生命！"我的朋友之所以在第一堂课就要求学生每天祷告，用意即在此。

孩子懂得感恩后，就会想去回报。经常感恩，就会更加努力地回报别人。而付出越多，他们的收获也会更多。所以，父母培养孩子的感恩之心，相当于把他们带到了快乐和幸福的道路之上。

常说"请"和"谢谢"

在日常生活中，父母要把"请""谢谢"常挂在嘴边：家人之间为对方做事情、为家庭付出，彼此要相互感谢；在社会上为人处世，也要有说"请"和"谢谢"的习惯。一句"谢谢"虽然简单，却能为孩子播下感恩的种子，让孩子从小就意识到别人为自己做了什么，要对别人的付出表示感激。礼仪习惯是非常重要的，孩子耳濡目染，自然会将感恩的心态内化到人格之中。

教育的最大境界是"润物细无声"。也就是说父母的教育要不露痕迹，越自然、越贴近生活越好。如果父母太勉强，总是提醒孩子"你没说谢谢""你真不知道感恩"，则会引起孩子的反感，反而破坏了亲子关系，失去了教育的意义。

得到越多，要求越多，大人如此，孩子也如是。经济实力比较雄厚的家庭尤其要注意这一点：不能超量满足孩子，不能让孩子有标准太高的物质生活，父母不能当孩子的提款机、印钞机。相反的，父母可以适当让孩子吃点苦，还要在合适的时候对孩子说"不"。

家境普通的孩子一般懂得知足和感恩，因为他们的欲望父母并不能全部满足，比如一年只能出去旅游一次，或者家境不允许他们总去游乐场玩。这样，他们就会非常盼望宝贵的旅行或游玩机会，珍惜来之不易的体验。而什么欲望都能被满足的孩子快乐其实很少，对唾手可得的东西往往不会珍惜。所以，父母千万不要超量满足孩子，一定要设定限制，并且延迟满足。通过限制，让孩子体会到期待、盼望的感觉，让孩子珍惜事物的价值，帮孩子学会自律、知足，学会珍惜，进而生出感恩之心。

在美国，当孩子提出的要求超出限制时，父母都会拒绝。即使有的要求没有超限，也不会一口答应，而是先让孩子说出理由，或者让孩子付出一点时间和精力达成愿望，这样，他们的快乐感更强，也更珍惜。而且，父母自己要通过节俭自律的生活方式，让孩子懂得父母的一切都不是凭空得来的，全部要靠努力才能维持，这样，孩子才能感激父母的养育之恩，进而感激他人为自己的付出。

在西方的家庭中，父母常把各种节日作为孩子的感恩教育时机，比如教师节、父亲节、母亲节，孩子会亲手制作贺卡送给老师或父母，表达自己美好的祝愿。中国的家庭往往反过来，孩子的生日很隆重，父母的生日很普通，教师节很多是父母买好了贵重的礼物让孩子送,节日的味道都变了。父母不要怪风气,要从自己开始改变,对自己的生日和节日要重视,让孩子自己亲手做礼物送给老师。感恩绝不是贿赂,而是一种发自内心的感激和祝愿。父母能顶住压力,对孩子本身就是最好的教育。

父母有机会可以带孩子一起去做义工,探访生病或独居的亲友,不需要的书、玩具或衣服,可以送给需要的人。平时看电视,父母可以有意识让孩子多看新闻,关心自己生活范围外的世界,尤其是发生在那些偏远地区或落后国家的事,更可以引发孩子的思索,让他们知道这个世界上有很多不幸的人,自己要珍惜上天赐予的幸福和学习机会,以便将来有机会去帮助别人。父母要教给孩子"施比受更有福"的道理,让他们从小就有慈悲心、惜福心和感恩心。

值得一提的是,青春期的孩子是最难相处的,教他们感恩比较有困难。父母可以借助第三者的力量,请其他人帮忙教孩子,比如跟孩子熟识的叔伯、阿姨,或者孩子最信任的亲戚朋友。孩子会反抗父母,但也许会听进其他长辈的话。不管孩子多大,都还有机会改变,在他们心田里一次又一次播下感恩的种子,就终有开花结果的一天。

养成"惜物"的习惯

父母在平时生活中注重"惜物",也会在潜移默化中传递给孩子感恩的意识。比如,父母准备的一日三餐不能太奢侈,营养满足,够吃即可;吃饭不能任孩子把饭粒掉满桌,吃多少盛多少,不能浪费;吃剩下的饭菜不要轻易倒掉。一定要让孩子明白"一粥一饭当思来之不易"的道理。

对于妈妈来说,逛街买衣服不能冲动,"购物狂"妈妈只会给孩子做出坏榜样。没穿几次的衣服,不要因为不流行了就扔掉。鞋子只是底部磨损,修修就能穿,也不要说扔就扔。如果父母没有"惜物"意识,却教育孩子珍惜,这未免太过牵强。

倘若孩子能对生活有感恩的态度，他们的心中便有一块"良田"，生活中美好的东西都会在其中生长。由于感激的力量，美好的东西还会像磁石一样，把幸福源源不断地吸引到他们身边来。

责任心、自信心、上进心、爱心、同理心（公德心）和感恩（惜福）心，每一颗心都是孩子健全人格和高尚品格离不开的。父母培养孩子从小拥有这六颗心，就是给予他们最好的精神财富，使他们在人生的道路上走得更稳健、更成熟、更长远。父母给孩子一碗饭，会使他长大；给孩子一个正确的引导和理念，可使他伟大。人生是长跑不是短跑，父母不要只看眼前的一些成或败的表象，真正影响孩子一生的是他内心深层次的积极因子。父母把做人的道理教给孩子，才是给孩子人世间最丰厚、最完美的财富。

Chapter 9
挫折是孩子成长的最好学校

逆商比智商和情商更重要

如何面对困境，变压力为动力是孩子成长的必修课。父母要学会退后一步爱孩子，如果没能在孩子成长期内培养出他们一定的抗挫力，他们长大之后必然会为此付出代价。

提升逆商是孩子的必修课

每一个孩子在学习和生活中都会产生挫折感，只不过程度不同，结果不同罢了。有些孩子很快就能调整好状态，有的孩子遇到一点小挫折就会一蹶不振。这其中的原因就是抗挫力的大小不同。抗挫力也叫逆商，它是指人们面对逆境时的反应方式，也指面对挫折、摆脱困境和超越困难的能力。

现在的孩子在知识和技能方面越来越突出，但韧性和抗压性是几代人中最差的。其实，逆商比智商和情商还要重要，它更能影响孩子的人格健全和事业成功。提升逆商是孩子人格养成教育中的核心任务。

◆ 我朋友的孩子，从小在父母的精心呵护中长大。他大学毕业两年换了八个工作，理由各有不同，但全部是"公司的问题"。他说："这些工作受气又累人，怎么能做？"结果，那个"经常要加班"的公司，两年后股票上市；那个对他"吹毛求疵的主管"，在他离职不久，就让后来者做了部门经理；那个"不人性化"的公司以异军突起之势，迅速开了多家分公司……因为对挫折缺乏容忍力，到现在他还处在"开除老板"的状态中，职场竞争力每况愈下！

对于孩子来说，正式进入社会之前的十几年时间，既是他们学习知识、掌握技能的生存力量储备期，又是参与社会竞争的预演和缓冲期。在这十几年里，父母必须教会孩子如何面对困境，变压力为动力，这是孩子成长的必修课。如果父母没能在孩子成长期内培养出他们一定的抗挫力，他们长大之后必然会为此付出代价，或者因为经不起社会的磨砺而惨遭淘汰，或者躲在父母羽翼下生活不能独立。

Chapter 9 挫折是孩子成长的最好学校

"直升机父母"会培养出"草莓族"

现在孩子生得少,每个都是宝,父母拼尽全力为孩子遮风挡雨,不让其受伤害。许多父母从孩子一出生就精心设计,生怕磕着碰着、被人欺负。上学也一路保驾护航,帮孩子挑选学校、挑选老师、挑选同伴。为给孩子铺设坦途,有的父母甚至在孩子刚上大学就把工作都安排好了,还没结婚就把房子准备好了。人生发展的重要关卡,父母能帮的都帮了,孩子一生都不需要奋斗了。

这种过度保护的父母被形象地称为"直升机父母"或"割草机父母",前者犹如直升机一样,时刻在子女头顶盘旋,随时准备替孩子出头;后者则一直赶在孩子前面,像割草机清除杂草一样,替他们扫清前进路上的一切障碍。在"直升机父母"和"割草机父母"的保护下,很多孩子的抗挫力非常差,变成了"草莓族",意思是他们像草莓一样,外表光鲜亮丽,但是无法承受一点压力,轻轻一压就破,完全没有抗压性。他们走惯了平坦路,听惯了顺耳话,赢得起却输不起。这样的孩子成绩再好也没用,意志品质不过硬,缺乏基本的竞争力。有些孩子因为没有机会对自己的行为负责,对人对己都没责任心,好像永远长不大的孩子,这种"草莓族"发展下去很容易变成"啃老族"!

◆ 我有一位朋友,她最头痛的事就是早上叫儿子起床,怎么叫都叫不起来。初中时,儿子迟到了会被老师罚跑步,她觉得这样也好,可以让儿子锻炼身体,所以叫不起来就随老师罚去。到了高中,学校很远,孩子更容易迟到了。高中惩罚迟到更严格,迟到者会被叫到操场看台上当众认错。我这个朋友不愿让自己的儿子承受这种"羞辱",每天早上都一遍遍地催促孩子起床,看时间来不及,就掏钱让他打车去学校。几次之后孩子就摸清了,早起还要赶公车,晚起反而可以打车,他就是能起来也赖着不起了。三年下来,光是打车费,她就不知道花了多少钱。

现在,他的孩子大学毕业上班了,晚起床的老毛病依然没改。而他的公司按照分钟扣薪,他的薪水本来就不高,哪经得起天天扣,结果赚的钱根本不够自己花。钱不够他就回头找母亲借,有借无还。我这个朋友有苦说不出,没想到儿子这么大还要她来养！其实，没有孩子生下来就是"草莓族""啃老族"。如果我这个朋友当初不那么过度保护，让孩子独自面对他自己造成的麻烦，她最后也许就不用为孩子的不自立而烦恼了。

毫无抗挫力的孩子不堪一击

天下没有全知全能的父母，即使父母再有本事，孩子的人生路依然要他们自己走。未来生活充满未知，没人能预设到孩子将来可能遇到的问题，没人能安排孩子成长过程中遇到的人和事。当毫无抗挫力的孩子遭遇考验，往往会把父母多年的精心养育毁于一旦。

◆ 我的出生地中国台湾地区发生过这样一件事情。几年前，有一个名人家庭的未成年儿子参加电视歌手大奖赛，他的父母是台湾地区家喻户晓的歌星，因此，他从小就在众星捧月中长大。比赛是现场直播，当男孩演唱完后，站在台上等待裁判的评语。没想到裁判嘴下一点儿不留情面，直言道："你唱得这么烂，也想当歌星？"这个男孩听闻此话整个人呆住了，突然得了失忆症，一下子像个智障儿一样。当时，很多观众都看到这个男孩失忆后呆若木鸡、行动迟缓的模样，真的很让人震惊！据说，他家里花了很多钱给他治疗，好几个月之后，他才渐渐恢复正常。

挫折是具有两面性的，它可能是人生路上的绊脚石，也可能是前进途中的助推器，关键看对待挫折是什么态度。挫折既给孩子带来压力和打击，又锻炼了孩子的心理承受能力，激发他们的智慧和勇气。但是，当父母把孩子前进途中的障碍和挫折都扫除了，把本来属于孩子锻炼心智的机会都剥夺了。当孩子年龄越来越大，内心的弹性越来越差，面对挫折的机会却越来越多，尤其是进入社会，逆商低的孩子一旦遇到挫折就茫然无措，难以招架，有的甚至因为无法承受挫败感而绝望轻生。

所以，做父母的一定要检讨自己的教养方式，学会退后一步爱孩子！有时候狠心的爱才是爱，有节制的爱才是爱，懂得延迟满足才是爱。超量满足，即时满足，不懂得挫折教育，将宠溺当作爱的父母反而会害了孩子。当孩子遇到挫折时，父母要用冷静的态度协助他们分析自己的处境，用爱和鼓励支持孩子度过困境，让孩子明白挫折并不可怕，可怕的是丧失自信，只要对挫折有正确的态度，自己完全可以重新站起来，越挫越勇！

让孩子承受属于自己的磨难

孩子遇到挫折时，正是他们"长根"的时候。帮孩子阻挡一些眼前的障碍，就是为他增添了今后的障碍，反而阻碍了孩子的正常成长！父母左右不了孩子的命运，却可以教会他做个赢得起也输得起的人。

成熟的父母关注孩子"长根"

人生有浮有沉，有喜有忧，有成有败，挫折会让我们产生不愉快的情绪反应，但人生不如意者十之八九，孩子也不可避免会遇到一些磕磕绊绊。做父母的一定要懂得，每一个人都有属于自己的悲伤，孩子也包括在内。生命中的挣扎，我们必须面对，只有让孩子承受属于他们自己的磨难，激励他们勇敢面对困境，才可能突破重围，找到通往成功的路径！

◆ 中国有一句古话说得好："十年树木，百年树人。"可见植树和育人有很多相似之处。有两个人去一片荒漠上栽胡杨树，树苗成活后，第一个人非常勤劳，每隔几天就去浇水。第二个人十分悠闲，树苗成活后，他就很少管了，只有看到树叶全部干枯了才浇一点儿水。几年过去，第一个人的树林郁郁葱葱。第二个人的树林长势明显差很多，有黄有绿，参差不齐。大家都夸第一个人勤劳，树养得好。但万万没想到，在一次沙漠风暴中，第一个人种的树苗全军覆没，第二个人种的则安然无事。

原来，前者对树苗照顾得太过周到，树苗获得充分的水肥，根须不用扎多深就能满足生长需求，因此根基非常浅，大风一来自然无力抵抗。后者看似"不管"，却是真正的"管"。在树苗成活之后，它们的根须自然会努力向下生长，汲取水分供养枝叶。如果一时找不到水分，它们会暂停生长，通过落叶等调节水分供需比例，把能量全部集中在根部，继续向更深处的地下扎根。等得到新的水分补给，枝叶才又开始再长。如此一来，后者种的树全都扎根很深，枝叶发育的程度刚好是根部能保证营养的程度，这种生长才是健康又持续的。后者的植树之道，不正是成熟父母的教育之道吗？

成熟的父母更注重让孩子"长根"，因为根深才能叶茂。孩子遇到挫折的时候，正是他们"长根"的时候，痛苦和困境会磨砺他们的意志，考验他们的信念，促使他们更深地思考。在看到孩子经受痛苦的时候，想马上帮孩子扫除障碍是父母的本能，但父母的成熟有时恰恰需要克服本能、用理智控制情感。

利用逆境培养孩子理性思维

一般孩子会在哪些方面遇到挫折呢？首先，家庭教育常常是孩子挫折的来源，比如有些父母太过严厉，期望值过高；有些父母过于冷漠，不闻不问。孩子挫折的另一个主要来源是学业失败、师生关系紧张、同伴关系恶化、班级地位偏低和个人形象受损等，所以当孩子遭到同学非议时会感到非常痛苦。

◆ 有一个女孩在竞选班干部时就遭到同学的非议，她的妈妈是位知名企业家，所以看到她得票较高，便有同学忍不住说闲话："你能当上班干部，就因为你妈妈很有名。"女孩哭着向妈妈讲述了这件事。妈妈听完，既没有气愤地去找老师告状，也没有太多地安慰女儿，而是理性地分析了情况，让她自己去面对。她对女儿说："妈妈知道你很不开心，有三种方法可以解决问题，你自己来决定吧：第一是你不当这个班干部了；第二，如果你感到很生气，可以和同学吵一架，看看你能不能让他们改变态度，向你道歉；第三是你忍下这口气，好好做班干部。如果下次竞选，大家还投你的票，还让你为大家服务，就不会再有人说你了。"女孩想了半天，回答："妈妈，我选第三种吧！"

Chapter 9
挫折是孩子成长的最好学校

我觉得这个妈妈做得非常好,她没把女儿的痛苦当成自己的痛苦(很多父母看到孩子受排挤首先就沉不住气了),没把女儿的压力揽在自己身上,而是让女儿自己面对。这个妈妈能够很客观地分析问题,向女儿传递了一种理性的思维方式。在面对挫折时,沮丧、伤心、愤慨都不能解决问题,只有冷静地思考才能帮助自己走出困境。我想,这个女孩如果再碰到类似的情况,她就知道怎么去面对,怎么找到最适合自己的解决途径了。

孩子的成长过程总有顺境和逆境,父母对此的态度十分重要。尤其是母亲,看见孩子跌倒千万不要因为心疼就本能地去搀扶,帮孩子阻挡一些眼前的障碍,就是为他增添今后的障碍,反而阻碍了孩子的正常成长!父母要视孩子的挫折为自然,不要反应过度,这样,孩子才可能有正确的态度。面对逆境,父母要帮助孩子培养理性客观的思维方式。父母左右不了孩子的命运,却可以教会孩子用积极的态度去面对生活,接受和正视成长路上的挫折,胜不骄、败不馁,做个赢得起也输得起的人。

生命中的挣扎我们必须面对

◆ 有一个人无意间发现一只蝴蝶蛹。几天后,他留意到蛹上面出现了一个小孔,他就凑上前仔细观察,看见里面有只蝴蝶正挣扎着从小孔中钻出来。蝴蝶尽了最大努力,也没有任何进展。这个人决定帮它一把,他找来剪刀将小孔剪开,蝴蝶轻而易举就钻出来了。但是这只蝴蝶的形态有一点特别:它的身体臃肿,翅膀又细又弱。这个人继续观察它,他相信过一阵子,蝴蝶的翅膀就会变大,身体就会变小,在空中优雅地飞起来。但这一幕没有发生,而且永远也不会发生了,小蝴蝶的余生都只能拖着这个大身体和细翅膀在地上爬行。

这个善良的人不知道,不经过从小孔挤出来这个艰难的过程,蝴蝶就不可能将身体里的体液压进它的翅膀,从而化作一只可以自由飞舞的蝴蝶!大自然

正是用这样奇妙的设计，为蝴蝶将来的飞行储蓄能量。生命里的挣扎正是我们每个人成长必须要面对的，如果老天允许我们顺利度过一生，也许我们根本体会不到超越自己和战胜困境的快乐，也无法领悟生命的真谛。

孩子屡受挫，需要调整期望值

期望值合理，即使失败了，孩子的心理也能恢复弹性，孩子不服输的本性会使他们越挫越勇。期望值太高，挫败感太强，孩子就会对自己产生怀疑，从而动摇孩子坚强心理的根基。最重要的是，父母自己不要变成孩子的压力源。

不要成为孩子的压力源

我在讲期望效应（皮格马利翁效应）时，讲到只要父母给孩子提出期望，孩子就会朝父母期望的方向发展。但是这种期望必须和孩子的实际结合起来，只是方向性的引导，是积极的心理暗示，而不能是生硬的指令。否则，期望就会变成压力，而不是动力。很多父母非常明确地给孩子提出具体要求，比如要考到多少分，拿到第几名，这种目标会给孩子造成特别大的心理压力。有些父母的期望值过高，造成孩子的心理失衡，甚至崩溃。

◆ 我朋友表姐的儿子成绩一直处于重点中学的中上游，本来考取北京航空航天大学、北京理工大学都没问题，但她给儿子下达的"目标"是清华大学、浙江大学这类顶尖高校。十多年前，那时候还是先填志愿再参加高考。在填写高考志愿表格那天，男孩说不能填清华大学，填了也肯定考不上。母亲很生气地说："不尝试怎么知道？最后冲刺，努把力，你就能考上！"因为拗不过母亲，男孩很不情愿地把清华大学作为自己的第一志愿。临考试前因为心理压力太大而精神崩溃，高考当天竟然躲进地下室里藏了一天一夜。父母焦急万分，报警寻找。这个男孩过了好几年心理才恢复正常，却说什么也不愿意念书了。他的妈妈后悔不已，但为时晚矣。

这样的悲剧还有很多。我在美国有一个朋友，她和丈夫均是常春藤盟校毕业的博士，所以也要求儿子进常春藤盟校。他们的儿子在18岁那年被录取进了哈佛大学，结果第一个月就在宿舍里服毒自杀。孩子留了一封遗书，上面写道："你们不就是希望我进常春藤盟校吗？我进了哈佛，给足了你们面子！你们开心了，但我不开心，我走了！"结果幸亏发现得早，这个男孩被抢救回来了。他的妈妈悔恨地对我说："我的儿子18岁自杀，我花了10年的时间才让他的身心慢慢恢复，28岁才愿意交女朋友。"

这些让人心情沉重的例子，都是父母盲目为孩子设定目标造成的。父母有协助孩子确立个人期望的义务，但是期望值必须合理，这样即使失败了，孩子的心理也能恢复弹性。期望值太高，挫败感太强，孩子就会对自己的能力产生怀疑，从而动摇孩子心理的根基。最重要的是，父母自己不要变成孩子的压力源，而应该和孩子站在一起，共同面对他们要达成的目标。只有这样，在面对压力和挫折时，他们才不会感到形单影只，才能产生更大的力量去克服困难。

父母应协助孩子及时调整期望值

有一句话是"希望越大，失望越大"，有的孩子对自己的要求比较高，学习就会比较努力；有的孩子对自己要求很低，学习就不太积极主动。但是个人期望值并非越高越好。如果孩子的期望值过高，超出了自己的能力范围，往往会因为无法达成目标而屡遭打击，产生挫败感而丧失信心。

在现实生活中，很多孩子对大学有着太多的向往，他们认为只要拼命努力，一切皆有可能！于是，他们就会为自己制定不切实际的高考目标，在盲目和冲动中付出汗水和泪水。由于急于求成，他们采用的学习方法会存在诸多不合理的地方，于是屡战屡败，屡败屡战。

如果发现孩子属于这种情况，父母就要及时和孩子沟通，充分了解他的学习状况和困境，根据实际情况帮他确立恰当的目标。具体制定目标时一定要考虑三点：一是对自己的学习基础有客观的了解；二是要明确自己目前的学习方法的优劣，适当进行调整；三是分阶段制定目标，循序渐进，稳步提高。

◆ 有个男孩高一时成绩很好，读的又是市重点高中，很有希望考入重点大学。天有不测风云，他刚进入高二就生病了，只能在家休养，一休就是半年。到了高二下学期，他可以上学了，自视甚高的他不想选择复读，希望直接进入原来的班级。父母不赞成他的决定，认为大病初愈，成绩肯定会大幅滑落，最重要的是会打击他的自信心。男孩没有听从父母的劝告，坚持直接进入高二。果然如父母所料，他一上课才发现很多地方听不懂，压力非常大。幸运的是父母已经帮他打过"预防针"，所以他把目标定得很低，只要能够跟上班即可。因为心态放松，他很快恢复了学习状态，奋起直追，期末就考了20多名（全班50名学生），高三时进入前十名，最终考上了一所非常不错的大学。

值得一提的是，临近大考时，孩子往往精神高度紧张，心理也比较脆弱。大多数父母都希望他们精神放松一下。可是，有时父母不经意的一句话，就容易给孩子传递不合理的心理期望，对孩子造成不良的影响。

有的父母想给孩子减压、宽心，就说："考不上，爸爸妈妈也不会怪你，明年我们再复习。"父母这样说，孩子会认为，还没上考场，父母就先考虑明年的事，明显是对自己能力的否定。还有的父母"喊口号"："加油！爸爸妈妈等你凯旋而归！"这样的话会加重孩子的心理负担，使他们更紧张，平时成绩不好的心里就更没底气了。再比如："记住你的目标，成败在此一举！"这样的话过分强调考试在人生中的作用，除了让孩子心态更不稳定，没有任何积极作用。还有："你模考成绩都不错，老师说考清华、北大没有问题！"即使孩子真的有实力考上清华、北大，父母也不能这样说。父母并不是孩子，期望值太高，势在必得的态度很可能影响孩子正常发挥。

父母在孩子的学习生活中虽然是"外力"，却是不可忽视的力量。聪明的父母不会选择做压力，而是做孩子的动力；不会取代孩子的位置做他人生的船长，而会保持一定距离，做指引孩子安全行驶的灯塔。而目标就像坐标，在孩子的学习中扮演着举足轻重的作用。如果目标有问题，孩子就容易偏离方向，被打乱阵脚。这时，成熟的父母会给孩子精神上的支持，情感上的慰藉，他们会冷静观察孩子的状态，清醒地帮助孩子认识到自己的思维误区，使孩子尽早摆脱困惑，重新驶向航线。

"挫折教育"是意志力的培养

挫折教育重点在教育，而非挫折，不在于孩子遇到多少挫折，而在于父母怎么利用这些挫折让孩子学会分析总结经验教训、强化心理素质，健康成长！

挫折不是人为设置的障碍和磨难

现在很多父母都知道要培养孩子的抗挫力，可是对挫折教育有很多认识的误区。有人把挫折教育理解为"吃苦教育"，一到假期父母就把孩子送进"吃苦夏令营"，军训、劳动花样层出不穷。从夏令营回来没几天，孩子就故态复萌，在家继续做"小皇帝"。因为父母觉得孩子受了苦，在补偿心理的驱使下反而更溺爱孩子。有人认为要在生活中多给孩子设置些障碍，不能让孩子事事顺心，要适当逆着孩子的意愿做事。比如有位父亲这样对不听话的孩子说："我现在就不能惯着你，否则将来到了社会上，你会不适应！"

这位父亲的想法很有代表性，他们认为给孩子增加困难和障碍，不夸奖孩子，就是对孩子进行挫折教育。而父母努力理解孩子的意图，满足孩子合理的愿望，肯定孩子的成绩，反倒有悖"挫折教育"的原则。还有人耸人听闻地说："某个孩子因为很小的事情自杀，就是挫折教育不够。"

我不赞成这种简单的归因，像那个考上哈佛大学却服毒自杀的男孩，绝不是因为没有受过挫折教育，相反，正是父母给他的压力太大，理解不够，才把他压垮了！孩子的问题都要到父母身上去找原因，孩子不听话，绝大多数情况是因为父母和孩子之间存在沟通障碍，是因为父母对孩子的爱一相情愿，不被孩子接受。如果父母以挫折教育为借口，面对孩子的不配合，就以一句斩钉截铁的"不惯着"堂而皇之地进行压制，那么，家庭教育中的民主如何实现？父母对孩子的平等、尊重又从何谈起？

在我看来，挫折就是指孩子正常成长过程中遇到的失败和逆境，而非父母人为设置的障碍和磨难。挫折教育的目的是教会孩子如何面对挫折，化解压力，从负面事件中汲取经验，锻炼心理素质。挫折教育重点在于教育，而非挫折，不在于孩子遇到了多少挫折，而在于父母怎么利用这些挫折让孩子成长！

爱和鼓励伴孩子走出困境

挫折教育的本质是培养孩子良好的意志品质。一个人有多大的抗压能力，取决于他有怎样的意志品质，而不在于他是否经历过大的磨难。所以，父母与其处心积虑地给孩子人为设置挫折体验，不如给孩子充足而健康的爱，给孩子更多理解和鼓励。培育孩子的责任心、自信心和同理心，让他们具备化解挫折、走出困境的精神力量。此外，父母还要与孩子一起，汲取失败教训，总结成功经验，这样孩子的抗挫能力才能逐步增强。

两个小孩子在公园玩，一个孩子想玩另一个孩子的玩具，请求道："借给我玩玩好吗？"另一个答道："不。"第一个孩子的请求被拒绝，产生挫折感。类似这种小挫折，孩子几乎每天都会遇到，但每个人的反应和处理方法均不同。有的孩子会不知所措，感到困窘；有的则不肯放弃，继续请求；有的先礼后兵，上手去抢，被大人阻拦，挫败感加重；有的则哇哇大哭，请求大人支援。

假设我们就是这个被拒绝的小孩的父母，当他不知所措，或者哭着请求支援时，我们应该怎样对孩子进行挫折教育呢？第一种可能，我们不闻不问，在孩子面对困难时无动于衷，那么孩子除了体验挫折，什么也学不会，以后说不定就没有勇气再借小朋友的玩具了。第二种可能，假如我们按照那位"不惯着"孩子的父亲的思路教育孩子："不要让我来帮你，自己去想办法！现在我管你，将来谁能管你啊！"无疑，这样的态度会让本来遭到拒绝的孩子更无助，因为他等于遭到了两份拒绝，说不定以后不会向母亲求援了。但是，还有第三种可能，就是我们耐心地听完孩子的请求，接纳孩子消极的情绪，鼓励他再去尝试一次，结果很可能不一样。

即使再次被拒绝，结果也是不一样的。因为有了我们的支持和鼓励，孩子就知道了正确的做法是什么，即面对挫折，一定不要放弃，而应该积极尝试！而且，孩子可以鼓足勇气再试一次，本身就是克服心理障碍、抗挫力提升的表现。最重要的是，父母接纳孩子，能够陪在孩子身边，这对他们是极大的安慰。他们不会觉得是因为自己不好而被拒绝，更不会因为受挫就否定自己，这样他们的心理就会很有弹性，觉得别人的拒绝也是正常的，很快就能从不良情绪中走出来。

提升抗挫力的关键是恢复自信

要提升孩子的抗挫力，父母就要注重保护孩子的自尊心，想办法让他们恢复自信，比如通过放大孩子其他优点，转移孩子对于当前挫折的关注，使其消极的受挫心理逐渐减轻，最后通过自身意志去克服。

◆ 有一个女孩在小升初的考试中失利，没能进入当地最好的初中，而是进了一所普通中学。她为此很受打击，学习持续下滑，排到了班中倒数几名。如何让女儿走出自卑的阴影、重拾信心，成为父亲心中最忧虑的事。这时候，劝说显得苍白无力，空洞的鼓励也无济于事。有一天，父亲偶然看到女儿过去写的作文以及她在报刊上发表的文章。他突发奇想，作文是女儿的强项，何不帮女儿出版一本文集？

听了父亲的建议，女孩连连摇头，她不相信自己。父亲鼓励她说："我在你这么大时，绝对写不出你这么好的文章！"女孩被父亲的热情打动，开始在父亲的指导下学习电脑并输入文稿。在学习过程中，父亲由衷地夸奖女儿聪明，电脑一学就会。身为教师的他还发挥自己的优势，在女儿每篇文章后面写上点评，又在前面加序。文集总共印刷了一百本，女儿送给了同学、亲友和老师。从大家的感谢和赞扬声中，女孩逐渐找回了自信，阳光般的笑容重新绽放在她的脸上。学期结束时，她的成绩上升到第十名。后来，她顺利进入四川大学，并因为一篇发表在《中国青年报》上的文章引发教育界大讨论。

这位父亲通过放大女儿的优势，帮她重新找回了自信。人的韧性从哪里来呢？就源于对自己的信心！所以，面对孩子的失败，父母不要简单地埋怨和责备，这只能进一步加重孩子的挫败感。一个人要东山再起，靠的绝对是自己的内在力量，而父母的爱就是孩子精神世界最好的营养。只有被父母充分关怀、人格完善的孩子，才能够拥有战胜困境的能量。

告诉孩子正确的情绪发泄方式

当然，孩子也会心情不好，但大人常不以为意。有人会说："孩子就是孩子，吃穿不愁，会有什么情绪问题？"这是极其错误的观念。大人会为工作、感情、金钱、人际关系等事情烦忧，孩子也会被学业、友情和父母的关系等问题困扰。大人受挫发火我们觉得理所当然，孩子受挫生气我们却常觉得难以接受，有时还会叱责他们无理取闹。大人生气叫"发脾气"，小孩生气叫"耍脾气"，连用词都不同。但是，大小都是人，凭什么大人生气就是正常，孩子生气就是耍赖？事实上，只要是正常人，无论年龄大小都会有情绪，小孩当然也有发脾气的权利。

孩子受挫后心情都不好，父母如何对待孩子的坏心情，如何帮助孩子疏导他们的情绪，如何教会孩子自己进行情绪管理，这都是学问。父母绝不可滥用权威，随意压制孩子的情绪。家庭应该是孩子最放松的场所，应该是让孩子感到最舒心的地方，孩子在外面受了气，回来如果能向父母倾吐苦闷，能得到父母安抚，心情自然就能阴转晴，不至于积郁心中。

如果父母不能接受孩子有坏心情，要求孩子在家中也要戴上一副微笑平静的假面具，时间长了，负面情绪越来越多，那些不能被孩子自己消化和承受的压力就会演变成心理问题，这是很危险的。所以，父母首先要接纳孩子的所有情绪，之后是善于倾听。倾听是帮助孩子疏导情绪最有效的方式。当孩子回到家开始大倒苦水，诉说苦闷时，父母千万别急着打断他们，也别急着给孩子支着儿，一定要让他们先把"垃圾"倒掉。

一般情况下，孩子倾诉完，自己就能找到解决方案。如果看他们实在需要帮助，父母可以多提几个建议，让他们自己判断和选择；或者用"如果是我，我会怎样来做……"给孩子一些启发，切不可替孩子拿主意。有的孩子脾气大，受挫后不能很好地控制自己的情绪，会出现毁坏东西的行为。父母要告诉孩子如何管理自己的情绪，不能因为心疼孩子就放任不管。否则，今天是摔坏家中几个杯子，明天就会毁坏别人的东西或攻击他人出气。父母要告诫孩子一定要控制自己的行为，不要做出自己不能负责的事，再学会自己疏解情绪，通过运动、听音乐、唱歌和写作等有益的方式，把受挫后的不满和积郁宣泄掉。

孩子放学回来，围着父母说这说那，这是一种幸福。父母千万别嫌烦。现在你不知道倾听，以后你就是求孩子讲，他也不一定会讲了。父母是解决孩子情绪问题的枢纽，一个常有机会倾吐心中委屈的孩子，心中将有更多的空间可以容纳更多的挫折；一个常感受到支持与关怀的孩子，将有更多的勇气和力量，去面对更大的挑战与困难。

培养孩子逆向思考的能力

比尔·盖茨说过："人与人之间的区别，主要是脖子以上的区别。思维方式决定一切！"父母在孩子小时候要培养他们的逆向思维，有些事尤其是一些棘手的事，如果"倒过来想想"，难题也许就迎刃而解了。这里我讲两个小故事：

◆ 一个人借给朋友5万元钱，说好一年还。但一年到了，朋友连提也没提。最让他担心的是，他听说向他借钱的朋友有赖账不还的记录。更糟糕的是，借条找不到了！于是他急中生智，运用了他擅长的逆向思维，给朋友发了一封电子邮件："一年前，你向我借了10万元，现在我手头有点紧，急需钱用，你能尽快把钱还给我吗？"第二天，他就收到了朋友的回信："很感谢你借钱给我，我一定会及时还钱的。但是，我想你是不是记错了，当时你借给我的是5万元。"他随信还附上借据的照片。这个人心满意足地笑了，他要的就是这个证明啊！有了借据，他就不用担心朋友不还钱了。

◆ 有一个大公司的董事长很不喜欢肥胖的下属。一次，他要去某个分公司视察，消息传来，急坏了这个分公司的经理。原来，这个经理是最近才被招进公司的，因为身材十分臃肿，十分担心董事长看到自己的形象而不悦。他开始苦苦思索如何应对董事长的视察。董事长来公司那天，他特意穿上一件很宽大的衣服，并对董事长说："我已经意识到肥胖的害处了，不仅不利于健康，对工作也会有影响。我已经开始努力减肥了，现在再穿以前的衣服就显得肥大不堪。"董事长听到这里，又看到他的衣服果然非常宽大很不合身，就鼓励他多做努力，减肥到底。就是依靠逆向思维，这位经理保住了自己得之不易的工作。

这就是逆向思维的魅力。人们总习惯沿着事物发展的正方向去思考问题，并寻求解决办法。其实，对于某些问题，尤其是一些棘手问题，倒过来想想，或许会使问题简单化。比如对孩子犯错的问题，有的父母认为"一次就是一百次"，严防死守，总提醒孩子不要再犯。殊不知，这对孩子的自尊心打击很大。如果父母用逆向思维思考一下，孩子经受了挫折，体验到犯错的后果，再犯错的概率相对较小。父母不妨顺势引导孩子，帮助其在挫折中总结经验，这样孩子会更加成熟、更有担当。

要培养孩子的逆向思维，父母平时不妨多和孩子讨论学校里面的事情或一些社会问题。通过自己丰富的阅历和广阔的视角，告诉孩子一件事情可以有很多种解释方法。这些都会直接影响孩子，使他们看待问题时视角更加多元化，对待挫折的态度更加淡定和理性。如此，就不致陷于挫败感的负面情绪里，反而会主动思索分析原因，这对孩子的成长会有极大的帮助。

Chapter 10
成才路上财商教育不可少

培养孩子财商为何如此重要

父母只给孩子财富是没有意义的,如果没给孩子妥善处理财富的能力,再满的口袋早晚有一天也会空掉。财商决定着孩子进入社会后的生存能力,理财教育越早开始越好。

财商决定孩子将来的生存能力

几乎所有父母都要面对孩子因为"钱"所产生的教育问题,他们常常为此烦恼不已。我在讲课的时候,经常会有学生问我这样的问题:"我的孩子花钱如流水,给多少花多少,还喜欢和同学攀比,完全不体谅我们赚钱的辛苦,我该怎么教育他?"

在市场经济时代,没有人会否认财商的重要性。但是,鲜有父母重视孩子的财商培养,甚至刻意避免正面和孩子谈钱。问其原因,一是怕孩子掉进"钱眼儿"里去;二是认为这种能力日后再培养不迟,孩子在上学时,还是应该以学习为主。

其实,我们的生活处处离不开钱,这个问题是很难绕过去的,父母应及早正视它。每个孩子将来都是社会人,财商决定着孩子进入社会后的生存能力。父母不对孩子进行正确的财商教育,便错失了一个好的教育机会,就无法给孩子树立正确的金钱观念。而过分重视智育、忽视财商教育是不明智的,因为智商高的人不一定财商高,高学历的人给低学历的人打工的现象比比皆是。

财商是什么呢?它是指一个人创造财富的能力。财商不是钱,却可以创造钱。孩子的财商大多依靠后天培养,而且没有固定教材,就是父母从家庭生活中一点一滴教授的。父母需要告诉孩子钱从哪里来,教孩子认识钱。在高中毕业前,孩子应具备一定的理财能力:包括学会花钱、合理消费;通过做家务或打工赚取零用钱;学会存钱、有自己的存折;参与家庭的财务收支,了解一些

Chapter 10 成才路上财商教育不可少

金融工具等。

父母是孩子最好的财商老师

理财教育越早开始越好。美国的家长认为：知识什么时候都可以学习，理财能力却要从小时候起就开始培养，这样才能形成习惯，变成一种性格，帮助孩子掌握命运。几乎所有的美国孩子都会玩一种叫"大富翁"的游戏，这个游戏模拟现实社会经济场景，设有买卖、投资、买东西消费等活动，通常是孩子六七岁时，父母跟孩子玩，让孩子加深对钱的认识，引导他们进行理财入门。等到孩子年龄稍微大一些，即使是非常有钱的家庭，父母也会让孩子出去打工，为的就是培养孩子赚钱、管钱、经济独立的能力。

在法国，孩子三四岁刚刚有"数"的概念的时候，父母就会教他们认识不同金额的钱币，告诉他们金钱与购买之间的关系。日本的父母从小就告诉孩子："除了阳光和空气是大自然赐予的，其他一切都要通过劳动获得。"所以，日本的孩子在课余时间都要到校外参加劳动赚钱。犹太小孩从小就被父母灌输明确的物权意识："你的就是你的，我的就是我的，个人的财物要受到尊重和保护，损害要赔偿，侵占要付出代价。"而在英国，儿童储蓄账户非常流行，大多数银行都为16岁以下的孩子开设了特别账户，有三分之一的英国儿童将他们的零用钱和打工收入存入银行和其他金融机构。

财商教育既是人格教育，又是素质教育，是为了让孩子养成量入为出的习惯，建立正确的消费观和金钱观。中国的学校还比较缺乏理财教育，父母就是孩子走向社会前最重要的财商老师。父母要在孩子小的时候，教会他们合理、有度地支配零花钱，这样，他们才不会形成任意挥霍、入不敷出的消费习惯。富裕的生活本身有益无害，但金钱是一把双刃剑，如果缺乏完善、正确的价值观指导，就可能对孩子产生负面的影响。

新泽西银行的创始人法尔瓦诺在他的独子8岁时，就教他如何管理自己的大学教育基金。当孩子15岁时,父亲不幸去世。幸运的是,"父亲教给我很多规律与法则。"小法尔瓦诺说。从那时起,他就开始独立处理家族财务事宜。与此相对,伦敦金融圈有个广为人知的反面案例:一个十几岁的男孩得到了父亲高达几十亿英镑的家产,因为不善打理,又有很多不良嗜好,最后竟因吸毒横死街头。正如中国那句古话所讲:"授之以鱼,不如授之以渔。"父母只给孩子财富是没有意义的,如果没给孩子妥善处理财富的能力,再满的口袋早晚有一天也会空掉,"不怕口袋空空,只怕脑袋空空"。

父母给孩子零用钱的学问

当孩子意识到钱是自己的,花的时候就会有一点心疼,有一点舍不得,不会再像花父母的钱那样随心所欲了!

乱给零用钱助长孩子乱消费

零花钱是孩子学习合理消费、培养延迟满足的重要教育手段。但在大多数的家庭,零花钱很难发挥它的正面功能。这是因为,很多父母给零花钱太随意,孩子花钱一点都不知道如何算计,结果反而助长了孩子乱花钱的习惯。

父母一般给孩子的零用钱包括以下几种:一是学习成绩达标后的"奖金";二是帮父母买东西找回的零钱;三是父母平时给孩子的零用钱;四是亲戚朋友给的奖励,特别是过年时的压岁钱;五是帮助父母做家务或打零工的收入。

对前两种零花钱的来源我是比较反对的,如果有这样的做法,请立即停止!用金钱和物质激励孩子学习,这是极其错误的教育方法。既不能让孩子爱上学习,也不利于孩子正确理解金钱的作用,只能将孩子变成"财迷",促使他们一切"向钱看"。学习的驱动力只能是兴趣、爱好和孩子心中的梦想,钱如果被孩子当作目标,他们的价值观就会被扭曲。

Chapter 10 成才路上财商教育不可少

父母支使孩子买东西，应让他们归还找回的零钱。如果因为数目小就给了孩子，孩子对此习惯了，就会把找零当成自己的收入。以后父母再收回，他们会认为这是侵犯了自己的权益。事实上，无论找回的钱数是多还是少，这部分钱都是属于父母的，一定要让孩子从小有这种物权意识，对金钱的态度不能太随便。

父母平时给孩子零用钱，这是锻炼孩子理财的第一课，因此是最为重要的，家长一定要有明确的教育意识。零用钱怎么给，给多少，什么时候给；孩子花自己的零用钱，父母要不要管，怎样管，这些都是学问。掌握得好，孩子就能渐渐提高理财能力；掌握不好，不仅无法提高孩子的财商，还可能产生一些亲子矛盾。

主动、定量给孩子零用钱

在孩子6岁左右，父母就可以主动给孩子零用钱了，而且，一定要定期给、定量给，并随着孩子年龄增长而增加。每周一次或每两周一次，数额尽量与孩子的小伙伴持平。至于零花钱如何使用，应由孩子决定，父母不要过多干预。有的孩子一拿到钱掉头就出去买零食，买玩具，然后再要来。这时，父母千万不能再给，因为是定期给零用钱，孩子必须忍到下一次发零用钱的时候。只有这样，孩子才懂得过度消费所带来的严重后果，从而学会对自己的消费行为负责。

每个孩子都渴望有自己的钱，希望拥有支配权。他们对自己的东西往往比别人的更珍惜。我有一个朋友就巧妙利用了孩子的这种心理，教会了女儿合理消费。

◆ 以前，朋友带女儿到超市时，孩子从来不看价格，只要自己想吃的、想玩的，统统扔进购物车里，她讲了很多遍都无济于事。一次偶然的机会，丈夫接到紧急电话没时间陪女儿下楼买东西，就给了女儿10块钱，让她自己去小卖部，并说花剩的钱也可以归她自己。没想到，女儿居然啥也没买就回来了。夫妇俩很纳闷地问："为什么不买东西？"10岁的女儿一本正经地回答："这个钱是我自己的，花了就没有了！"

我这个朋友茅塞顿开，她立即到银行给孩子开了一个账户，并给她一张银行卡，每个月定期、定量地给女儿的账上存零花钱。把卡交到孩子手里的时候，她郑重地说："以后，你自己想买什么都要用卡里面的钱来支付。如果超了，只能自己想办法；如果剩了，钱就属于你！"

这一招很灵，当孩子意识到钱是自己的，花的时候就会有一点心疼，有一点舍不得，不会再像花父母的钱那样随心所欲了！从那以后，她的女儿一改无节制购物的风格。每次买东西前都精打细算，有时喜欢的东西多了，一下子决定不了到底买哪些，她还会列张清单，把想买物品的名称写上去，逐一排除。对于价格比较贵的东西，她也能延迟满足，忍住很长时间不花钱，等攒够了再去实现自己的愿望。

令父母忍俊不禁的是，她还打过父母"公款"的"歪脑筋"！比如再逛超市时，她好几次故意忘记带自己的卡，希望父母能慷慨一下，把自己一直想要的东西顺带买上。但父母都没有上当："既然钱已经拨给你了，你想吃的零食，想要的玩具，就要自己付账！除非生日、节日，我们可以送你礼物，平时是不可以的！"

让孩子自己决定钱怎么花

在花钱上，父母一定要给孩子一定限度的自由。其实孩子不缺吃、喝、穿，无非就是买点零食、玩具之类的东西。父母有时会嫌孩子买的东西不好，比如有的是地摊上卫生不合格的食品，或是质量不好的小玩具、小饰物。出现这种现象是正常的，孩子一般很难辨别商品的好坏，只是根据自己的喜好购买。所以，这也是父母必须教给孩子的一课：每次孩子买来东西，父母不要急着批评或谴责，而要及时和孩子交流一下感受，问问他们是否合算、满意，然后再帮他们分析一下这次消费是否合理、必要，让孩子自己总结经验教训。时间长了，他们自然能练就货比三家、挑选物美价廉商品的本领。

当然，孩子花钱必须在父母的一定控制之下，不可能实现百分之百的自由。如何控制呢？父母应该在开始给孩子零用钱时就约法三章，比如控制好单次消费的最高限额，超过限额要征求父母同意；消费必须是正当的，如果把钱花在不允许的地方，譬如竞选班干部时花钱买同学的选票等，父母就要减少或者暂停零用钱。

父母同时还要鼓励孩子记账，培养数字观念。记账对于养成良好的理财习惯很有帮助，同时便于父母了解孩子的消费情况。总之，要让孩子学会花钱，就要在生活中给孩子实际花钱的机会。父母主动、定期、定量给孩子零花钱，孩子就被赋予了自己掌管钱财的权利，他们会特别珍惜来之不易的钱财和权利，有计划地花钱，形成正确的花钱观念。

压岁钱里的财商教育

父母要让孩子知道压岁钱的意义是长辈对晚辈的祝福。压岁钱的所有权归孩子，父母不能强行代管，但要对其进行监管，不妨教孩子用压岁钱理财或用在有意义的事情上。

告诉孩子压岁钱的含义

春节过后，孩子们见面往往都会相互询问压岁钱收了多少。一些压岁钱较多的孩子会因此沾沾自喜，那些压岁钱少的孩子会颜面无光。这种攀比只会助长孩子的虚荣心，无益于他们的健康成长，甚至还会让孩子惹祸。某年春节期间，河北有一名10岁的少年，就是因为炫耀自己收到了4000元压岁钱，被4个孩子围殴。孩子炫耀压岁钱或因此就忌妒他人，是家庭教育缺失的一种表现。

作为父母，首先应知晓这种在孩子中间存在的攀比风气，更应帮助孩子理解压岁钱的含义："压岁钱是长辈一种爱的表达，它既不是你自身努力的结果，更不能作为和同学攀比的对象。长辈对晚辈的爱都是一样的，无论给多给少，都是他们的一片心意。因为钱多而骄傲、因为钱少而自卑是一种无知而肤浅的表现。"

中国的传统文化是比较含蓄的，有很多家长从未说明压岁钱的来历，这难免会让孩子产生误解，认为一到春节自己就理所应当"有一大笔收入"。正因为如此，他们会心安理得地接受压岁钱，既不懂感恩，也不知节俭。家长有义务告诉孩子："长辈给晚辈压岁钱是我们中国的传统，包含着对你们的祝福和期待。如果不懂珍惜它们，把钱全用在吃喝玩乐上，压岁钱就失去了意义。"

压岁钱不能让孩子自由支配

生活好了，孩子的压岁钱水涨船高。春节过后，很多孩子都会变成"小富翁"。微博上曾有一则"压岁钱妹妹买豪车送偶像"的视频被网友疯狂转发：一个10岁的女孩居然用10万元压岁钱给偶像罗志祥买了一辆汽车，准备在其演唱会上送出大礼，还扬言如果遭拒，就会把车砸了。这段视频引起网络舆论一片哗然，大家纷纷质疑："她的父母干什么去了？"与此同时，辽宁本溪的两个孩子，一个11岁男孩和一个8岁女孩，揣着3000元的压岁钱离家出走，同游泰山，害得家人和警察满城寻找，最终在火车站找到两人。

这些事情都暴露出父母对孩子的压岁钱缺乏监管。从过去压岁钱被父母保管，到现在有1/3的孩子自己"完全自由支配"压岁钱，中间是整个中国社会经济的变迁。事实上，前者代表了专制的家长作风，后者则属于自由主义泛滥，两者都不甚妥当。

教孩子用压岁钱理财

压岁钱的最佳处理方式应是：所有权归孩子，父母不能强行代管，但一定要对其进行监管。父母不妨教孩子用压岁钱理财，既能避免孩子乱花钱，又能为孩子将来的成长积累财富，一举多得。

父母可以带孩子到银行开立儿童账户，建议孩子把压岁钱存个定期，让孩子学会"强制储蓄"，使他们明白"小钱变大钱"的道理。如果打算长期投资，让孩子长大后再分享这笔压岁钱，父母不妨考虑基金定投。基金定投的门槛很低，适合压岁钱较少的孩子投资，每月最低两三百元，可以让孩子的压岁钱"厚积薄发"。沈阳27岁的小伙子李博，从7岁开始攒压岁钱，加上父母平时给的零用钱，20年来连本带息攒下了13万元。他用压岁钱付首付买下了一套80平方米的房子，这就是一个压岁钱增值办大事的例子。

父母还可以趁着新年伊始，告诉孩子家中有哪些"财政计划"。如果孩子同意，压岁钱可以用来购买家中一件大宗商品，如家具、电器；还可以用来缴纳孩子自己的学费，这样既可以减轻家长的经济负担，又能增强孩子的家庭责任感。更值得推崇的是，父母可以鼓励孩子用压岁钱帮助弱势群体，如资助残疾人或贫困儿童等，培养他们的爱心。压岁钱是长辈对晚辈的祝福，孩子可以用这些钱再去孝敬长辈，让孩子感受到自己给长辈带来的快乐……无论怎么花，父母对孩子压岁钱的管理绝不能缺席。

孩子做家务，要不要给报酬

只要孩子做家务时总是喜滋滋的，干完活总忙不迭请父母欣赏他的劳动果实，父母就不必担心孩子是被钱所驱动的，这说明他们真心从干家务的过程中享受到了自我价值。

金钱不能成为孩子做家务的诱饵

孩子帮忙做家务，父母该不该付给孩子一些零用钱？这个在西方家庭教育中普遍应用的教育方法，在中国却存在广泛争议。

很多父母特别纠结"有偿家务"这件事：既想通过有偿机制让孩子了解挣钱需要付出劳动，让孩子懂得珍惜生活；又担心孩子习惯了被物质奖励驱动，变得"唯利是图"，用金钱来衡量价值。我认为这是一件很灵活的事情，无偿和有偿都要有。关键点不在于付不付钱，而在于父母对孩子心态的把握、对做家务给孩子的教育意义的把握。

当孩子到了五六岁或稍大一些，父母就不要再包揽所有家务，而应该适当让孩子参与些家事，比如收拾房间、浇花、倒垃圾、择菜、洗碗等。父母应积极鼓励孩子做些力所能及的事，让孩子知道，做家务是每个家庭成员的责任。如果孩子已经有了这些基本的认识，父母可以告诉孩子，如果能再帮忙分担一些家务，就可以得到零用钱。

父母让孩子帮助做家务，不能以减轻自己的负担为目的，不能以金钱作诱饵，最重要的还是锻炼孩子的劳动能力，培养他们作为家庭一员的责任感，让他们体会帮助别人的喜悦感。

◆ 有一个妈妈平时对孩子凡事包办，造成他任何家务活都不会做，也不愿做。她知道这样不好，就想用零用钱来调动孩子的积极性。于是，她把所有家务活都明码标价，收拾桌子、刷碗、洗菜都定好不同的价格，孩子干什么活就给多少钱。这样一来，孩子虽然乐意做家务了，可是挑三拣四，只做他认为性价比合理的几种，并提议给其他定价"不合理"的家务活涨价。更让她始料不及的是，从那以后，让他做什么都要先问价钱，请他帮忙收个快递也要钱，去爷爷奶奶家时帮忙递一下老花镜都要钱。

孩子帮忙做家务，父母当然可以给一些酬劳，但须教育得法，有所为有所不为。妈妈的出发点是好的，但她给零用钱的方式是简单又随意的，完全用利益去驱动孩子的行为。父母和孩子毕竟不是雇佣关系，让孩子有偿做家务有很多门道在里面。

Chapter 10 成才路上财商教育不可少

让孩子体会劳动被认可的喜悦

孩子在做家务时，父母要细心观察，了解孩子心态的变化。父母必须对下面三个问题做到心中有数：一是孩子是否对自己劳动的成果产生了自豪感；二是他是否认真在做事，是为了帮助父母，还是为了钱应付了事；三是父母的喜悦和感谢是否传达到位。因为对孩子来说，为父母分担辛苦是一种天然的动力，即使不付钱，只要有父母的感谢和尊重，他们依然会感到幸福。父母只有了解这一积极动机，才是真的了解孩子，才能真正使用好这种有益的教育方法。

◆ 有一个6岁的小女孩问妈妈要零用钱，妈妈提议："你来帮助妈妈做家务赚取零用钱好吗？"小女孩听了非常高兴，点点头同意了。妈妈想了想，递给她一块白色抹布，让她擦家具上的灰尘。小女孩兴奋得到处找灰尘擦，时不时把变脏的抹布递给妈妈看，炫耀自己的劳动成果。这个妈妈把抹布洗净、拧好，再交还给她。半小时后，小女孩把她能擦到的地方全擦了。妈妈充满喜悦地感谢了她，小心地把五角钱放进女儿手心里。

小女孩握着有生以来自己赚的第一笔钱，高兴地蹦了起来。接着，她又缠着妈妈安排她做其他家务活，妈妈把晾干的衣服全部取下来叫她帮助叠，然后就去做自己的事了。这个小女孩模仿妈妈的样子，一边叠一边分类，每个人的内衣、外衣、裤子、袜子、毛巾、浴巾……她叠完了，妈妈进到房间一看，惊呆了。只见床上有好多摞码得像方块一样整齐的衣服，分门别类，清清楚楚。妈妈内心掀起一阵波澜，由衷地说："谢谢你帮妈妈叠衣服，叠得非常好。"说完，又把一枚一元硬币郑重交给女儿。后来，这个小女孩一直很喜欢做家务，她并不完全是为了拿到零用钱，而是因为她的妈妈真心赞赏她，让她体会到付出劳动后被认可的喜悦。

这个妈妈非常有心，她叫女儿做的第一件事是擦灰尘，这是件很容易看出劳动成果的事。叠衣服也一样，一摞一摞摆满床，6岁小女孩看到自己的劳动成果，很容易产生成就感。只要孩子做家务时总是喜滋滋的，干完活总忙不迭请父母欣赏他的劳动果实，就不必担心孩子是被钱所驱动的，这说明他们真心从干家务的过程中享受到了自我的价值。

在孩子干完活后，父母一定要记得说声"谢谢"！不仅如此，父母还要描述出孩子帮忙后给自己或家庭带来的结果，比如："家具被你擦得这么干净，看着心情真舒畅！""幸亏有你帮妈妈拿东西，否则妈妈一定累得腰酸背痛！"总之，父母一定要强调结果，这样孩子才能明白自己的努力给父母带来多大的影响，增强他们的自我价值感。

节俭：财商教育第一课

如果孩子想买什么父母都给出钱，长大后就会发展成不可控的状态。父母如果实现不了孩子的物欲，他们就容易感到不满、愤怒和受挫。对孩子"吝啬"一些，"小气"一些，就是对他们的未来负责。

父母的金钱观和消费观影响孩子

孩子金钱观和消费观的形成，一是受家庭影响；二是受同龄人影响。而且，孩子越长大，父母的作用越小，同学和朋友的作用越大。现在学校普遍盛行高消费风气，社会上的铺张浪费、超前消费和奢侈消费也蔓延到了学校里，误导了很多孩子。父母要培养孩子正确的消费观和金钱观，就一定要在他们小时候注重节俭教育，通过言传身教教会他们勤俭持家、适度消费，避免孩子在日后面临人生选择时被金钱掣肘。

在孩子小的时候，父母对金钱是什么态度，父母的消费模式是怎样的，孩子都会照搬全抄。如果父母从来不知节俭，不会合理花钱，经常冲动消费，孩子肯定大手大脚，花钱不懂节制；如果父母消费上追求名牌，追求高档，孩子也会"向高标准看齐"。父母在生活中无时无刻不是在教育孩子，即使逛街买东西都是很好的教育场景。不管你有没有意识做父母，孩子都在看着你、模仿你。他们开始对金钱的认识是模糊的，但每天看着家里的钱进钱出、生活用度，自己的消费观和金钱观就一点点形成。

所以，父母一定要反省自己的消费观。现在很多年轻的父母没有节俭意识，尤其是一些"80后""90后"父母。他们从小就没有吃苦受穷的经历，长大又过着丰衣足食的生活，是提前消费和过度消费的主力军。父母自己花钱都潇洒随意，自然不会教育孩子勤俭节约。在他们的意识里，节俭是早就过时的口号，是属于父辈的生活形态，自己和自己的后代，只能越过越好，根本用不着算计着过日子。而像"60后""70后"父母或一些吃过苦的父母，自己的生活比较节俭，却很舍得在孩子身上花钱，"再穷不能穷孩子"，孩子想要什么都毫不犹豫地买，甚至虚荣攀比的不合理要求也会满足。

再富不能富孩子

菲尔丁曾说："如果你把金钱当成上帝，它便会像魔鬼一样折磨你。"如果孩子想买什么父母都给出钱，长大后就会变得消费不可控。一旦物欲没有被满足，他们就容易感到愤怒和不满，这种价值观在社会上是没有竞争力的。

◆ 有一个"富二代"曾在网上发帖称：家中发生变故，现在只剩一栋房子、两辆轿车和5万元存款，这种生活实在过不下去了，想要跳楼自杀。因为习惯了挥金如土、纸醉金迷的生活，这个孩子的意志已被腐蚀，除了消费和炫耀，其他能力均已退化。很多富裕家庭对孩子的教育令人担忧，尤其是财商教育，几乎是无管教的状态。

中国台湾地区知名媒体人陈文茜曾采访过一个深圳19岁的"富二代"，他开宝马车上学，对LV等奢侈品牌如数家珍，吃一个午饭要从深圳开车到香港。据说深圳有钱人的孩子都是这样的消费模式。陈文茜评价说："我在大陆采访，发现很多'富二代'对于欧美奢侈品牌的狂热追求，不要说我在台湾地区没看到过，就是住在纽约时也没有看到过。纽约城即使是赫赫有名的大富豪，对名牌或奢侈品牌的追求也不会疯狂至此。"

中国有"创业维艰，守成不易"的古训。历史上因为后代骄奢淫逸导致家道中落的案例不胜枚举，而现在，"富二代"们正重蹈覆辙。"富"家毁孩子，更难出人才。父母希望孩子成才，就一定要放弃"再穷不能穷孩子"的错误想法，牢记勤俭持家、"再富不能富孩子"的原则。

花钱也要定"家规"

对孩子花钱这件事，父母从他们小的时候起就要制定"家规"，让规矩帮助孩子形成有节制的消费意识和消费习惯，规矩一旦定下就不能再变。比如，有的父母在去商场之前，就先和孩子约定好，只能买一样玩具，如果孩子这也要、那也要，父母就要用约定来约束孩子。这种规矩虽然简单，但很有必要，它让孩子从小就知道买东西时不能随心所欲。

我建议大家不妨试试"家庭会议"制度——除去购买周期很短的食物、日用品等日常消耗品，家里其他要添置的东西，每个家庭成员想买的物品（衣服、鞋帽、电子产品、文娱用具等），特别是一些价格较贵的，要在"家庭会议"上列出清单，全家一起讨论购买的可行性，然后挑选一个固定的时间，比如每月最后一个周末，全家人一同去买。

"家庭会议"会让孩子对花钱有一个比较理性和慎重的态度。如果父母事先没有任何规划，随随便便就带孩子去买很贵重的东西，他们就会很自然地认为花钱就是这样随意、根本不需要考虑。"家庭会议"的另一个好处是，如果父母看到孩子要买的东西不太合理，就会有很宽裕的时间去和孩子沟通，了解他们的想法，延迟满足或者劝说其放弃购买。

在家庭生活中，让孩子学会节俭的办法有很多。比如，父母可以向孩子公开家庭的财务状况。当然，如果家庭条件不是太理想，父母要注意不能过分强调财务的窘困，以避免使孩子产生不必要的心理压力。

公开家庭财务有几个好处，一是会让孩子感觉到父母把他当大人看，自然而然会产生主人翁意识；二是孩子会开动脑筋，为父母建言献策，实现家庭理财优化；三是一旦孩子明白家庭的财务状况，就会体谅父母的辛劳，克制自己的一些物质欲求。

此外，让孩子当一段时间的"财务主管"也是可以的。父母可以和孩子进行角色对调，让孩子当几天家，家庭支出都从孩子手中拿，买米买面、买肉买菜；交水费、电费、燃气费、电话费。这样，孩子就能了解家庭的开销都在哪里。当家后的理财经验能让孩子学会换位思考，有利于孩子更客观地看待父母的决定。当他们产生一些消费需求时，自然能用客观、审慎的态度分析对待。

节俭凝聚着父母的教育智慧

洛克菲勒是19世纪美国十大财阀之一，垄断了美国的石油工业，富可敌国。如今，洛克菲勒家族仍稳居美国的大富豪阶层。为什么洛克菲勒家族历经100多年风雨，没有像大多数富豪家族那样走向衰落？为什么能够逃出"富不过三代"的宿命？这与他们的家庭教育是分不开的。

◆ 洛克菲勒家族对子女在经济上一直"抠"得很。比如，孩子到了7岁，父母每周给50美分零花钱，11岁每周给1美元，12岁以上每周给3美元。这个家族每个孩子都有小账本，他们必须记清每笔支出的用途，每周领钱时交给父母审查，如果钱账清楚，用途正当，父母下周会多给5美分，反之则减。如此苛刻和"穷酸"，正是他们教育孩子的诀窍。洛克菲勒家族用这种办法培养孩子节俭、不乱花钱的习惯，逼迫他们精打细算，使他们学会当家理财。因此，每个孩子长大之后都成了企业经营的能手。

◆ 拥有沃尔玛连锁超市的美国沃尔顿家族是世界上最富有的家族之一。与所拥有的巨额财富形成巨大反差的是，公司董事长山姆·沃尔顿生活十分简朴，对孩子也十分"抠门"。他从来不给自己的4个孩子零用钱，而是让他们通过给家里商店帮忙挣钱，付的钱和普通工人一样多。孩子们什么都干，擦地板、修补漏雨的房顶、装卸货物。老大罗布森刚拿到驾照，当天夜里就被父亲要求开车向各零售点运送货物。

山姆·沃尔顿用这种方法告诉孩子们："天下没有免费的午餐。"他还动员孩子们将自己零用钱变成商店的股份，教他们"以钱生钱"。结果，等到孩子们长大了，每个人当初投入的微薄资金都变成了不小的初始资本。罗布森在大学毕业时，即可用自己的股份换一栋房子了。所以，节俭不仅是美德，更是积累和创造财富的手段。"小钱生大钱"、积少成多，节俭凝聚着永恒的理财智慧，是世界上所有财富的真正起始点。

事实上，世界上90%以上的富翁都是非常节俭的。李嘉诚一件西装可以穿10年，皮鞋坏了补补接着穿，戴的手表不过26美元。但他先后为医疗和教育事业投入5亿美元。他说："一个人要学会节俭，但不是对别人，而是对自己。"也正是有这样的胸怀和品德，李嘉诚才能把事业做大，把两个儿子教育好，拥有一个幸福美满的家庭。

节俭是永不过时的！成由俭败由奢，止奢当自年少始！==只有孩子体会到每分钱都来之不易，才能自觉自愿地节制欲望，在身处攀比消费、过度消费的环境时不被诱惑，做金钱的主人。==

让孩子体验挣钱不易

父母要让孩子认识到，自己的钱和父母的钱不是一回事。父母让孩子亲自尝试挣钱，一方面让孩子树立对自己的信心；另一方面只有孩子亲身体验了挣

Chapter 10 成才路上财商教育不可少

钱的过程,才能真正懂得挣钱的不易,从而养成量入为出的消费习惯。

孩子出去打工,才有经济意识

在中国,孩子上大学后,大部分在经济上要依靠父母给学费和生活费。而在美国,许多大学生是自己挣钱来交学费,或向银行贷款,等毕业工作后再靠工作收入逐步偿还本息。除去一些没有能力支付孩子学费的父母外,那些坚持不给孩子财务支持的父母,都秉承一个信念:如果孩子没有付出,就不会真正了解教育的价值,也不会了解金钱的价值!

美国的孩子普遍比较独立、自信,这和他们从小打工很有关系。美国父母认为,孩子只有出去打工才有经济意识,才能真正接触到社会,才能变得有责任感,有参与意识。中国的父母总希望孩子留在象牙塔内,生活在"净土"之中,这种人为的屏蔽不利于孩子心理的成熟。

一个曾在中国从事培训工作的美国人在博客中写道:"我所教的班级里总共有200名中国学生,学费都由父母支付。他们当中只有70个人按时上课,只有不到20个人在认真学习,其他人不过是拿着父母的钱,找个地方打发时间而已。"但在美国,这个年纪的孩子做任何事情都是自己埋单,所以作任何决定都会谨慎得多。

让孩子明白:自己的钱和父母的钱不是一回事

父母不仅要教孩子认识金钱,还要让他们认识到,自己的钱和父母的钱不是一回事。鼓励孩子勤工俭学是促使孩子自食其力的良好途径。

◆ 华人首富李嘉诚培养了两个出色的儿子:李泽钜和李泽楷,但他一直秉承着节俭的教育理念。李泽钜和李泽楷在16岁和14岁时,被父亲送出国深造。在校期间,两兄弟并没有多少零用钱,与学校那些大手大脚花钱的同学相比,他们相形见绌。他们曾经怀疑自己的父亲是不是真的富有，有时耍一些小脾气，偶尔还不理睬父亲。

"小气"的李嘉诚不仅给零用钱不大方，还常鼓励李泽钜和李泽楷勤工俭学，自己挣零用钱。所以，李泽钜和李泽楷很小就开始做杂工，做侍应生。有一次，李嘉诚去看儿子，发现李泽楷假日在网球场拾球赚钱。他回香港后对夫人庄月明高兴地说："泽楷学会勤工俭学，将来准有出息。"

李嘉诚认为：正确的教育不能娇生惯养，父母要让孩子从小懂得靠工作、靠辛苦、靠能力赚钱。只有孩子亲身体验到赚钱的过程，才能真正懂得挣钱的不易，从而养成量入为出的消费习惯。

现在经济条件好的家庭有很多，要让孩子成才，父母就不能金钱开道，而应尽早让他们深入社会，流自己的汗，体会挣钱不易。父母让孩子亲身体验，就是让他们树立起对自己的信心：永远不能小看自己挣的小钱，哪怕是一块钱，只要是自己挣的，也值得骄傲，也可能是下一个10亿元的开始！

Chapter 11
有爱好相伴，孩子的人生不寂寞

父母如何才能爱得长远

兴趣和爱好可以塑造一个人的生活方式和思维方式，决定他的社交生活，左右他的幸福程度。幸福的人相对不幸的人而言，差别只是他们拥有更多的爱好。父母要支持孩子各种正当的兴趣爱好。

孩子的人生有很多事，父母不能把握

父母怎样做，才是真的爱孩子呢？这问题的答案太多了，但我想有一个答案肯定能得到大多数父母的认同：那就是要为孩子的长远幸福考虑。父母无论是重视孩子学习，还是重视孩子的健康，都无非是希望孩子平安幸福地度过一生。

我们必须承认，孩子的人生有很多事不是父母能把握的。尤其当孩子独立或成家以后，他们的世界会和我们越来越远。他们的人生不可避免地会遇到坎坷、甚至痛苦。而将来，我们的孩子也会迎来暮年。世界多变幻，生活大不易，人活一世必须有些爱好，才能在独处时不无聊，痛苦时不绝望，年老了不寂寞。

◆ 有一个叫比尔的汽车配件销售员，他的工作是给客人推销各种各样的汽车配件。这是个相当琐碎的工作，因为汽车配件非常之多，每个配件又都要从功能、颜色、款式、型号几个方面去考虑，他常常要帮助客户从几百甚至上千种配件中作出选择。比尔的另一个身份是拍摄冲浪的摄影师。他从这个爱好中找到了充分的满足感和兴奋感，平衡了他销售汽车配件的单调乏味。在摄影中实现的创造性，使他在正式工作中富有耐心，乐于助人。

人类潜能和创造力开发专家、美国人肯·罗宾逊在《让天赋自由》一书中说道："即使是在精疲力竭的时候，我们所热爱的活动也会让我们充满能量。而那些我们不热爱的活动，即使在身体状态最好的时候去做，也会在几分钟之内让我们筋疲力尽。"

Chapter 11 有爱好相伴，孩子的人生不寂寞

所以，爱好对一个人来说是非常重要的。父母不能陪伴孩子一辈子，却能培养陪伴孩子一生的兴趣爱好，从小塑造孩子良好的生活方式。无论孩子将来碰到顺境还是逆境，爱好都能给他们带来欢乐和安慰，振作孩子的精神，利于他们身心健康。

兴趣爱好左右孩子的幸福度

兴趣和爱好可以塑造一个人的生活方式和思维方式，决定他的社交生活，左右他的幸福程度。幸福的人相对不幸的人而言，差别只是他们拥有更多的爱好。一个人爱好越多，他们的人生支点越稳，思维方式越趋向于灵活。更重要的是，因为情感和精神与更多事物连接，他们的幸福感更强，幸福指数更高。

每个人爱好和兴趣的形成，一般都能追溯到童年和少年时期。有的孩子从小就有很明显的兴趣，父母应该及时保护和培养，将它们固定、发展，使其渐渐成为陪孩子一生的精神寄托。有的孩子似乎对什么都不感兴趣，这样就需要父母适当地引导。比如父母自己有哪些爱好，可以鼓励孩子参与进来；或者带孩子广泛参加一些兴趣小组，让他们开阔眼界。

◆ 我们小区里住着一位会吹笛子的老人，很多邻居都不知道他姓甚名谁，但一提起那美妙的笛声，无不啧啧称赞。在炎炎盛夏里，他每天傍晚坐在树下吹笛子，笛声悠扬，如夜莺在月色中初鸣，把周围所有人的心都安抚了。再看他，一副浑然忘我的神情，有如孩子般专注和陶醉。

后来，一位和他非常熟识的邻居告诉我，这位老人是一名普通的退休工人，从小就和热爱音乐的父亲学吹笛子。他的学业因故中断后，一支竹笛成了他的精神寄托，几十年来他吹得炉火纯青。他的老伴十年前就过世了，但他的精神和身体都很好，笛子为他高品质的晚年生活发挥了至关重要的作用。

由此，我们看到，爱好有如人生伴侣般重要。爱好陪伴孩子的时间，往往

超出父母、伴侣陪伴的时间。有爱好和兴趣陪伴，孩子的人生才不会寂寞！孩子的兴趣最好在亲子共享的过程中培养。愿我们的父母为了孩子的长远考虑，都能丰富自己的业余生活，形成健康的生活方式。

爱阅读的孩子能教育好自己

一个人的精神发育史就是他的阅读史。经常读好书的孩子是学不坏的，"忠厚传家久，诗书继世长。"他们从书中就会悟出为人处世的道理。

经常读好书的孩子学不坏

总有父母问我："到底应该培养孩子哪些兴趣爱好呢？"的确，兴趣爱好的范围太广了，种类太多了，到底哪一个好呢？我曾讲过培养孩子兴趣的原则：符合孩子天性就好，尊重孩子意愿就好，父母不急功近利就好。但是，我在这里要着重强调一个爱好，阅读！阅读本身既是一种爱好，又是现代社会做任何事都需要的一种能力。它看似平常，却是构筑孩子精神世界最重要的活动之一。阅读可以使孩子更智慧，帮助他们更加了解自我、了解人性、了解身处的这个世界。

阅读到底重要到什么程度呢？简单地说，要判断一个人是怎样的人，看他读的书和身边的朋友就知道了，因为，一个人的精神发育史就是他的阅读史。一个精神世界丰富的人，一定是大量阅读的人。

"读史使人明智，读诗使人灵透，数学使人精细，物理使人深沉，伦理使

有爱好相伴，孩子的人生不寂寞

人庄重，逻辑、修辞使人善辩"。培根的这句名言正印证了我国古人所云："学皆成性。"因此，父母一定要慎重对待阅读这件事，让孩子广读书，读好书，在家中创造浓浓的书香气，从小熏陶孩子的书卷气，培养孩子的阅读习惯。

经常读好书的孩子是学不坏的，"忠厚传家久，诗书继世长。"他们从书中就会悟出为人处世的道理。养成阅读习惯的人一辈子不寂寞，因为书是益友、是知己，是深入人心的慰藉。如果孩子养成了阅读的习惯，就具备了自我教育的能力。

培养阅读习惯越早越好

父母无疑应该是孩子读书的引路人。阅读越早越好。新加坡等国家倡导父母在孩子18个月时即要开始为孩子朗读。儿童文学作家格雷厄姆·格林说："或许只有童年读的书，才会对人生产生深刻的影响。"科学研究发现，5岁以前经常听父母讲故事的孩子，阅读技巧更趋完善；3岁左右能轻松阅读简单书籍的孩子，终其一生都会有读书欲。

14岁之前的阅读体验最为重要。这是因为，我们的大脑并没有专门的阅读区域，要完成阅读这项工作，需要左右脑好几个"部门"协同运转才能够实现。过了14岁才开始训练它们"合作"，不仅比较难实现，而且已经错过孩子人格形成的关键期，阅读的教育作用也会大打折扣。台湾女作家朱天心对女儿阅读的重视程度远大于功课和成绩。她曾说过这样一段话。

如果我看到女儿拿着笔在画画或是看课外书，我只要觉得她做的那件事情是比功课有意思的，我连声"你今天功课写完没"都不会问。我问不出口，所以我也要付出代价，就是她的功课会很差。对此，我要有心理准备，要有取舍。我很坚定这样一个信念：学校和体制里的教育总有毕业的时候。可是一个真正好的阅读习惯，是可以跟女儿到老的，我觉得就很值得。当然，在这个过程中，我会听到其他父母说孩子在学校里功课怎么好，但海盟的功课就是破破烂烂的。我总会给孩子支撑，让她坚持做有意思的事。相反，如果女儿只在看教科书，我会说："就看那几本烂书，我看你将来怎么办"？但是，女儿在初三的时候，看到大家都在冲，她觉得自己也要努力一下。当她回头看功课时，突然觉得教科书容易得不得了，因为大量阅读远远比教科书难得多，所以她冲刺起来非常轻松，考上台北一女（台北市立第一女子高级中学，是全台北最著名的女子高中）。培养孩子的阅读习惯一定要早。我看过很多父母，让孩子所有时间都随学校填得满满的，孩子哪有时间读课外书？还有父母觉得课外书与教科书互相冲突，阅读占掉了学习的时间。而一旦孩子掉进了升学的节奏里，父母就很难要求孩子"你晚上10点再来读点儿马尔克斯吧"，这怎么可能呢？

朱天心是职业作家，对阅读的理解肯定要比我们深刻。她对成绩和功课的洒脱态度也不是所有家长都能接受和效仿的。但毋庸置疑，阅读对于女儿谢海盟的积极影响是显而易见的。阅读使她丰富，使她拥有着超出同龄人的理解力。这是因为，大量阅读可以增加大脑的神经连接，使人能够触类旁通，思维能力更强，学习本领更强。所以，越早养成阅读习惯越好，父母千万不要错过孩子的阅读黄金期。阅读越广博越好，孩子饱览群书，勤于思考，孩子身上早晚会显现出底蕴深厚的优势来！

阅读，首先要让孩子"悦读"

要培养孩子的阅读习惯，前提是诱导孩子的阅读兴趣！父母要找到孩子感兴趣的领域，在这些领域中挑选最经典的书籍给孩子阅读。

关注孩子的精神成长

由于经济的发展，中国城市孩子的身体发育普遍都不错，几乎和欧美发达国家的青少年身体发育指标齐平，这说明孩子的食物营养已经不成问题。但是孩子的精神食粮远未引起广大家长的注意。美国心理学家威廉·詹姆斯说：

Chapter 11 有爱好相伴,孩子的人生不寂寞

"幼儿时期是一个'繁花似锦、匆忙而迷乱的时期'。在这个时期,我们不仅仅要关注孩子的衣食冷暖,更要关注孩子的精神成长,使他们对周围世界的好奇心得到满足。而阅读,无疑是最有效的途径之一,能带领孩子直达最美丽的世界和最美丽的心灵!"

犹太人有这样一个习俗:在孩子小的时候,母亲就会把书翻开,在上面滴上蜂蜜,让孩子去舔。她们想让孩子知道:书是甜的!其实,就孩子的天性而言,他们对阅读有着天然的兴趣,哪个孩子小时候不缠着妈妈讲故事,哪个孩子对童话无动于衷呢?但是,如果父母没能培养孩子的阅读习惯,孩子从未通过阅读体验到快乐和满足,那么,在电视和其他电子产品的"强势侵略"下,孩子的阅读兴趣往往还未得到稳固便被眼花缭乱的屏幕蒙蔽了。

长时间看电视的人脑功能会下降。要让孩子少看电视,父母首先要管住自己:尽量少看电视甚至不看电视!要让孩子爱上阅读,父母自己先要捧起书来读,给孩子做榜样!如果父母仅是把孩子关进房间,夫妻二人在客厅对着电视看个没完,那培养孩子的阅读兴趣就容易变成一句空话。

==关注孩子的精神世界,培养孩子的阅读习惯,前提是诱导孩子的阅读兴趣!父母一定要记住循序渐进、循循善诱的原则,要投其所好而不能硬来。==

给孩子创造有书的环境

父母应尽可能给孩子创造有书的环境,不仅家中要有好书,还要经常带孩子去图书馆、书店。

有一个妈妈是英语课外班的老师,她的课程一般都安排在放学后。也正因为如此,当儿子放学之后,她很少能有时间陪伴他。

于是,她让孩子在她授课点旁边的书店里等她,她上多久的课,孩子就要在里面看多久的书。一天,学生提出的一个问题把她难倒了,"蝉不

是在树上吗，为什么会在地下交配，而且交配完就会死掉呢？"她答不上来，就回家问丈夫，丈夫也不知道答案。

没想到，她那才念小学二年级的儿子立刻接话说："对呀，蝉的幼年时期是住在泥土里的，要在黑暗中生活好几年才爬到地面上来。有的生活两三年，北美洲有一种蝉最长要在地下待17年才爬出来。可是，它们出来才一个月左右，交配之后，雄蝉就死了。所以它们在交配前，都会尽量大声唱歌……"

儿子头头是道地给父母"上了一课"，夫妻两个听得瞠目结舌。母亲连忙问儿子："你才二年级，怎么看得懂这么多内容？"儿子说："很多字看不懂，但有拼音嘛！"

这个故事说明了环境对培养孩子阅读兴趣的重要性。想一想，如果这个妈妈不是让孩子在书店等她，而是把他送去打电玩，那他如何能成为家庭的"小百科"呢？

引导孩子阅读应投其所好

引导小学生的阅读兴趣还比较容易，对于超过14岁的孩子，既错过了培养阅读习惯的关键期，又进入了青春期很难接受父母的意见，这时候父母就要下一番功夫了。

◆ 一个青春期的初中男孩非常叛逆，经常和他父母顶撞，放学后也不喜欢回家，总和一些爱打架的男孩一起玩。做爸爸的担心儿子在外面惹是生非，给他买了一只哈士奇。这可把男孩高兴坏了！他从小就希望能拥有这样一只狗，一直央求父亲给他买，但因为嫌麻烦，父母一直不答应。现在他们想用养狗这件事"拴住"儿子，减少他往外跑的机会。

果然，这个男孩每天放学后就飞奔回家，先把小狗喂得饱饱的，再带它到楼下草地撒欢，写作业时还忍不住逗逗小狗。儿子的变化父母看在眼里，喜在心上。没想到刚过了两天，小狗就打蔫儿了，不吃不喝，父子二人连夜把狗送去宠物医院输液。原来，哈士奇幼犬对喂养条件要求非常高，男孩给狗喂错了东西。第二天，父亲送给儿子一本专业的养狗书《哈士奇》。

这本书为男孩打开了一个崭新的世界。不出几天，书就被他看完了，感觉意犹未尽，他生平第一次主动要求父母给他买书。他的父母既喜又忧，喜的是儿子终于看得进书了；忧的是担心孩子的学习受到影响。不管怎样，他们不忍扑灭儿子的求知热情，接连买了几本养狗者必看的经典读物给他。这些书既涉及进化等生物知识，又有地理、文化，还有人与狗之间的故事。男孩深深地被吸引了，竟由此爱上了阅读，渐渐对其他书籍也有了兴趣。

半年后，男孩的作文破天荒得了优，老师表扬他的文字能力提高了，有了真情实感。父母开心极了，男孩由此也了解到父母的苦心，一场亲子危机就这样化解了。男孩还意外收获了阅读这个珍贵的爱好，从此步入自主学习的快车道！

所以，阅读首先要让孩子"悦读"，真正的智慧是相通的，知识之间也是触类旁通、相互启发的。父母一定要找到孩子感兴趣的领域，从中挑选最经典的书籍，巧妙地将孩子引领进书的宝库。

亲子共读，给孩子看世界的方式

亲子共读能解决几乎所有教育问题，也是家庭生活中让孩子感到幸福的时刻。在孩子未成年时，父母要多给孩子读书，讲故事⋯⋯

"我有一位读书给我听的妈妈"

没有父母不希望自己的孩子见多识广、学识渊博，特别是在这个信息爆炸的年代，没有父母不希望孩子多看看外面的世界，领略世界多种文化的风采。

父母成熟了，孩子就成才

其实，这一切并不需要将来很有钱才能实现。家长和孩子促膝而坐，翻开书本，现在就可以。亲子共读能够拉近父母和孩子间的距离，在所有家庭生活场景中，这是最让孩子们感到幸福的时刻。正像这首诗写的一样："你或许拥有无限的财富，一箱箱的珠宝与一柜柜的黄金。但你永远不会比我富有，我有一位读书给我听的妈妈……"

1934年，美国南方田纳西州一个美丽的姑娘格蕾丝，追随中国丈夫刘荷祺（著名给排水专家）来到中国。她出生于书香世家，受过良好的教育。在中国的前两年里，她在天津外租界过着世外桃源般的生活。

然而，随着1937年日本侵华战争的全面爆发，她的命运也随着时代动乱而陷入曲折跌宕之中，历经战乱、饥荒、丈夫离世、"大跃进"等世事变迁，历尽悲欢离合，直到1974年中美邦交正常化之后才回到美国。

无论遭际多么局促难堪，世道多么混乱不安，格蕾丝始终保持着对文学阅读的热情和兴趣。一有时间，她就会给三个子女朗诵文学经典。等孩子稍大一些，就带着他们一起阅读，和孩子亲切交流书中他们感兴趣的内容。

几十年间，格蕾丝一家从未放弃这个习惯。她的儿子刘维汉说："妈妈甜美的读书声伴随着我们成长。"亲子共读，这是他后来经常回忆、最温馨的家庭场景。

刘维汉说："我们的读书声，盖过了外面世界的疯狂和喧嚣。在阅读经典的过程中，我们渐渐形成了各自对人生、对生命的思考与理解。这不仅让我有了一种历史感，也让我对人生经历的差异与共性有了更深刻的理解，帮助我把眼光放到了自身之外的广阔世界。"

所以，阅读是一种看世界的方式，它让孩子不仅生活在现实世界，还能带领孩子发现一个完全不一样的世界，探索常人不能到达的高山险峰、远古文明。在阅读中，孩子的想象力会搭乘文字的翅膀翱翔远游。

当孩子爱上阅读，就会萌生出"探索更广阔的世界、探触更深邃的智慧"的想法。这想法就像一颗有自驱力的种子，驱使孩子不断努力汲取知识，通过

Chapter 11 有爱好相伴，孩子的人生不寂寞

自我教育，在未来某一天实现儿时的梦想。

亲子共读能解决几乎所有教育问题

亲子共读被称作"家庭教育成功的密码"。有人甚至说："如果让孩子生活在有丰富图书的环境中，如果每天父母都读好书给孩子听，几乎所有教育问题都可以得到解决！"

在孩子未成年时，父母要多给孩子读书，讲故事……科学表明，动物出生后大脑就成熟了95%，而人脑发育成熟要达到95%需要10年时间。在这10年里，亲子共读是最能促进孩子智商和情商发育、促进亲子关系的手段。因此，亲子共读绝对是家庭中最经济、最实惠、投资回报率最高的一笔教育投资。

诺贝尔经济学奖得主詹姆斯·赫克曼从经济角度得出的结论是："如果孩子接受过高品质的学前教育，就会降低他们的依赖性，在未来提高他们的终身收入。"现在有多少父母能经常给孩子讲故事呢？整个社会还没有重视这个问题。我问过很多人，他们不是说"太忙顾不上"，就是说"孩子将来会自己看"，只有少数父母注重亲子共读。

很多父母的误区在于：他们认为孩子应该先认字，这种误区也促进了幼儿园小学化的趋势，等认识了足够多的字，孩子自己就能读懂书了，父母何必浪费这个时间和精力"陪读"呢？学过英文的朋友都知道，如果通过阅读文章记忆单词，常常记得又快又牢。如果文字在孩子头脑中不能与事物发生联系，就失去了理解的意义。教孩子认字绝不能机械、孤立地记忆，枯燥又费力。孩子小时候是把文字当作画面来认识的，父母反复给孩子讲故事，孩子就能通过故事来学习、理解、记忆文字，这才是正确的方法。即"通过亲子共读，在充满兴趣和意义的阅读中，孩子识字是自然而然习得的本领"。

所以，亲子共读，父母一定要在孩子不认字的时候（最早在18个月大的时

候）就开始，并一直坚持到他们具有独立阅读经典文学的兴趣和能力为止（每个孩子不一样，有的孩子10岁便可以独立阅读，有的更晚一些）。亲子共读不限形式：有些书，父母给孩子讲；有些书，父母和孩子一起看；有些书，孩子可以给父母讲；有些书，父母、孩子还可以通过戏剧的形式一起表演。

值得注意的是，孩子越小，他们越可能让大人反复讲同一个故事。这是很正常的，父母千万不要厌烦，因为孩子就是通过反复阅读来理解、记忆和学习的。不知不觉间，孩子的理解力就会突飞猛进地发展。这些早期的阅读经验对孩子的成长非常重要，他们会用孩提时代所获得的营养作为根基，去构建内心的完整世界。

通过亲子共读，父母与孩子可以一起感受和体验那些故事的情境，在精神上实现交流，在心灵上产生相通的感觉。它不仅能让孩子的精神和心灵得到成长，更能使亲子关系变得融洽，家庭氛围更加温暖。借助书这一载体，父母的童心被唤醒，并与孩子的童年产生共鸣。所以，亲子共读，获得幸福感的不仅仅是孩子，还有那些错过了阅读关键期的成年人。

用运动释放孩子的天性

运动是孩子成长过程中极为重要的一环，它能使孩子的身体和精神都趋于强健，获得快乐、自信并释放压力，练就强大的意志力和更加健全的心智。让孩子爱上运动的方法十分简单，就是家长自己要喜欢运动。

中国孩子的体质令人担忧

在与美国朋友聊天时，他们都表示不理解：中国的孩子怎么会有那么多的课要上呢？美国的孩子下午两点半就放学了，有充足的时间在室外活动，所以一个个都生龙活虎，戴眼镜的也没有那么多。

Chapter 11
有爱好相伴，孩子的人生不寂寞

在中国，健身房里活跃的都是成年人，公园或街边的健身场地又是老年人的天下。孩子们都在哪里呢？不是在家中写作业，就是在课上学知识，总之都是"囚禁"在室内，有的孩子甚至常年不运动！与此同时，现在新闻里总出现"军训中很多学生晕倒；体育课、马拉松比赛中有学生猝死"的事件。一些中学因为怕出意外，纷纷取消了800米、1000米的考试。这些都让人对中国青少年的体质倍感担忧。

◆ 我有一个朋友费了好大的劲，才把儿子送进北京一所知名小学。从一年级到三年级，这个孩子从早到晚都坐在教室里，课间休息只允许在楼内喝水、上厕所。除了一周一节的体育课，学校从来不允许孩子到室外活动！学校给出的理由是：操场面积不大，担心三年级以下的孩子和高年级学生在玩耍中发生碰撞，这样做是为了保护孩子。即使升上四年级，每天室外活动的时间也很有限，一切都要为学习让路！眼看本来壮实的儿子越发文弱，我这个朋友纠结了很久，还是将孩子转到一所普通小学了。她说："孩子正是长身体的时候，却要一天10个小时都憋在教室里面，换作是我也受不了的！"

美国的学校是非常重视运动的，希望学生"文武双全"，要是有两个学习成绩相近、运动能力迥异的学生申请同一个导师，导师青睐的肯定是那个爱运动的孩子！闷头刻苦学习、不擅长运动的孩子则会被称为书呆子。美国的家庭教育也倡导孩子多运动，家长都以培养出身体健康、体态健美、精神强健的孩子为荣！与中国家长不同，美国的很多家长都爱把周末花在运动场上，训练孩子垒球、篮球、游泳、滑冰和足球等项目。

有一个中国人刚到美国，很不理解他的同事天天陪孩子练篮球，就问："听说美国体育明星很赚钱，你是不是想送儿子去打美国职业篮球赛呢？"同事一本正经地说："凭我儿子的身体条件，他绝不可能从事专业体育！但运动能保证他身体健康，还能锻炼他的意志力、忍耐力，使他的精神向上，对于十几岁的孩子，我想不出还有什么比运动更重要！"

青少年时期是运动的关键期

根据中医养生的智慧，人的身体在不同阶段对运动量的需求是不同的。青少年时期要求运动量最大，这是运动的关键期，也是身体打基础的时候！在这一时期多做运动，人的心肺功能、血流量都会大大增加，增强我们抵抗疾病的能力，人的身体状况会更佳。而中老年之后，则应该逐渐减少运动量，剧烈运动不能给健康加分，反而会带给身体损伤。适度运动虽然对身心有益，却远不及年少时运动的效果显著。

钟南山院士说："人生命的能量，必须依靠运动来提供！无论步行、慢跑、游泳、骑自行车、打太极拳、跳健身舞、做韵律操，都能达到有氧运动的目的……饭要天天吃，锻炼也一样，人每天都要抽时间运动，这是保持健康的关键。"对于健康和工作的取舍，钟南山院士有个生动的比喻："工作就像一个皮球，掉下去会再弹起来。健康就像一个空心玻璃球，掉下去就粉碎了！"

身体的重要性显而易见，中国的很多父母却对此视而不见。因为体育是"副科"，考得再高也不计入高考成绩，所以，体育就要让位于数学、语文等"主科"。殊不知知识永远学不完，身体锻炼的关键期却一去不复返。成绩只在念书时有效，好身体却是胜任任何工作的前提，是生存和生活的基础！有健康的体魄，孩子才有未来。为了多学点知识挤压运动时间，实在得不偿失！

"四肢发达"的孩子头脑更聪明

过去的读书人被称作"文弱书生"，他们肩不能挑、手不能提，却博览群书，满腹经纶。这种形象至今还有市场，有的家长唯恐自己的孩子醉心于运动，变得"头脑简单，四肢发达"。事实上，"四肢发达"的孩子头脑有可能更聪明！姚明能在美国职业篮球赛有一席之地，一方面与他的身体条件密不可分；另

Chapter 11
有爱好相伴，孩子的人生不寂寞

一方面，美国某智商研究机构曾对他进行过智商测试，发现其智商高达132。而根据林书豪的篮球打法和篮球意识，外界也公认他为高智商一族。

通过观察我们不难发现，智力低下的孩子，动作很迟缓，运动能力落后于一般孩子，这说明他们的大脑无法很好地支配身体。研究表明，在2~5岁的儿童中，爱玩爱动的孩子相比安静的孩子，脑容量至少多30%。因为，通过玩耍，孩子要完成几十种与大脑活动相关的动作，如掌握平衡、协调心理、处理问题等。运动有助于提高孩子识别物体和语言表达的能力以及想象力和创造力，还能消除心理压力和恐惧感等。

人在运动时，身体会产生多巴胺、血清素和去甲肾上腺素，这三种物质都和学习能力相关。运动产生多巴胺，多巴胺使人感到快乐，情绪变好。因此，运动后的人常感到神清气爽，学习效率会大大提高！血清素是一种能提高记忆力的物质，也就是说，孩子常运动，所学知识记得更牢。去甲肾上腺素能提高人的专注力。学习本身就是一件特别要求专注的事情！运动使孩子心神安定，更适合吸收新知识！

所以，父母要消除对运动的误解。适度的运动绝不会浪费时间和体力，正相反，它给学习提供动力，是学习能力的加速器！运动不仅使孩子浑身是劲，能够精力充沛地投入学习；还会创造更适合学习的心理状态，提高效率！父母要鼓励孩子每天做运动，它能让孩子学得更开心、更专注，学习成绩更好！

不能剥夺孩子的运动乐趣

有些孩子对学习就是"不上道"，在教室里无精打采，像霜打了的茄子一般，一跑到操场上就撒欢。这样的孩子开窍晚，既在学习中找不到乐趣，又没找到适合的学习方法，学习对他们来说不是享受，倒像受罪。父母往往不能换位思考，理解不了孩子的苦衷，反倒一个劲儿埋怨孩子不用功、不争气，有的甚至"家法伺候"。

想想看,孩子的心境何等无助:面对提不起兴趣的事情,也要一天十几个小时把板凳坐穿,考不好还要挨打受罚。时间长了,好人也要憋出病来。所以,现在中小学生中患抑郁症的特别多,小小年纪就会说"活着没意思",每年因抑郁症自杀的孩子就有两千多个!

所以,对这样的孩子,父母万不可剥夺他们唯一的乐趣——运动。对他们来说,运动是获得快乐和自信的唯一来源,能够释放他们心中的压力,帮助排解沮丧、郁闷等不良情绪。如果孩子学不进去,与其让他对着书本叹气和发呆,不如建议他出去透透气,到外面跑两圈,把负能量释放掉,回来情绪变好了,才有可能学得进去。

现在被诊断为"多动症"的孩子越来越多,他们没办法安静下来学习,注意力很差。运动能有效改善"多动症",一方面,运动使孩子消耗了多余的精力;另一方面,运动可以使身体产生增强专注力的物质。所以,如果父母发现自己的孩子精力特别充沛,总也停不下来,先别急着送孩子去医院,不妨先帮助他找到自己感兴趣的运动,持之以恒。"多动症"极易被误诊,一旦被医生认定是"多动症",就会给孩子开药。用运动代替药物,孩子既锻炼了身体,又不会因为药物的副作用影响身体,岂不是一举两得?

运动是必不可少的意志教育

德国诗人卢梭说:"身体虚弱,它将永远培养不出有活力的灵魂和智慧。"运动能锻炼人的心理素质,体育精神赋予人一种豪迈、大气的态度。常年在运动场上挥洒汗水的人都知道,"胜败乃兵家常事",不会对输赢耿耿于怀,失败了再重新站起来!我们听说过官员、明星和文人有自杀的,极少听说有运动员自杀的!这就得益于他们具备过硬的心理素质,艰难险阻都能勇敢面对,穷途末路也能静观其变。所以,成熟的父母不会让孩子做书呆子,而会鼓励孩子多做运动,通过运动锻炼心智,这对孩子的一生都大有裨益!

Chapter 11 有爱好相伴，孩子的人生不寂寞

◆ 橄榄球在美国相当受欢迎，我以前不了解这项运动，觉得既暴力又野蛮。后来认识了一个打橄榄球的朋友，才改变对它的印象。朋友年轻时效力于北京某重点大学的橄榄球队，他的家庭条件非常艰苦，只能负担他一个人读大学。因担心弟弟在家乡消沉堕落，他把弟弟接到身边照顾，还给他找了一份工作。这对一个十几岁的大学生来说非常不易！毕业后，他先从政，再做记者，又去经商，一路坎坷，最终创立了自己的公司，事业十分成功。他告诉我，在那些艰苦的岁月，是橄榄球的拼搏精神支撑他渡过难关，因为它需要具有压倒一切的精神。向前、向前、再向前！进攻、进攻、再进攻！不顾一切向前冲，就没有什么东西可以阻挡他！以他的起点和资历，想在北京立足，必须拼尽全力。正是橄榄球的进攻哲学给了他力量，使他面对困难勇于冒险，毫不退缩。

让孩子爱上运动的方法十分简单，就是父母自己要喜欢运动。孩子都是从小耳濡目染，受大人影响的。我自己就是一个特别热爱运动的人，一有时间就会锻炼身体。在三个孩子小时候，我和我先生经常带他们去公园打球、爬山。所以，几个孩子从小就喜欢运动，运动已成为他们固定的生活内容。大女儿元元喜欢练瑜伽，每周都要做好几次，周末还和先生去打网球。所以，她的身体非常好，精力也很充沛，一个人同时带两个小孩仍显得应付自如。我的儿子平平每周要去健身房锻炼四五次，非常自律，即使学习再忙也不会缩短锻炼时间。

运动是孩子成长过程中极为重要的一环，它是人理解生命、体验生命的最好的方式之一，能使孩子的身体和精神都趋于强健，在运动中，孩子的意志力会变得强大，心智会更加健全。

还给孩子一个轻松假期

假期就是用来休养生息、养精蓄锐的。耕地轮休才能有肥力种田，大脑和身体也要有调整和喘息的机会。父母要教会孩子"张弛有道"。

假期补习增加孩子负担

假期是用来休养生息、养精蓄锐的。学生们没有不盼望放假的，因为紧张劳累了一个学期终于可以放松一下，做些自己喜欢的事情，享受一段无拘无束的日子了。但现在孩子的假期早已失去了休息的意义，不仅学校会留一大堆作业，父母还会给孩子报一大堆课外班。假期简直成了"第三学期"，让孩子们苦不堪言！

父母们都出于竞争心态，生怕别人的孩子在假期用功，超过自己的孩子。有的甚至把没学的课都给报了，目的是让孩子取得心理优势，新学期先发制人。结果等到开学，孩子上课发现都学过了，就不再认真听讲，反而导致学习效率下降。有些父母也心疼孩子，却把责任推到"他人"身上："有什么办法呢，别人都报，我也知道很盲目，但确实无奈啊！"

课外班的效果并不好，父母却趋之若鹜，这是很典型的"从众"行为。我认为，凡是没从自己孩子的实际需求出发，凡是没有尊重孩子本人学习意愿而去报课外班的父母，都是为了自己获得心理安慰，而不是真正为了孩子。父母承受不了心理压力，却把负担转嫁到孩子肩上，这样的父母不仅不成熟，而且很软弱。

假期究竟要不要报课外班？其实父母根本不用那么纠结，实事求是就好。如果孩子确实因故落下了课，或者孩子自己已有强烈的学习愿望，就应该报课外班。否则，父母理应还给孩子一个轻松的假期。

其实，学习好的孩子往往是懂得劳逸结合的孩子。父母只有教会孩子"张弛之道"，他们才会懂得一个人的时间是需要管理的。孩子学习和大人工作是一个道理，要出成绩，就不能搞疲劳战术。该干什么的时候就得干什么，要制订合理的计划，讲究效率、善用方法。会玩才会学，玩起来的时候也不能含糊。只有我们身心放空，扩大"内存"，才能装进新东西。

儿时的假期，因为有父母陪伴，常常能让人回味一生。那些亲子关系紧张的父母，更不能违背孩子的心意，执意在假期把他们送去补习。多创造和孩子待在一起的机会，让两代人之间的距离贴近，让孩子消除对父母的误解、敞开心扉，这才是真正有助于孩子学习、成长的家庭教育。

让孩子从生活中学习

家庭教育要立足于培养孩子各方面的能力。父母不能只把孩子送进学校，让他们被各种知识填满。要知道孩子在未来生活中用到的知识，很多是课本上没有的，父母要懂得让孩子从生活中去学习。

我有一个朋友认识一位酷妈，她的儿子高一暑假就一个人随团去新疆旅行了。而和他同龄的男孩，有一些人还不会洗自己的袜子。

据说，这位酷妈在儿子刚满一岁就开始带着他到处旅行，有时还和朋友一起随旅行团出国旅行。家里老人劝她："孩子那么小，还在吃奶呢，又没有记忆，带着多累人啊！"但是她不这样看："孩子似乎不记事，却有体验。他每次看到美丽震撼的自然景象，都会露出惊讶和沉醉其中的表情。比如儿子两岁时第一次见到草原，面对苍茫无边的夕阳草地。他的神态就像大人般成熟沉静，久久思索，那眼神活像一位智者。"

因为旅行，她的儿子两岁半就和三岁的孩子一起上幼儿园了，自理能力、适应能力、观察能力都非常强。经常旅行，见多识广，他面对生人时从不害羞，不卑不亢，即使是遇到外国人也能用比画加中文聊上半天，十分逗人喜爱。

上学之后，每年寒暑假，这位酷妈都毫无例外会带儿子出去旅行。在他们的行李箱中，总有一本旅行指南，碰到什么问题，她都让儿子翻查。不知不觉间，儿子的识字量和知识量大幅增加，他还了解到很多地理、历史、建筑、文学和民俗知识。每到一个地方，她都会提醒儿子先去观察这个城市的特点。现在，在她们走过的30多个地方中，随便说出哪一个地名，这个男孩都能如数家珍。而诸如换登机牌、问路等小事，一概是儿子负责的，这让他学会了和陌生人交往。旅行还锻炼了他的体质和意志品质，加深了母子情。有一次，他们去哈尔滨，天寒地冻中母子俩都感冒了。儿子没有怨天尤人，反而自告奋勇去买药，还知道帮妈妈提东西，安慰妈妈不要心急。

现在，这个男孩的眼界非常开阔，考虑问题也常有独到的观点。他是班长，是体育课代表，和老师同学的关系都不错。对于他的独立旅行，她的妈妈非常放心："孩子早晚要长大，当他知道如何面对陌生的世界，就已经具备了足够的智慧和勇气。"

我认为这位母亲有十足的智慧和勇气。这即是我所说的"成才孩子的背后，总会有成熟和明智的父母"。

巧借节日教孩子礼仪

有怎样的生活就会有怎样的教育，父母教育孩子，首先要把生活过好，过得健康、充实、快乐！让孩子知道父母的生日，接受孩子的礼物，这是对孩子很好的感恩和爱的教育。

在家庭生活的时间表里，每年都会有一些特殊的日子。每个日子都会有不同的主题，比如每一个家庭成员的生日，还有春节、中秋节、清明节等中国传统节日。这些日子对家庭凝聚力是很重要的，不能随随便便、说过就过了。孩子长大以后，他们的很多回忆都会和这些日子有关。所以，父母一定要珍惜它们，围绕相应的主题，和孩子交流思想、沟通情感，对孩子进行爱的教育，让孩子理解生命和生活的真谛，传承传统文化的价值观。

礼物是爱的表达，爱不能物质化

生日对每一个人来说都特别重要，几乎是每个人最喜欢的日子。为什么？因为这一天对我们自己来说意义非凡！在这一天，我们来到这个世界，从此开始了崭新的人生。

很多父母都会给孩子庆祝生日，送孩子生日礼物。礼物代表了父母对孩子的祝福和期望，更是爱的表达。所以，生日礼物最好是花心思准备、意义独特的礼物。有些父母为了让孩子高兴，花很多钱去买手机等电子产品。殊不知，这些工业化生产线上生产出来的商品，即使价钱再高，也无法让孩子体会到父母的爱，反而容易让孩子把情感理解得很物质化，甚至造成孩子的攀比之心。

我记得有这样一对夫妻，为给16岁刚刚落榜美术学院的女儿送上一份独特的生日礼物，他们在女儿从小到大的绘画作品中精心挑选出几十幅，到外面请专业的制作公司，给女儿做了一本精美的画册。

他们还写了一封信夹在画册里："女儿，生日快乐！这个生日有些特殊，爸爸妈妈也知道，你暂时还没有心情庆祝生日。可是，对爸爸妈妈来说，这一天永远是最重要的日子！因为16年前的今天，是你一声响亮的啼哭，使我们的家庭变得完整，使爸爸妈妈的生命更加有意义……画册里面都是我们最喜欢的你的杰作，在爸爸妈妈眼里，你就是优秀的画家！你的画给我们的生活带来了最缤纷的色彩，爸爸妈妈希望你能继续画下去！"

女儿收到画册，看到信上的话，激动地哭了。她知道，虽然自己落榜了，可在父母心里，自己是优秀的，是永远值得珍视的。父母的认可和爱让她重拾自信，第二年如愿考取了美术学院。

这对父母的做法就很值得赞赏。他们把女儿的生日变成了一家人心灵团聚的时刻，他们让女儿感觉到了亲情的力量。生活即教育，爱即教育，父母懂得"创造"爱，儿女都能创造奇迹！

一定要让孩子知道自己的生日

父母只给孩子过生日，却从不过自己的生日，这样做正确吗？当然是不对的，这等于告诉孩子：父母的生日并不重要，也不值得庆贺。正确的做法是，一定要让孩子知道自己的生日，接受孩子的礼物，这样孩子才懂得感恩，也能体会出付出爱的快乐。

◆ 有一个妈妈很用心，每年在丈夫过生日前一个月，就会提前告诉儿子，并让儿子和她一起出谋划策，为爸爸准备一份特别的生日礼物。有一年，母子俩决定送给爸爸一张卡片，卡片上是关于爸爸的所有有趣的信息，比如最喜欢的食物，最有趣的表情，最爱看的电影，最爱说的口头禅，最出糗的时刻，最大的心愿，最棒的运动项目等，还特意附上照片，总共罗列出几十条，把一张大卡片写得满满当当。

因为需要边写边想，母子俩一边回忆着三口人共同经历的点点滴滴，一边为美好的回忆感慨。准备礼物的过程，其实是对孩子非常好的爱的教育，既让孩子懂得尊重父亲，又让他表达出对父亲的爱意。爸爸收到卡片之后，看到上面幽默又贴心的话语，开心地笑了，再三感谢母子俩如此"了解"他！他还骄傲地把卡片带到办公室，一看到卡片，他工作起来就更有动力了！

除了生日，传统节日也是一家人团聚的时刻。中秋节，父母可以带着孩子登高赏月，在明亮的月光下回忆自己小时候如何过节，让孩子对自己多一份了解，对历史和文化的变迁多一份了解。清明节，父母一定要带着孩子扫墓、祭拜先祖，让孩子内心有"根"的感觉，了解自己家族的传承。春节，父母借着走亲访友的好机会，让孩子耳濡目染，了解这一中国传统节日的礼节和文化，从而感受到中华民族的文化精髓，从内心产生作为中国人的自豪感！

父母教育孩子，就要把生活过好，过得健康、充实、快乐！营造良好的家庭氛围，共享每一刻珍贵的亲子时光！记住，无论工作多么繁忙，家庭都是第一位的！真正的教育就存在于生活之中。有怎样的生活就会有怎样的教育，有怎样的教育就会有怎样的孩子！

父母成熟了,
孩子就成才

陪你读书 / 父母课堂系列

《QQ小姐和巧克力妹妹的环球日记》

ISBN：9787302437642
定价：49.80元

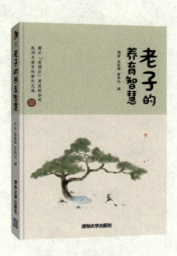

《老子的养育智慧》

ISBN：9787302428886
定价：49.80元

《彭林说礼——重建当代日常礼仪（增补本）》

ISBN：9787302481553
定价：69.00元

《带着儿子去旅行》

ISBN：9787302425847
定价：49.80元